COMER PARA VENCER LA DEPRESIÓN Y LA ANSIEDAD

DR. DREW RAMSEY

COMER PARA VENCER LA DEPRESIÓN Y LA ANSIEDAD

La nueva ciencia de la alimentación
para la salud mental

Traducción de Montserrat Asensio Fernández

PAIDÓS®

Obra editada en colaboración con Editorial Planeta – España

Título original: *Eat to Beat Depression and Anxiety*

Publicado por acuerdo con Harper Wave, un sello editorial de HarperCollins Publishers

© 2021, Drew Ramsey

© 2022, Traducción: Montserrat Asensio Fernández

© 2022, Editorial Planeta S.A.- Barcelona, España

Derechos reservados

© 2022, Ediciones Culturales Paidós, S.A. de C.V.
Bajo el sello editorial PAIDÓS M.R.
Avenida Presidente Masarik núm. 111,
Piso 2, Polanco V Sección, Miguel Hidalgo
C.P. 11560, Ciudad de México
www.planetadelibros.com.mx
www.paidos.com.mx

Ilustraciones: Katrin Wietek

Primera edición impresa en España: junio de 2022
ISBN: 978-84-493-3948-6

Primera edición impresa en México: noviembre de 2022
ISBN: 978-607-569-372-9

Nota importante: este libro quiere ser un medio de divulgación de consejos para mejorar salud. Los datos que en él figuran son aproximados y se comunican con buena fe, pero no es un manual de medicina ni pretende sustituir ningún tratamiento que le haya prescrito su médico. Además, si hay un cambio importante en la dieta y/o en las rutinas de actividad física, puede ser necesario ajustar la medicación de algunas personas con colesterol elevado, tensión arterial alta o diabetes, entre otras patologías, por lo que siempre deberá comunicar dichos cambios al profesional sanitario que lo esté tratando.

Impreso en los talleres de Impresora Tauro, S.A. de C.V.
Av. Año de Juárez 343, Colonia Granjas San Antonio, Iztapalapa
C.P. 09070, Ciudad de México.
Impreso en México – *Printed in Mexico*

A mis colegas en el campo de la salud mental.
Seguid luchando

SUMARIO

INTRODUCCIÓN

La psiquiatría y la atención a la salud mental se enfrentan a un grave problema.

Expertos de todo el mundo, desde la Organización Mundial de la Salud al Centro de Investigaciones Pew, coinciden en una cosa: estamos en plena epidemia de problemas de salud mental. Los diagnósticos de trastornos depresivos y de ansiedad se han disparado durante la última década y cada vez son más frecuentes en niños y en adolescentes. Durante este mismo periodo, la cantidad de suicidios consumados en Estados Unidos también ha aumentado hasta un punto que supera lo trágico, y cualquiera que lea los titulares de los periódicos sabe que el abuso de medicamentos y de estupefacientes ha alcanzado cotas sin precedentes. Aproximadamente una de cada cuatro personas será diagnosticada a lo largo de su vida de un trastorno de salud mental, como la ansiedad o la depresión. Es muy probable que usted o alguien cercano a usted también haya sufrido algún problema de salud mental en algún momento.

En cierto modo, estas estadísticas no son en absoluto sorprendentes, porque nuestra salud está sometida a una presión imposible de prever hace solo unos años. Las exigencias de la vida cotidiana inducen a que, como sociedad, trabajemos demasiado, nos estresemos demasiado y recibamos demasiados estímulos. El estilo de vida occidental moderno ha desencadenado el caos en nuestra salud física y la incidencia de enfermedades como la diabetes, el cáncer y las enfermedades cardiovasculares se ha disparado. Sin embargo, este estilo de vida también ha afectado de forma significativa a nuestra salud mental. Cada vez son más las personas que acaban un día tras otro al límite de sus reservas de energía y agobiadas por sentimientos abrumadores de indefensión y de angustia. Estamos a merced de los dispositivos electrónicos y de los teléfonos móviles, y pasamos demasiado tiempo distraídos con publicaciones de personas a las que ni siquiera conocemos en lugar de reforzar el vínculo con las que están a nuestro lado. Con el tiempo, la suma de todos estos granitos de arena puede provocar una crisis de salud mental y llegar incluso a derivar en un diagnóstico clínico.

Dado que estamos inmersos en una lucha constante para proteger la salud mental de la población, es imprescindible que los pacientes, las familias y los médicos tengamos a nuestro alcance todas las armas que nos puedan ayudar a librar y ganar esta batalla. Durante las últimas décadas, la psiquiatría ha hecho importantes descubrimientos con relación a los factores biológicos que podrían subyacer a los cambios en el estado de ánimo y el nivel de ansiedad. Por otro lado, los estudios científicos más recientes empiezan a demostrar que una de las herramientas más potentes (y más desaprovechadas) en la lucha para prevenir la depresión y la ansiedad está justo al final del tenedor.

LA PIEZA DEL ROMPECABEZAS QUE FALTABA

Aunque hoy se me conoce sobre todo como psiquiatra nutricional, no siempre fui consciente de la influencia tan fundamental que la alimentación ejerce sobre la salud del cerebro.

En tanto que psiquiatra especializado en trastornos del estado del ánimo y de ansiedad, parte de mi trabajo consiste en revisar y evaluar la historia clínica completa de mis pacientes para llegar al fondo del problema de salud de mental que presenten. Gracias a mi formación, sé que la salud física y la salud mental están íntimamente relacionadas; por ejemplo, problemas físicos como los trastornos de la glándula tiroides pueden ejercer un gran impacto sobre el estado de ánimo o el nivel de ansiedad de una persona. Durante la anamnesis (exploración clínica) inicial, los psiquiatras formulamos multitud de preguntas a nuestros pacientes. Si bien es posible que algunas resulten bastante inesperadas, el objetivo de todas ellas es recabar la información necesaria para entender cuál podría ser el origen del estado de ánimo deprimido o de una ansiedad elevada. Al principio de mi carrera profesional, aprendí mucho acerca de cómo formular preguntas sobre la historia clínica del paciente, la historia clínica de su familia y lo que sucedía en casa y en el trabajo.

Sin embargo, nadie me enseñó a indagar acerca de la alimentación y debo admitir que, ya entonces, me pareció una cuestión bastante curiosa. Tal vez fuera por mi historia personal. A finales de la década de 1970, cuando tenía cinco años, mis padres se mudaron de Long Island (Nueva York) a una propiedad rural en el condado de Crawford (Indiana). Allí, se dedicaron a cultivar cincuenta hectáreas de terreno, donde plantaron, cultivaron, cuidaron y cosecharon una amplia variedad de frutas, verduras multicolores, verduras de hoja verde, legumbres y hierbas aromáticas. Ahora vivo en esa misma casa junto a mi mujer, mis hijos y mis padres. Entre semana, recorro a diario el camino de ida y vuelta a mi clínica en Nueva York. Los fines de semana, me peleo con el denso suelo arcilloso, la climatología y los bichos al tiempo que me maravillo junto a mis hijos del milagro por el que las semillas se convierten en alimentos nutritivos. Aunque por aquel entonces aún no era plenamente consciente de ello, incluso de pequeño entendía a algún nivel que me encontraba mejor cuando comía alimentos frescos e integrales. Mejor en cuerpo, mente y espíritu.

Años después, estudié medicina en la Universidad de Indiana: todo lo que allí aprendí sobre nutrición se resume en la frase «carne y lácteos, mal; verduras, bien». Es probable que no sea muy distinto a lo que usted mismo haya podido leer acerca de lo que constituye una dieta saludable. Por lo tanto, y como quería ser más feliz y estar más sano, decidí adoptar una dieta vegetariana baja en grasas. De hecho, no comí carne, incluido pescado y marisco, durante casi doce años.

Aunque los datos confirman sin lugar a dudas la importancia que tiene para la salud seguir una alimentación en la que predominen los alimentos de origen vegetal, estaba tan centrado en seguir una dieta sin filetes de carne ni de salmón que no me detuve a reflexionar acerca de si estaba aportando a mi cuerpo (y a mi cerebro) los nutrientes que necesitaba para estar bien de verdad. Mis alimentos de referencia eran las hamburguesas de verduras, la pasta con queso y mucha *pizza*. No empecé a plantearme que, quizá, mi dieta no era tan saludable como suponía hasta que empezaron a aparecer estudios que asociaban los ácidos grasos omega-3 (unos ácidos grasos poliinsaturados que se suelen encontrar en el marisco y en el pescado) a la salud cerebral.

Me empecé a preguntar entonces si realmente había alimentos capaces de mejorar la salud cerebral y emocional. Y, de ser así, ¿por qué no hablábamos de esos alimentos y de cómo afectan al estado de ánimo y a la ansiedad?

UNA MEDICINA NUEVA: LA COMIDA

Tradicionalmente, los protocolos de tratamiento para la depresión y la ansiedad se han centrado en la psicoterapia y en la medicación. Estas dos herramientas funcionan bien tanto por separado como juntas para muchas de las personas que pueden acceder a ellas. Por desgracia, también hay personas que no encuentran el alivio que esperaban en estas intervenciones habituales o que, si lo encuentran, dicha mejoría va acompañada de efectos secundarios desagradables, como aumento de peso, somnolencia, pérdida de libido o estreñimiento. Todo ello puede desmoralizar a estos pacientes, que ya de por sí tienen dificultades para encontrarse siquiera un poquito mejor.

Soy médico y juré que «lo primero es no hacer daño», así que para mí es muy importante explorar todas las opciones disponibles para ayudar a mis pacientes a encontrarse mejor. Y también quiero tener la seguridad de que nada de lo que prescriba va a cambiar un problema de salud por otro. Aunque los fármacos antidepresivos y antipsicóticos han cambiado el rostro de la psiquiatría y han salvado, literalmente, la vida a muchos pacientes, no pueden ni deben ser las únicas herramientas disponibles para los psiquiatras. Debemos recibir con los brazos abiertos todas las herramientas efectivas y seguras que podamos añadir a nuestro arsenal para ayudar a prevenir, gestionar o curar trastornos mentales.

La alimentación saludable es una de esas herramientas. Sin embargo, hasta ahora, el campo de la salud mental ha pasado por alto alimentos nutritivos y beneficiosos que aportan nutrientes clave que sientan las bases de una función cerebral óptima. Lo cierto es que, a estas alturas, cuesta entender por qué. La ciencia es clara. Hace más de una década que sabemos que la alimentación (la cantidad y variedad de alimentos que se consumen de forma habitual) está relacionada con la función cerebral y, por extensión, con el riesgo de desarrollar trastornos como la depresión o la ansiedad. La salud mental, como la salud física, depende de una alimentación adecuada. Si hay un déficit de vitaminas o de minerales importantes, es más probable que aparezcan alteraciones del estado de ánimo o un nivel excesivo de preocupación. Entones, ¿por qué no nos centramos en cómo aumentar la ingesta de esos nutrientes vitales?

Cuando por fin empecé a hablar con mis pacientes acerca de su alimentación, los resultados fueron, como poco, sorprendentes. La gran mayoría de ellos no solo no consumían los nutrientes saludables que ahora sabemos que son fundamentales para mantener una buena salud física y mental, sino que, además, consumían alimentos que sabemos que son perjudiciales para la salud. Se me hizo evidente que ese era un ámbito en el que los médicos podíamos ayudar a los pacientes durante el tratamiento más de lo que lo estábamos haciendo. También los podíamos ayudar a introducir por sí mismos cambios positivos en beneficio de su salud mental.

A pesar de que ya se han publicado multitud de estudios que demuestran que los alimentos densos en nutrientes son como medicinas tanto en términos de salud física como de salud mental, muchos de mis colegas siguen abordando la depresión y la ansiedad como siempre se ha hecho. Eso ha de cambiar. Por suerte, no es necesario que acuda a un profesional de la salud mental si quiere adoptar hábitos de alimentación que mejoren la salud de su cerebro. Puede aprender por sí mismo a alimentar al cerebro (y al cuerpo) y empezar a comer para prevenir la depresión y la ansiedad.

ESTE LIBRO ES PARA PERSONAS QUE COMEN

Si ha elegido este libro es por algo. Quizá usted o uno de sus seres queridos han sido diagnosticados de depresión o ansiedad. Tal vez se sienta desmotivado en general o se haya dado cuenta de que se preocupa más de lo que le gustaría por las cosas. Hace ya una década que sabemos que tanto la depresión como la ansiedad pueden tener orígenes muy diversos. Sin embargo, en mi consulta he constatado el papel crucial que la alimentación desempeña en el manejo de los síntomas de estos dos trastornos clínicos tan frecuentes cuando esta se suma a la medicación, la psicoterapia u otras intervenciones. Dicho esto, tampoco hace falta tener un diagnóstico clínico para aprovecharse de los beneficios de una dieta saludable para el cerebro. Si presenta fatiga, neblina mental, altibajos del estado de ánimo o una preocupación incesante, introducir en la dieta alimentos de alta calidad con los nutrientes adecuados que ayuden a su cerebro a funcionar mejor también le resultará útil. Todo el que tenga cerebro debería saber cómo alimentarlo para que funcione al máximo rendimiento. Espero que este libro le ayude a conseguir precisamente eso.

Tanto si quiere aumentar sus niveles de energía como si su objetivo es alimentar mejor a su familia, el primer paso en este camino hacia una nutrición mejor es entender por qué la alimentación es tan fundamental para la salud mental. Es probable que, a lo largo de los años, haya recibido mucha información confusa o contradictoria respecto a la alimentación y al impacto que esta ejerce sobre la salud. Por otro lado, da la impresión de que, cada pocos meses, aparece una nueva dieta milagro de la que todo el mundo habla. Estas dietas acostumbran a explicar que hay una sola manera «correcta» de comer y afirman que nunca se ha de preparar la comida de tal o cual manera y que, además, hay que eliminar por completo este o aquel alimento.

Por el contrario, quizá insistan en que hay que añadir un alimento específico a todos y cada uno de los platos, sin excepción. O tal vez solo se pueden comer determinados alimentos siguiendo combinaciones específicas. Estas dietas suelen venir acompañadas de complicados regímenes de comidas que se supone que uno ha de seguir al pie de la letra. Puede que incluyan también uno o varios suplementos que hay que comprar.

Pero entonces, unos meses después, puntualmente y sin falta, aparece otra dieta popular que contradice todo lo que uno creía que era beneficioso y saludable. Lo único que esta dieta tendrá en común con la anterior es el mensaje de que, hasta ahora, hemos estado comiendo mal. No es de extrañar que muchos de nosotros suframos de fatiga nutricional ante este bombardeo de información contradictoria acerca de la alimentación y de la salud. Cuando uno intenta entender tantos estudios y planes de alimentación contradictorios, cuesta dilucidar qué se basa en la evidencia, qué cuenta con bases científicas sólidas y qué nos puede ayudar de verdad a alcanzar una salud cerebral óptima.

Por desgracia, gran parte de la información que recibimos acerca de la mejor manera de abordar la depresión y la ansiedad puede ser igualmente confusa. Si usted o alguien próximo a usted sufre de depresión o de ansiedad clínicas, es muy probable que ya le hayan proporcionado multitud de consejos acerca de qué hacer al respecto. Quizá le hayan dicho que sea más positivo, que se calme o que no dé tantas vueltas a las cosas. Quizá le hayan preguntado si ha probado el yoga o la meditación trascendental. Quizá le hayan sugerido que pinte mandalas o use aceites esenciales. Es posible que alguien se haya aventurado incluso a recomendarle algún antidepresivo concreto. ¡Le fue de maravilla a su vecino!

Por eso quiero dejar muy claro desde el principio que este no es un libro de dietas y que no pretendo sugerir que la alimentación sea la panacea de la salud mental. No. Este es un libro para personas que comen, ni más ni menos. Soy un psiquiatra interesado por la alimentación y, a veces, la gente se preocupa por si juzgo cómo comen. Como siempre digo a mis pacientes, mi trabajo no consiste en juzgar a nadie. Nadie ha de criticar ni juzgar cómo comen los demás. El trabajo con mis pacientes me ha enseñado a respetar que cada persona tiene sus propios gustos y valores en relación con la comida y que esas preferencias son tan personales como la experiencia con la depresión y la ansiedad. Entiendo que cambiar hábitos consolidados respecto a qué y cómo se come puede ser difícil, sobre todo cuando, además, uno no está en su mejor momento. Por eso no encontrará ningún consejo «obligatorio» en las páginas que siguen.

COMER PARA DEPRESIÓN Y

La relación entre la COMIDA Y LA SALUD MENTAL

¿Cuáles son los NUTRIENTES más importantes para la salud del cerebro?

Potasio

Ácidos grasos omega-3 de cadena larga

Vit. B12

Vit. A

Tiamina

Vit. C

Hierro

Zinc

Magnesio

Ácido fólico

Vit. B6

Selenio

DAR EL PRIMER PASO

Le seré sincero. No hay una sola manera correcta de aplicar lo que aprenderá aquí; no hay protocolos estrictos ni planes de alimentación rígidos. Ni siquiera le diré que ha de comer este o aquel alimento, sino que le presentaré las categorías de alimentos que, según la ciencia

VENCER LA
LA ANSIEDAD

6 semanas

Plan de seis semanas

Neuroplasticidad
Inflamación
El microbioma

Alimentación saludable
PARA EL CEREBRO

más reciente, contienen los nutrientes vitales que el cerebro necesita para prevenir y tratar la depresión y la ansiedad.

Las páginas que siguen contienen información basada en la ciencia acerca de cómo la comida puede afectar a la salud del cerebro. Y, con eso, espero que adquiera la seguridad y la pericia necesarias para aplicar pequeños cambios o sustituciones que pueden tener un gran efecto sobre el nivel de depresión o de ansiedad. Comer para prevenir la depresión y la ansiedad consiste en entender la relación entre lo que comemos y el cerebro, en aprender a buscar alimentos ricos en nutrientes cerebrales y en encontrar nuestra propia manera de convertirnos en maestros de la alimentación.

Para ayudarlo a comenzar, en las páginas de este libro le presentaré un plan de seis semanas cuyo objetivo es profundizar en su conexión con la comida. Comenzaré por pedirle que dé prioridad a la salud de su cerebro, porque es el órgano más importante del cuerpo y, como tal, es el que debería determinar la mayoría de las decisiones que tome sobre su alimentación. Para muchas personas, comer para promover la salud del cerebro exigirá cambiar algunas ideas preconcebidas acerca de la comida y abandonar las etiquetas de «bueno» y «malo» con las que se ha caracterizado a algunos alimentos desde hace años. Es posible que también exija superar reparos respecto a algunos alimentos y, como mínimo, probar otros que tal vez haya arrinconado hasta ahora. Por poner un ejemplo, recientemente, mi mujer ha descubierto un amor tan apasionado como inesperado por las huevas de pescado. La verdad es que fue toda una sorpresa. De todos modos, en última instancia, lo que decida comer o no depende solo de usted.

El propósito de este libro es ayudarlo a conectar con el mayor acto de autocuidado que una persona pueda llevar a cabo: alimentarse. Aunque muchos de los titulares que remiten a estudios de psiquiatría nutricional se centran en nutrientes o alimentos específicos, alimentarse bien va más allá de añadir más kale o suplementos de zinc a la dieta. Ciertamente, resulta motivador saber que el consumo habitual de verduras de hoja verde correlaciona positivamente con la reducción de la inflamación, un proceso del sistema inmunitario que se ha asociado a la depresión, pero también es importante realizar una labor de introspección para reflexionar sobre las decisiones que tomamos cuando nos alimentamos y determinar qué pasos podemos dar para aumentar el consumo de alimentos que sustenten y nutran al cerebro. La depresión y la ansiedad alteran lo que sentimos acerca de nosotros mismos y de nuestro entorno, por lo que no es en absoluto sorprendente que alteren también nuestra manera de comer. Sin embargo, añadir la comida al resto de herramientas con las que nos equipamos y nos capacitamos para aliviar los síntomas de la depresión y la ansiedad puede ser importante para nuestra recuperación.

En una era en la que predominan los consejos nutricionales sensacionalistas y, con frecuencia, contradictorios, quiero presentarle una visión informada y equilibrada acerca de la nutrición y sus efectos sobre la salud del cerebro. Desde los pros y contras de comer carne a las opciones de pescado y marisco más saludables, mi objetivo último es ayudarlo a tener la seguridad de que cada bocado que da contribuye a mejorar su salud mental; la seguridad de que come para proporcionar a su cerebro los nutrientes que necesita para funcionar a un nivel óptimo; la seguridad de que come para prevenir la depresión y la ansiedad.

PARTE I
COMER PARA OPTIMIZAR
LA SALUD MENTAL

Capítulo 1
LA NUEVA CIENCIA DE COMER PARA MEJORAR LA SALUD MENTAL

¿QUÉ DEBERÍAN COMER PETE Y SUSAN?

El movimiento que defiende que «la comida es medicina» ha cobrado un gran impulso durante la última década. Ahora, tanto los médicos de familia como los cardiólogos y los oncólogos entienden que lo que nos metemos en la boca cada vez que nos sentamos a la mesa influye significativamente en nuestra salud. De hecho, es muy probable que en su último chequeo anual le formularan algunas preguntas generales acerca de su dieta o que, al menos, le entregaran un folleto sobre alimentación cardiosaludable. Sin embargo, y a pesar de estos grandes avances en otros campos de la medicina, la mayoría de los profesionales de la salud mental no han emprendido todavía este camino. Sabemos que lo que es bueno para el cuerpo es bueno también para el cerebro, pero las conversaciones acerca de la comida siguen siendo la excepción en lugar de la norma en la evaluación y el tratamiento de trastornos habituales como la depresión y la ansiedad.

El de la psiquiatría nutricional es un campo emergente y cada vez más amplio que se centra en el uso de la nutrición para optimizar la salud del cerebro y, así, ayudar a prevenir y tratar problemas de salud mental. Un aluvión de emocionantes estudios científicos nuevos demuestran que, al igual que sucede con la salud física, las decisiones nutricionales afectan al bienestar mental; explican cómo influyen en la salud del cerebro nutrientes específicos, como los ácidos grasos omega-3, el zinc y varias moléculas de origen vegetal; revelan la compleja relación entre la inflamación y la función cerebral; y explican que el microbioma (los billones de bacterias que habitan en ambos intestinos) influye en el estado de ánimo, la cognición y el riesgo individual global de desarrollar una enfermedad mental. Es importante señalar que estos estudios incluyen también ensayos clínicos aleatorizados que han demostrado que modificar la dieta de forma deliberada y personalizada para aumentar el consumo de nutrientes que promueven la salud del cerebro contribuye a mejorar el estado de ánimo y a aliviar la ansiedad.

Al reunir toda la información, se llega a la conclusión de que la comida con la que decidimos alimentarnos y nutrirnos influye directamente en el riesgo de desarrollar depresión o ansiedad, y que esas mismas decisiones nos pueden ayudar a mantener bajo control los síntomas que se suelen asociar a esos trastornos. Dado que la alimentación es el acto de autocuidado más básico que existe (además de un área que nos otorga a todos la capacidad de mejorar nuestra salud mental), las conclusiones de la psiquiatría nutricional han puesto patas arriba las reglas del juego.

Veamos el ejemplo de Pete, un joven de veintitantos años que acudió a mi consulta hace un tiempo. Hay quien hubiera dicho que Pete sufría un cierto «estancamiento». No encontró trabajo al terminar la universidad y tuvo que volver a casa de sus padres. Tenía la sensación de que sus amigos habían seguido adelante con sus vidas y que habían conseguido cierto éxito, mientras que él se había quedado «estancado». Tenía una historia de depresión, que había comenzado cuando era adolescente, y llevaba años tomando antidepresivos exactamente como se los habían prescrito. Cuando entró en mi consulta, Pete me dijo que le daba la impresión de que la medicación ya no le funcionaba tan bien, si es que le funcionaba en absoluto. Como es natural, sus padres estaban muy preocupados.

Durante la primera sesión, Pete me dijo que se sentía «decaído y pesimista» casi todo el tiempo. Sentía que había decepcionado a sus padres. Que se había decepcionado a sí mismo. Ya no sabía qué hacer para, en sus propias palabras, volver a sentirse «normal».

«Me he dado cuenta de que ya no levanto la mirada. Siempre miro al suelo, es muy raro», dijo.

Seguimos hablando y me explicó que apenas salía de su habitación, no digamos ya de casa. No conectaba con sus amigos y familiares como solía hacer y carecía de la energía necesaria para emprender actividades que antes le gustaban, como jugar al fútbol o al Trivial. Sus pautas de sueño también se habían alterado. Permanecía despierto hasta la madrugada jugando a videojuegos y luego no se levantaba hasta la una o las dos de la tarde del día siguiente.

Cuando le pedí que me describiera sus hábitos de alimentación, quedó claro que subsistía con lo que se podría calificar de dieta de niño de doce años. Cada mediodía, cuando se levantaba, se dirigía hacia el frigorífico y comía lo primero que encontraba. Mucha comida procesada. Mucho azúcar. Muchos hidratos de carbono. Mucha comida fácil, lista para calentar en el microondas, con mucha sal, muchos colorantes y muchas grasas trans. Y, por supuesto, muy poco valor nutricional. Mientras me explicaba sus hábitos de alimentación, vi enseguida que era un área en la que podríamos hacer cambios pequeños que, probablemente, ejercerían un gran impacto. Le prescribí unas modificaciones muy sencillas, como sustituir su comida mexicana para llevar preferida por tacos de pescado y añadir un puñado de verduras al batido «matutino», para ayudarlo a hacerse con los nutrientes que tanto él como su cerebro necesitaban desesperadamente. Le pedí que fuera a hacer la compra junto a su madre, que cocinara un poco más y que, por ejemplo, cambiara las patatas fritas y las galletas por frutos secos. Al principio se mostró escéptico, pero al cabo de unas semanas empezó a progresar de forma significativa.

Varios meses después, me dijo que se había dado cuenta de que, si no comía bien, no se encontraba bien. Ahora, Pete se asegura de que su dieta contenga el pescado, las verduras de hoja verde y las verduras multicolores que necesita para reforzar su estado de ánimo. En cuestión de meses, pudimos reducir significativamente la dosis de la medicación que tomaba.

Quizá piense que convertir unas ligeras modificaciones en la dieta de Pete en una intervención contra la depresión suena demasiado bien para ser verdad, pero pensémoslo así: el cerebro es una máquina que necesita mucho combustible. A pesar de que no llega al kilogramo y medio de peso, el cerebro humano consume aproximadamente el 20 % de todas las calorías que ingerimos en un día. Para funcionar a un nivel óptimo, necesita una docena de nutrientes clave: las vitaminas, los minerales, las grasas y las proteínas que le proporcionan los bloques de construcción y las moléculas de apoyo que necesita para sustentar las neuronas y los neurotransmisores y aislar la materia blanca. Este es el motivo por el que evaluar la nutrición y los hábitos de alimentación de los pacientes debería ser parte integral del paradigma de tratamiento y prevención de los trastornos mentales. Y este es el motivo por el que funcionó tan bien con Pete, sumado a la medicación y a las sesiones de psicoterapia.

Otra paciente, Susan, era la personificación de la madre de mediana edad ansiosa. Le faltaba poco para llegar a los cuarenta años y no podía evitar cargar con el peso del mundo a sus espaldas. Se preocupaba constantemente por su trabajo, por su matrimonio, por sus tres hijos y por su madre, de ochenta y dos años y enferma. Cuando miraba las noticias por la noche, sentía cómo se le aceleraba el corazón al ver el último enfrentamiento político en su noticiero preferido de la televisión por cable. Con frecuencia, le costaba concentrarse en lo que le decía su marido cuando intentaba conversar con ella durante la cena porque, en lugar de escucharlo activamente, estaba demasiado ocupada dándole vueltas a algo que había sucedido durante la jornada y que reproducía mentalmente en bucle.

Huelga decir que Susan también tenía problemas para conciliar el sueño y dormir toda la noche de un tirón. Muchas veces, se tomaba un par de copas de vino antes de acostarse para relajarse y, como ella decía, «notarme más equilibrada». Sin embargo, acto seguido añadía que le preocupaba acabar siendo demasiado dependiente del alcohol para relajarse. «Es que estoy ahí, tendida, pensando en todas las cosas que he dejado sin hacer durante el día y me preocupo por los niños, por mi madre, por el mundo en general… Es abrumador», aseguraba.

Susan acudió a mí en busca de estrategias que la ayudaran a gestionar la ansiedad. Después de una evaluación médica completa, empezamos a hablar de lo que comía durante una semana normal. Aunque se enorgullecía de su alimentación saludable, que para ella significaba una alimentación baja en calorías y en grasas, planificar las comidas para ella y para su ajetreada familia se convertía con frecuencia en otro motivo de ansiedad.

«Es como si siempre estuviera corriendo hacia algún lugar. Comemos más comida preparada de la que me gustaría, pero es que parece que nunca hay tiempo para otra cosa», se lamentaba.

Susan me explicó lo que comía a lo largo de la semana y me di cuenta de que, efectivamente, intentaba preparar lo que ella consideraba platos saludables y evitaba los fritos y las bebidas azucaradas. Sin embargo, casi nunca comía huevos, frutos secos o pescado y marisco. Por lo general, tampoco desayunaba. Su comida insignia era una ensalada básica de lechuga iceberg con pollo a la plancha, un par de rodajas de pepino y una sencilla vinagreta con aceite de colza. Al igual que había sucedido con Pete, identifiqué con facilidad dónde podría aplicar algunas modificaciones clave, como sustituir el aceite de colza por aceite de oliva y añadir a sus ensaladas hojas verdes más ricas en nutrientes. También le sugerí que desayunara huevos varios días a la semana, porque así se aseguraría de comenzar la jornada con nutrientes esenciales como proteínas, vitamina B y colina.

Hablamos de que podía preparar comida con antelación, de modo que siempre hubiera opciones saludables disponibles tanto para ella como para su familia durante las semanas de mayor ajetreo. Al cabo de unos meses, la suma de esos cambios y de la psicoterapia ayudó a Susan a encontrar algo más de confianza y mucha más serenidad en su vida, lo que le permitió sacar el máximo provecho de las estrategias de gestión de ansiedad que había aprendido.

De haber ido a otro psiquiatra, es muy probable que nadie hubiera preguntado a Pete o a Susan acerca de su alimentación. Y, sin embargo, indagar acerca de sus hábitos de alimentación reveló áreas en las que tanto Pete como Susan pudieron tomar las riendas de la salud de su cerebro y, por extensión, de su salud mental. Con esto no quiero decir en absoluto que la comida fuera el único factor que intervino en su recuperación. Por lo general, superar la depresión o la ansiedad requiere otras herramientas, como la farmacoterapia o la psicoterapia. Sin embargo, en muchos casos, adoptar una alimentación rica en alimentos que promueven la salud del cerebro facilita que esas estrategias más tradicionales funcionen mucho mejor.

Estos han sido solo dos ejemplos de cómo aplicar los principios de la psiquiatría nutricional ayudó a mis pacientes a gestionar mejor sus trastornos. Si repasásemos juntos mis archivos clínicos, encontraríamos docenas y docenas más de casos parecidos. Las evidencias que corroboran la relación entre la alimentación y los trastornos de ansiedad y del estado de ánimo se multiplican rápidamente, por lo que es necesario que los médicos indaguemos acerca de la alimentación de nuestros pacientes y que usted, como persona que quizá esté experimentando dificultades asociadas al estado de ánimo o la ansiedad, sepa qué alimentos son los más nutritivos para el cerebro. Al fin y al cabo, si la comida es medicina, también es medicina para el cerebro.

DEFINIR LA DEPRESIÓN Y LA ANSIEDAD

Términos como «depresión» y «ansiedad» se usan de diversas maneras y con mucha frecuencia en las conversaciones cotidianas. Los encontramos y oímos hablar de ellos en libros, en películas y en nuestros programas de televisión preferidos. Como se usan de un modo tan generalizado, no es extraño constatar que, con mucha frecuencia, significan cosas muy distintas para distintas personas. Dicho esto, es importante recordar que tanto la depresión como la ansiedad son trastornos mentales clínicos. La quinta edición del *Manual diagnóstico y estadístico de las enfermedades mentales* (DSM-5), el libro de referencia que los profesionales sanitarios usan como guía a la hora de diagnosticar trastornos mentales, enumera los síntomas que hay buscar durante la evaluación de los pacientes para determinar si tienen una de estas enfermedades. Dado que vamos a reflexionar acerca de cómo prevenir la depresión y la ansiedad, es muy importante dejar claro qué significan esos términos en realidad.

En el lenguaje cotidiano, tendemos a hablar de la depresión como de la experiencia de sentirse triste o sin esperanza durante la mayor parte del tiempo. Los médicos y los psiquiatras intentamos esclarecer si esas sensaciones son resultado de algo que ha sucedido en la vida del paciente, como una ruptura traumática o el fallecimiento de un familiar, o si hay alguna cuestión biológica subyacente que pueda llevar al diagnóstico de un episodio de depresión mayor. El DSM-5 habla de depresión cuando la persona presenta durante más de dos semanas consecutivas varios síntomas, como un estado de ánimo deprimido, pérdida de energía, dificultades de concentración, alteraciones del apetito y reducción del interés o el placer que suscitan actividades que antes resultaban placenteras. También establece que los síntomas han de interferir en la vida cotidiana, es decir, que el estado de ánimo depresivo impide a la persona vivir su vida con normalidad. Las personas con depresión pueden tener muchas dificultades para levantarse por la mañana, terminar tareas básicas o conectar con los amigos y la familia. Una vez, uno de mis pacientes describió la depresión como lo que sucede cuando la vida pierde todo el color. Creo que es una descripción muy reveladora.

Por otro lado, en las conversaciones informales se suele hablar de la ansiedad como de una preocupación excesiva. A pesar de que esta descripción no va muy desencaminada, las personas experimentan distintos niveles de ansiedad. El DSM-5 define el trastorno de ansiedad generalizada, que es el trastorno de ansiedad más habitual, como una «ansiedad o preocupación excesivas», con síntomas como nerviosismo, irritabilidad, fatiga y alteraciones del sueño. Para ser diagnosticada de ansiedad, la persona ha de experimentar varios de estos síntomas la mayoría de los días durante un periodo de seis meses o más. Al igual que sucede con la depresión, los psiquiatras intentan diferenciar la ansiedad situacional (como respuesta, por ejemplo, a un periodo caótico en el trabajo o a una transición vital complicada) de la ansiedad cuyo origen podría estar en la biología.

Permítame que me extienda un poco más. El cerebro humano ha evolucionado de tal modo que ha desarrollado un sistema de alarma que nos ayuda a sobrevivir. Piense en la reacción de supervivencia más fundamental, la llamada respuesta de huida o lucha. Ante una situación estresante, el cerebro aumenta la producción de hormonas de estrés, como el cortisol, para preparar al organismo para afrontar el peligro inminente. Por lo tanto, un poco de ansiedad puede ser beneficiosa: nos ayuda a afinar las capacidades cognitivas y nos ayuda a concentrarnos antes de un examen importante, un evento deportivo clave o mientras conducimos de camino a casa sobre una carretera helada. Sin embargo, si el sistema de alarma se activa sin necesidad e inunda el cerebro de hormonas de estrés en situaciones que no requieren esa hipervigilancia, la ansiedad clínica acaba por hacer su aparición. Es entonces cuando nos damos cuenta de que la preocupación se intensifica de verdad y que aparecen otros problemas como alteraciones del sueño, problemas gastrointestinales y, en ocasiones, incluso dolores físicos. Al igual que sucede con la depresión, la ansiedad se convierte en un problema de verdad cuando entorpece la vida cotidiana e interfiere con nuestro trabajo y nuestras relaciones personales.

Tratar estos trastornos no es tan fácil como cabría pensar. A pesar del desarrollo de muchos antidepresivos y ansiolíticos efectivos, no todo el mundo responde a ellos de la misma manera. Hace más de diez años, el Instituto Nacional de Salud Mental (NIMH) estadounidense publicó un estudio muy influyente titulado «Alternativas de Tratamiento Secuenciadas para Aliviar la Depresión» (STAR*D). El estudio examinó la eficacia de varios tratamientos antidepresivos habituales, como los inhibidores selectivos de la recaptación de serotonina (ISRS), como Prozac y Zoloft, y la terapia cognitivo-conductual (TCC). El estudio concluyó que dos tercios de los participantes no refirieron alivio cuando les prescribieron un único antidepresivo. La mayoría tuvieron que probar varios medicamentos distintos antes de experimentar un alivio significativo de los síntomas. Los médicos no tenían otra opción que avanzar por ensayo y error. Incluso después de todo eso, el 62 % de los pacientes o bien abandonaron el estudio o bien no refirieron mejoras con el tratamiento.

El tratamiento de los trastornos de ansiedad presenta una pauta similar.[1] Con demasiada frecuencia, los fármacos ofrecen una remisión «incompleta» de los síntomas. Como profesional que se esfuerza al máximo para ayudar a sus pacientes a encontrarse mejor, estos datos me resultan alarmantes. Aunque sabemos que la medicación psiquiátrica ayuda a millones de personas, no son la panacea terapéutica.

En su conjunto, estos estudios demuestran que tenemos que hacer algo más que prescribir fármacos si queremos ayudar a nuestros pacientes a superar la depresión y la ansiedad. Tenemos que adoptar un enfoque más amplio e incluir varias formas de psicoterapia, además de hacer un inventario exhaustivo de factores del estilo de vida como la alimentación y la actividad física para que nos ayude a diseñar un abordaje más exhaustivo del manejo de los síntomas.

Un apunte acerca de la ansiedad: es posible que, a medida que avance por los capítulos de este libro, se dé cuenta de que muchos de los estudios que menciono en estas páginas exploran cómo afectan a la depresión (y solo a la depresión) distintos nutrientes o intervenciones dietéticas. Sería comprensible que si ha llegado a este libro preocupado por la ansiedad, eso le produzca cierta frustración. El trastorno de ansiedad generalizada es el trastorno de salud mental más diagnosticado en Estados Unidos y, en tanto que profesional de la salud mental, también me resulta descorazonador que hasta ahora no se haya investigado más a fondo la relación entre la alimentación y la ansiedad. Sin embargo, y afortunadamente, esto está cambiando. Dicho esto, añadiré que, con mucha frecuencia, la depresión y la ansiedad se presentan juntas. A muchas personas se les diagnostican ambos trastornos, que, de hecho, comparten algunos síntomas. Y, cuando se examinan de cerca los factores que pueden causar y exacerbar estos dos trastornos mentales, es imposible no constatar que se solapan. Los profesionales de la psiquiatría nutricional, como yo mismo, hemos aprendido de primera mano que los cambios en los hábitos de alimentación que ayudan a prevenir o a gestionar mejor la depresión pueden hacer lo mismo por los trastornos de ansiedad. Espero que, a medida que lea y aprenda acerca de cómo la inflamación y el microbioma afectan al cerebro, entienda mejor por qué es así.

LOS MEJORES NUTRIENTES PARA PREVENIR LA DEPRESIÓN Y LA ANSIEDAD

La investigación nos ha enseñado mucho acerca de la depresión y de la ansiedad. Lamentablemente, a veces han de pasar quince años o más antes de que la práctica clínica adopte las últimas evidencias científicas. Nadie tendría que esperar tanto.

Cuando estaba en la facultad de medicina, la mayoría de los médicos coincidían en que el cerebro deja de crecer en la edad adulta. Mientras que el resto de células del cuerpo se seguían reproduciendo durante toda la vida, uno nacía con un número limitado de neuronas (aproximadamente unos cien mil millones) y, si tenía suerte, no mataba demasiadas mientras crecía. Ahora, los científicos han demostrado que el cerebro, como el resto del cuerpo, sigue cambiando y creciendo hasta bien entrada la vejez. La capacidad de las neuronas para seguir estableciendo nuevas conexiones entre ellas se llama neuroplasticidad. En el tercer capítulo hablaremos más sobre ella, pero, de momento, lo que nos interesa recalcar es que la neuroplasticidad es uno de los motivos por los que es tan importante consumir nutrientes cerebrosaludables (es decir, saludables para el cerebro), ya que las vitaminas y minerales que estos nutrientes proporcionan al cerebro son el combustible que este necesita para mantener un crecimiento sano y dinámico.

Un segundo motivo por el que las pautas de alimentación son tan esenciales para la salud del cerebro es que los alimentos que ingerimos influyen significativamente en los procesos inflamatorios del organismo. Los estudios más recientes demuestran que la inflamación crónica persistente (la respuesta protectora del sistema inmunitario que ayuda a combatir las heridas y las infecciones) puede conducir a la depresión y a la ansiedad. Muchas personas diagnosticadas de ansiedad o depresión presentan niveles elevados de proteínas inflamatorias, que pueden estar detrás de síntomas como la anhedonia (o incapacidad de sentir placer) o las alteraciones del sueño.[2] El trastorno afectivo estacional (TAE), un tipo de depresión que tiende a rebrotar a finales de otoño y principios de invierno, también se ha asociado a un nivel más elevado de marcadores inflamatorios.[3] Hay una relación sólida y evidente entre la inflamación y el estado de ánimo. Afortunadamente, la alimentación es una de las herramientas más potentes a la hora de combatir el exceso de inflamación. Si consumimos alimentos con propiedades antiinflamatorias, contribuimos a reducir la inflamación del cerebro y, por lo tanto, el riesgo de padecer una enfermedad mental.

Otros estudios también empiezan a demostrar la función del microbioma, o la diversa población de bacterias y microbios que viven en el intestino humano, en la salud del cerebro. Quizá piense que esas bacterias están ahí solo para ayudarnos a digerir los alimentos y extraer la energía que contienen. Ahora se sabe que el cerebro y los intestinos están en una comunicación casi constante y que las que se conocen como «bacterias buenas» del microbioma influyen en el funcionamiento del cerebro. Una alimentación rica en nutrientes y en probióticos procedentes de alimentos fermentados contribuye a la proliferación de estas bacterias beneficiosas y, de paso, ayuda a prevenir la depresión y la ansiedad.

En la actualidad, la mayoría de los médicos recomiendan a sus pacientes que sigan dietas parecidas a la mediterránea. ¡Coman como los griegos y los italianos! No parece demasiado complicado. Ciertamente, la alimentación mediterránea ha acaparado mucha atención durante los últimos años, sobre todo por su capacidad para reducir el colesterol y promover la salud cardiovascular. Con el tiempo, la ciencia ha demostrado que lo que es bueno para el corazón también es bueno para el cerebro, y ahora sabemos que el énfasis de la dieta mediterránea en la fruta, la verdura, el pescado, los cereales integrales y las grasas saludables proporciona los nutrientes esenciales que alimentan la salud mental y promueven la neuroplasticidad, combaten la inflamación y nutren a las bacterias buenas que viven en el microbioma.

Sin embargo, y a pesar del éxito de la dieta mediterránea, mi objetivo es ofrecer consejos más prácticos acerca del tipo de alimentos que pueden contribuir al manejo de trastornos como la depresión y la ansiedad. A principios de 2016, mi colega Laura LaChance y yo emprendimos un proyecto cuyo objetivo era identificar los nutrientes que podían ofrecer los máximos beneficios a los pacientes con trastornos depresivos, es decir, los que contribuirían en mayor medida a reducir los síntomas de depresión.

La doctora LaChance y yo revisamos toda la investigación científica publicada y, a continuación, confeccionamos la Escala de Alimentos Antidepresivos (EAA), que destaca los alimentos con las concentraciones más elevadas de los nutrientes que ayudan a combatir la depresión. Nuestro análisis identificó los doce nutrientes clave que intervienen tanto en el desarrollo como en el tratamiento de la depresión y, entonces, identificamos los alimentos de origen vegetal y animal más ricos en esos nutrientes.

En el capítulo siguiente ahondaremos en esta cuestión y el plan de seis semanas que presentaré más adelante en el libro garantizará que su plato esté lleno de esos alimentos. De momento, basta con que sepa que los doces nutrientes clave son estos:

- **Ácido fólico**. Este nutriente no solo es importante para las mujeres embarazadas, sino que también contribuye a la formación de células nuevas. Esta vitamina B se encuentra en alimentos como el hígado de ternera, las coles de Bruselas, las naranjas y las verduras de hoja verde.
- **Hierro**. El cerebro necesita glóbulos rojos para funcionar a su máximo nivel y el organismo usa hierro para producir hemoglobina, una proteína importante en los glóbulos rojos que ayuda a transportar el oxígeno desde los pulmones al cerebro. Las pipas de calabaza, las ostras y las espinacas son ricas en hierro.
- **Ácidos grasos omega-3 de cadena larga**. Aunque el organismo ya sintetiza pequeñas cantidades de estos ácidos grasos poliinsaturados de cadena larga, como el ácido eicosapentaenoico (EPA) o el ácido docosahexaenoico (DHA), también necesita un aporte adicional a través de los alimentos. Estos ácidos grasos se

suelen encontrar en el pescado y el marisco, como el salmón salvaje, las anchoas y las ostras.

- **Magnesio**. El magnesio ayuda a regular varios neurotransmisores importantes, como los que median en el estado de ánimo. Se sabe que también mejora la calidad del sueño. Este mineral se encuentra en las almendras, las espinacas y los anacardos.

- **Potasio**. Todos los impulsos eléctricos que se desplazan a lo largo de las neuronas necesitan potasio. Muchas frutas y verduras frescas, como los plátanos, el brócoli, los boniatos y las judías blancas, contienen este mineral esencial.

- **Selenio**. El selenio contribuye a la síntesis en el cerebro de un poderoso antioxidante necesario para el buen funcionamiento de la glándula tiroides, que interviene en la regulación del estado de ánimo, la energía y la ansiedad. Las setas, las nueces de Brasil y la avena contienen este mineral.

- **Tiamina**. La tiamina, también conocida como vitamina B1, es fundamental para la salud del cerebro porque interviene en la producción de energía. La encontramos en la ternera, los frutos secos y las legumbres.

- **Vitamina A**. Varios estudios han relacionado la vitamina A y la neuroplasticidad (que es la capacidad del cerebro para crecer y adaptarse en respuesta al entorno). El hígado, la caballa y el salmón salvaje son ricos en vitamina A.

- **Vitamina B6**. La vitamina B6 desempeña un papel crucial en el desarrollo y la función cerebrales. Se encuentra en los cereales integrales, el cerdo y los huevos.

- **Vitamina B12**. La vitamina B12 es fundamental para la síntesis de neurotransmisores reguladores del estado de ánimo, como la serotonina, la norepinefrina y la dopamina, y contribuye a la mielinización de las neuronas, que permite una transmisión más eficiente y efectiva de las señales nerviosas. Las almejas, el hígado de ternera y los mejillones son ricos en vitamina B12.

- **Vitamina C**. La vitamina C es un antioxidante potente que puede contrarrestar el daño que los radicales libres causan en las neuronas. Las cerezas, los chiles y la mostaza china, además del zumo de naranja, son alimentos ricos en vitamina C.

- **Zinc**. El zinc es otro mineral que ayuda a regular la neuroplasticidad y las señales neuronales. Añadir a la dieta pipas de calabaza, ostras y carne de pavo picada puede ayudar a aumentar los niveles de zinc.

Hablaremos de todos estos nutrientes (y de algunos más) en los próximos capítulos más detalladamente. De todos modos, no me quiero centrar tanto en cómo aumentar la ingesta de nutrientes concretos o del «superalimento» del año como en ampliar su dieta para que incluya más categorías, o grupos, de alimentos con una densidad nutricional elevada. Aunque concentrarse en un superalimento concreto es fácil (por algo me llaman «el evangelista del kale»), cada uno tiene sus gustos a la hora de comer. Cuando examinemos categorías de alimentos más amplias, verá que muchos de esos nutrientes esenciales tienden a viajar juntos y que comer para prevenir la depresión y la ansiedad sin necesidad de ingerir ni un solo bocado de kale es absolutamente factible.

Más adelante, expondré cómo cada una de estas categorías de alimentos fomenta la buena salud cerebral y explicaré por qué aumentar la ingesta de esos alimentos ricos en nutrientes puede ayudarlo a prevenir la depresión. También le explicaré por qué la fibra, los microbios beneficiosos y los alimentos antiinflamatorios son sus aliados en esta batalla. Sin embargo, además de hablar de esos nutrientes, de sus propiedades antiinflamatorias y de cómo nutren al microbioma, en los próximos capítulos también quiero dejar claro un mensaje tan sencillo como potente: la alimentación es un factor de salud mental que depende de nosotros, está bajo nuestro control. Cada uno elige qué opciones densas en nutrientes le convienen más. Así que elija las que le parezcan más alegres y deliciosas.

La comida es medicina y el campo de la psiquiatría nutricional nos demuestra, estudio tras estudio, que la salud mental depende en gran medida de los alimentos que ingerimos. Por lo tanto, si aplica a su dieta algunos cambios deliberados y basados en la evidencia y le añade alimentos densos en nutrientes que le proporcionen los elementos que su cerebro necesita para prosperar, contribuirá a mejorar su salud mental. Durante los siguientes capítulos, expondremos qué opina la ciencia más reciente acerca de cómo la dieta afecta al cerebro y veremos que los científicos están descubriendo que existen nutrientes vitales que nos pueden ayudar a prevenir o a manejar la depresión y la ansiedad, porque promueven un cerebro mejor, más fuerte y más dinámico. Empecemos.

Capítulo 1: Recapitulemos

- Durante los últimos años, médicos de todo el mundo han descubierto que la alimentación desempeña un papel crucial en la prevención y el tratamiento de problemas de salud física, como las enfermedades cardiovasculares y la diabetes.
- La psiquiatría nutricional es un campo emergente que pone el énfasis en cómo usar la alimentación para optimizar la salud del cerebro y, de este modo, contribuir a prevenir y tratar problemas de salud mental.
- El *Manual diagnóstico y estadístico de las enfermedades mentales* (DSM-5), la herramienta diagnóstica de los psiquiatras, define la depresión como la presencia de varios síntomas durante un periodo de dos semanas o más: estado de ánimo deprimido, pérdida de energía, disminución de la capacidad de concentración, alteraciones en el apetito y reducción del interés o el placer asociado a actividades que antes resultaban placenteras. También establece que el estado deprimido ha de interferir en las actividades cotidianas de la persona.
- El DSM-5 define el trastorno de ansiedad generalizada, que es el trastorno de ansiedad más frecuente, como una «ansiedad o preocupación excesivas», con síntomas como nerviosismo, irritabilidad, fatiga y alteraciones del sueño. Para que una persona sea diagnosticada de ansiedad, ha de haber experimentado algunos de esos síntomas durante la mayoría de días durante un periodo de seis meses o más.

- Mi colega Laura LaChance y yo creamos la Escala de Alimentos Antidepresivos (EAA) para identificar los alimentos con las concentraciones más elevadas de los nutrientes que pueden aliviar la depresión. Incluye el ácido fólico, el hierro, los ácidos grasos omega-3 de cadena larga, el magnesio, el potasio, el selenio, la tiamina, la vitamina A, la vitamina B6, la vitamina B12, la vitamina C y el zinc.
- La alimentación ejerce una influencia importante sobre la ansiedad y, aunque la mayor parte de la investigación se ha centrado en la depresión, se sabe que la alimentación también es clave en la regulación de la ansiedad. Si bien son dos trastornos distintos, la ansiedad y la depresión se solapan significativamente en cuanto a los alimentos y el estilo de vida que contribuyen a aliviarlas, porque se trata de intervenciones que mejoran la salud del cerebro en su conjunto.
- Las investigaciones demuestran que las pautas de alimentación ricas en esos nutrientes (como la dieta mediterránea) contribuyen a prevenir y tratar trastornos mentales como la ansiedad o la depresión.

Capítulo 2
DOCE NUTRIENTES QUE BENEFICIAN AL CEREBRO

LOS BLOQUES DE CONSTRUCCIÓN ESENCIALES DEL CEREBRO

¿Alguna vez se ha parado a pensar de qué está hecho su cerebro?

Se suele decir que el cerebro es como un músculo y es muy probable que haya oído a algún experto decir que es necesario ejercitarlo para mantenerlo sano y en forma, como sucede con el resto de los músculos del cuerpo. «Si no se usa, se pierde», dicen para alentarnos a estimularlo y ayudarlo a que sea más rápido y más fuerte y, sobre todo, para mantenerlo en plena forma. El cerebro y los músculos tienen en común una fibra especial que los ayuda a funcionar. Y, por supuesto, tras una sesión de ejercicio agotador, como un examen final o un crucigrama especialmente complicado, es muy posible que el cerebro sienta la misma fatiga que las piernas después de una buena carrera sobre la cinta de correr.

Es muy fácil incluir esta analogía en las conversaciones cotidianas, y nos inspira a acometer retos intelectuales como sudokus o clubes de lectura. Y esa misma imagen también destaca la capacidad del cerebro para cambiar y mejorar con el tiempo.

Dicho esto, ha de saber que el cerebro no se parece a los músculos en nada.

El cerebro es el órgano más complejo del cuerpo humano. Este centro de mando de mil trescientos gramos de peso contiene más de ochenta mil millones de neuronas, las células especializadas que transmiten impulsos nerviosos y forman las sinapsis, o conexiones, que facilitan todos los pensamientos, las emociones y las acciones. El cerebro también contiene otra categoría de células únicas, las células gliales, que componen la vaina lipídica aislante que rodea las neuronas. Algunos expertos estiman que las células gliales triplican en número a las neuronas y que su composición única les permite mejorar de forma indirecta la eficacia y la eficiencia de las señales nerviosas en la corteza cerebral. Las neuronas y las células gliales dan lugar a fibras muy distintas, en forma y función, de las que se encuentran en los músculos.

EL MICROBIOMA

Los trillones de bacterias intestinales que regulan el sistema inmunitario e influyen en la salud mental.

LA NUEVA DEPRESIÓN Y INFLAMACIÓN

La respuesta del sistema inmunitario ante el estrés.

La inflamación del cerebro forma parte de la depresión y de la ansiedad.

NEUROPLASTICIDAD

El proceso de formación, crecimiento y mantenimiento de células cerebrales a partir de neurotrofinas como el BDNF.

Aunque bien podría parecer que en el cerebro ya no cabe ni un alfiler porque está abarrotado con esos miles de millones de células, lo cierto es que también acoge a múltiples vasos sanguíneos y capilares que les proporcionan la sangre cargada del oxígeno y los nutrientes que necesitan para sobrevivir. Asimismo, podemos encontrar en su interior una cornucopia de moléculas señalizadoras distintas, como hormonas y neurotransmisores, que ayudan a transmitir los mensajes nerviosos de una célula a la siguiente. Es probable que ya haya oído

CIENCIA DE LA DE LA ANSIEDAD

PSIQUIATRÍA NUTRICIONAL

GENÉTICA

El ADN (genética) influye en el riesgo de desarrollar ansiedad y depresión, como también lo hace el modo en que se expresan los genes (epigenética).

ESTILO DE VIDA

Sueño, atención plena, espiritualidad, ejercicio físico.

PSICOLOGÍA PERSONAL

Personalidad y carácter, trauma, desarrollo, habilidades de comunicación, estilos de afrontamiento.

hablar de neurotransmisores como la serotonina, la dopamina y el glutamato; todos ellos intervienen en los trastornos depresivos y de ansiedad. Los científicos han descubierto que moléculas señalizadoras como el NMDA, el glutamato y los endocannabinoides también participan en esos trastornos. Tampoco hay que olvidar a los receptores celulares, que son las proteínas específicas que «atrapan» a las moléculas señalizadoras y permiten que los mensajes pasen de una célula a otra en las sinapsis.

Es cierto que hay muchísima información para asimilar, y eso que solo he arañado la superficie de lo que es este órgano extraordinario y de cómo cada uno de los elementos que lo componen interactúa con los demás para promover una salud cerebral óptima. (Nota: en el capítulo siguiente hablaremos de otra molécula cerebral, el factor neurotrófico derivado del cerebro, o BDNF, al que muchos científicos describen como «abono cerebral».)

Ahora que le he presentado algunas nociones básicas sobre el cerebro, lo siguiente que quiero que entienda es que su alimentación y la salud global de su cerebro siempre estarán íntimamente conectadas, porque, en pocas palabras, el cerebro está hecho de comida.

El cerebro consume el 20 % de todo lo que comemos y los alimentos proporcionan la energía y los nutrientes que necesitamos para producir y sustentar todos y cada uno de los elementos que componen el cerebro. ¿Esos neurotransmisores y receptores clave que acabo de mencionar? Están hechos de proteínas y aminoácidos específicos que obtenemos de la comida que ingerimos. Del mismo modo, el bienestar de las células gliales depende de que obtengan una cantidad suficiente de ácidos grasos omega-3. Minerales como el zinc, el selenio o el magnesio no solo proporcionan los bloques de construcción necesarios para la formación de células y de tejido cerebral, sino que también intervienen en la síntesis de neurotransmisores esenciales. Y se sabe que las vitaminas del grupo B facilitan la conducción de los impulsos nerviosos. Si el cerebro se ve privado de uno o más de estos nutrientes beneficiosos para el cerebro, la cognición, el estado de ánimo y la función cerebral global se acaban resintiendo. Pensemos, por ejemplo, en la serotonina, un neurotransmisor asociado al estado de ánimo. Si no consumimos alimentos que contengan niveles suficientes de nutrientes como hierro, ácido fólico o vitamina B12, el cerebro no podrá producir la cantidad suficiente de este neurotransmisor que mejora el estado de ánimo.

Históricamente, apenas se ha reflexionado o dedicado atención a cómo la alimentación influye en la salud del cerebro. Sin embargo, no tiene por qué seguir siendo así. Podemos decidir qué materiales de construcción le queremos proporcionar; podemos decidir consumir ingredientes y alimentos de alta calidad y de alta densidad nutricional para ayudarlo a funcionar al máximo nivel. Cuando lo hacemos, estamos mejor posicionados para prevenir y tratar los posibles trastornos del estado de ánimo y los trastornos de ansiedad.

En última instancia, es usted, y solo usted, quien puede decidir de qué alimentos quiere que esté hecho su cerebro y, de este modo, puede ponerlo en la senda del crecimiento, la fortaleza y la salud. Créame: los mejores cerebros no nacen, sino que se hacen a partir de las decisiones que tomamos a diario acerca de qué comer.

LOS CAMBIOS EN LA ALIMENTACIÓN Y SU EFECTO SOBRE LA SALUD MENTAL

Nuestra manera de comer ha cambiado drásticamente durante el último siglo. Nuestros bisabuelos se alimentaban con alimentos integrales frescos y de temporada cultivados o criados en granjas en un radio de veinte kilómetros de sus hogares. En la actualidad, gran parte de la alimentación se basa en comida procedente de explotaciones agrícolas y ganaderas industriales y en comida preparada. Casi el 60 % de lo que consumimos pertenece a la categoría de la comida procesada y contiene niveles excesivos de hidratos de carbono y azúcares, colorantes alimentarios, grasas trans y conservantes. Es imposible conducir a lo largo de unas cuantas manzanas sin encontrar restaurantes de comida rápida o tiendas de alimentación. La comida que nos resulta más accesible (y la que más se promociona) está repleta de los mismos ingredientes que los médicos nos aconsejan evitar.

Cuando empecé a interesarme por la intersección entre la alimentación y la salud mental, aprendí mucho acerca de cómo había cambiado la dieta promedio durante las últimas décadas. Nos dijeron que las grasas vegetales y la margarina eran más saludables que las grasas procedentes de los lácteos. Lo cierto es que son fáciles y baratas de producir y, a diferencia de los productos lácteos, tienen una vida útil muy prolongada y estable. Ese cambio introdujo ácidos grasos trans insaturados, o grasas trans, a espuertas en la dieta occidental típica, pero ahora sabemos que tienen una relación directa con las enfermedades cardiovasculares y cerebrales. Hemos cambiado el color de los alimentos con colorantes artificiales con propiedades cancerígenas. Los alimentos procesados contienen niveles muy elevados de sodio y de azúcar, que contribuyen a mantener el sabor y la textura. Si lee las etiquetas de composición nutricional de los envases del supermercado, es muy probable que descubra que muchos contienen más sustancias químicas que ingredientes. Esto no solo nos complica la tarea de ingerir los nutrientes que nos pueden ayudar a prevenir la depresión y la ansiedad (nutrientes esenciales cuya mejor fuente son los alimentos que los contienen), sino que, además, nos lleva a ingerir muchos de nutrientes y moléculas perjudiciales para la salud mental. La consecuencia de todo ello es que la mayoría de nosotros aumentamos a diario el riesgo de desarrollar depresión o ansiedad a través de la comida que ingerimos.

Algo ha de cambiar.

Estos cambios recientes en la alimentación han alterado significativamente la forma de alimentar a nuestro cuerpo. En lugar de obtener los nutrientes vitales que se encuentran de forma natural en los alimentos integrales que proporcionan los bloques de construcción de un cerebro saludable, ingerimos un torrente de sustancias químicas y de conservantes. El cerebro sigue hambriento, por mucho que la comida preparada sacie el estómago. Según el Departamento de Agricultura de Estados Unidos (USDA), la gran mayoría de los estadounidenses no ingiere la cantidad diaria recomendada (CDR) de nutrientes clave: un tercio presenta déficit de zinc; un 68 %, déficit de magnesio; y un escalofriante 75 %, déficit de ácido fólico. Si no obtiene los elementos básicos que necesita para desarrollarse, el cerebro tiene dificultades para funcionar bien.

¿Que cómo lo sé? Porque, aunque era algo que tanto yo como muchos de mis colegas en el campo emergente de la psiquiatría nutricional presumíamos desde hace mucho, ahora se acumulan cada vez más evidencias que confirman nuestras sospechas. Gran cantidad de estudios de investigación demuestran que lo que comemos se relaciona directamente con nuestro nivel de ansiedad y con nuestro estado de ánimo.

LA INTERSECCIÓN ENTRE LA ALIMENTACIÓN Y LA SALUD DEL CEREBRO

Hace casi sesenta años, estudios epidemiológicos (estudios que examinan la salud y las tendencias de las enfermedades en poblaciones específicas) descubrieron algo muy interesante. La probabilidad de que las personas que vivían en países mediterráneos como España, Grecia o Italia desarrollaran una enfermedad cardiovascular era menor que en otras partes del mundo. Este dato despertó la curiosidad de los científicos: querían entender el porqué. ¿Era por la importancia que tenía la familia y la comunidad en la cultura mediterránea? ¿Era porque hacían ejercicio físico con más regularidad? ¿Era por la alimentación? ¿Era por la suma de todo lo anterior?

Los científicos, que han investigado durante décadas para esclarecer esas incógnitas, se dieron cuenta muy pronto de que todos esos factores son importantes para la salud y el bienestar a medida que envejecemos. Sin embargo, cuando profundizaron en el estudio de los hábitos de alimentación, observaron que la dieta mediterránea, rica en fruta y verdura fresca, pescado y marisco, cereales integrales, frutos secos y aceite de oliva, no solo era beneficiosa para el corazón, sino también para el cerebro. Estudio tras estudio se vio que la dieta era un factor clave en la reducción del riesgo de infarto de miocardio y de ictus. Y, a medida que los investigadores ahondaban cada vez más en los datos, se dieron cuenta de que la dieta mediterránea se asociaba también a un descenso de la incidencia de la demencia y de la depresión.[1,2] Estudios anteriores ya habían demostrado que el consumo habitual de aceite de oliva contribuye, por sí mismo, a prevenir la depresión y a aliviar la severidad de los síntomas en quienes ya han sido diagnosticados de un trastorno depresivo. Sin embargo, parece que las grasas saludables no son el único factor beneficioso; el énfasis de la dieta mediterránea en los alimentos integrales, en los cereales y en el pescado y el marisco también es muy importante para la salud y el bienestar.

Es importante señalar que los efectos beneficiosos de la dieta mediterránea no se limitan a las personas mayores. La Universidad de Navarra llevó a cabo uno de mis estudios epidemiológicos preferidos, el proyecto SUN (Seguimiento Universidad de Navarra). Los investigadores siguieron a 10.094 antiguos alumnos —ninguno de los cuales informó de síntomas depresivos o de estar tomando antidepresivos al comienzo del estudio—, para investigar el papel que desempeña la dieta en el posterior desarrollo de un posible trastorno depresivo. Quizá ya sepa que, con frecuencia, los primeros síntomas depresivos hacen su aparición durante el periodo entre el final de la adolescencia y el principio de la edad adulta. Si pudiéramos desarrollar intervenciones dirigidas a prevenir la depresión, ese sería el periodo idóneo para conseguirlo.

Al principio del estudio, los investigadores entregaron a cada uno de los participantes un cuestionario sobre hábitos de alimentación para determinar qué tipos de alimentos consumían con regularidad. El cuestionario contenía ciento treinta y seis preguntas que ayudaron a los investigadores a describir con precisión las pautas de alimentación de los participantes y a entender la frecuencia con la que consumían alimentos típicos de la dieta mediterránea, como fruta y verdura, pescado y marisco, cereales integrales y grasas saludables. A continuación, un nutricionista titulado analizaba los resultados y asignaba a cada participante una puntuación que reflejaba su nivel de adherencia a la dieta mediterránea. Cuanto más mediterránea fuera la dieta, más elevada era la puntuación.

Los investigadores concluyeron que los participantes con las puntuaciones de adherencia más elevadas tenían muchas menos probabilidades de desarrollar depresión durante el periodo de casi cuatro años y medio que duró el seguimiento. De hecho, concluyeron que el riesgo de tener depresión de las personas que comían así era un 42 % menor. Probablemente no le sorprenda saber que el riesgo de desarrollar depresión entre los participantes que seguían una dieta más típicamente occidental, rica en hidratos de carbono simples, grasas vegetales y comida procesada, iba en sentido contrario: presentaban un riesgo mayor de desarrollar un trastorno del estado de ánimo. Estos resultados son congruentes con la multitud de estudios llevados a cabo durante las décadas anteriores y que habían concluido que la dieta mediterránea nos ayuda a proteger la salud del corazón y del cerebro. En este caso, los investigadores de la Universidad de Navarra concluyeron que seguir de manera continuada esta dieta protegía de la depresión.

Ahora ya se han llevado a cabo varios estudios epidemiológicos como este en distintas poblaciones y con características diferenciadas en cuanto a edad, sexo y ubicación. Cuando se combinan todos ellos, se obtienen resultados con implicaciones profundas para reducir la carga de la depresión; de hecho, podemos conseguir que los episodios depresivos no aparezcan. Dicho esto, es importante señalar también que el estilo de vida mediterráneo es más que la comida. Las personas que viven en Grecia e Italia consumen mucho aceite de oliva, sí, pero también tienden a caminar, ir en bicicleta o nadar más que el estadounidense promedio. De hecho, el proyecto SUN destacó que las personas que más seguían la dieta mediterránea también tendían a ser más activas físicamente. ¿Hay evidencias que sugieran que cambiar exclusivamente las pautas de alimentación puede afectar al estado de ánimo?

Sí, las hay. Psiquiatras del Centro Médico de la Universidad de Pittsburgh (UPMC) llevaron a cabo un estudio de intervención en el estilo de vida con adultos mayores que habían padecido episodios depresivos. Reclutaron a noventa y cinco participantes de cincuenta años o más y les proporcionaron formación sobre alimentación y apoyo para ayudarlos a modificar lo que comían y adoptar una dieta más saludable. Irónicamente, al principio, estos psiquiatras no creían que un cambio nutricional fuera a cambiar nada; solo querían aplicar una intervención positiva y saludable para compararla con otras formas de psicoterapia y determinar qué era más útil para tratar a personas mayores reticentes a tomar antidepresivos.

La formación nutricional a la que recurrieron no fue demasiado complicada: se limitaron a reunir consejos generales de distintas agencias gubernamentales y una enfermera o un profesional de la salud mental se lo explicó a los participantes a lo largo de entre seis y ocho sesiones. Compartieron directrices nutricionales generales, revisaron las pautas de alimentación de cada uno de los participantes y los ayudaron a confeccionar planes de alimentación y listas de la compra para ayudarlos a seguir la dieta. Las sesiones de formación tampoco fueron muy largas y, aunque la sesión de presentación duró una hora, las siguientes solo fueron de unos treinta minutos. De promedio, cada participante recibió solo unas ocho horas de formación a lo largo de dos o tres meses. Por lo tanto, los investigadores del UPMC se sorprendieron al descubrir que, al final del estudio, los participantes que habían recibido la formación nutricional habían experimentado una mejora de entre el 40 y el 50 % en sus síntomas depresivos. Y aún más impactante: las mejoras se mantuvieron durante más de dos años. Dado que la mayoría de los análisis sugieren que la psicoterapia reduce la incidencia de la depresión en entre un 20 y un 25 %, los resultados del UPMC son dignos de celebración.

Los investigadores del UPMC se apresuraron a afirmar que los resultados del estudio no proporcionaban evidencias directas de que modificar la dieta pudiera reducir los síntomas depresivos (a pesar de que diversos estudios de intervención sobre la nutrición habían obtenido resultados similares). Para establecer una relación causal, es decir, para demostrar que una intervención concreta da lugar a un resultado específico, hay que recurrir a lo que se conoce como estudio controlado aleatorizado. Estos estudios, en los que se asigna aleatoriamente a los participantes o bien a la intervención clínica o bien a un grupo de control que ejerce de elemento de comparación, son una de las herramientas más potentes en la investigación clínica: son el patrón oro para poner a prueba cualquier tratamiento. Todos los fármacos aprobados por la Administración de Alimentos y Medicamentos (FDA) para cualquier enfermedad, desde el eccema al cáncer, han tenido que superar este tipo de análisis.

Como el estudio del UPMC no era un estudio aleatorizado (y como, tal y como admitieron los propios investigadores, el propósito del estudio no había sido evaluar la formación nutricional como opción de tratamiento), es posible que hubiera otro factor que explicara, al menos en parte, la mejora de los síntomas depresivos vistos en el estudio. Era evidente que había llegado el momento de diseñar un ensayo clínico que estudiara si las intervenciones dietéticas son tan efectivas como muchos empezábamos a creer.

Numerosos datos demuestran la importancia de la dieta cuando hablamos de depresión y de ansiedad. De hecho, un análisis reciente de investigadores de la Universidad de Delhi ha concluido que cada vez hay más evidencias de que existe una relación importante entre la calidad de la dieta, los déficits nutricionales y la salud mental, por lo que es un punto de partida obvio para los psiquiatras y los profesionales de la salud mental, que podrían aplicar cambios en la alimentación para prevenir o tratar trastornos de salud mental como la depresión.[3] Sin embargo, sin un ensayo clínico, sin el «patrón oro» para estudiar cualquier tratamiento, ha sido difícil argumentar que los profesionales de la salud mental deberían prescribir cambios en la alimentación a los pacientes que sufren depresión o ansiedad.

EL PATRÓN ORO POR FIN ESTÁ AQUÍ

Durante décadas, los psiquiatras habían recurrido a los antidepresivos y a la psicoterapia para tratar la depresión y la ansiedad, pero apenas habían prestado atención a los factores del estilo de vida, como la alimentación. En 2017, investigadores del Centro del Estado del Ánimo y de la Alimentación de la Facultad de Medicina de la Universidad de Deakin (Australia) publicaron el primer ensayo clínico controlado aleatorizado de una intervención nutricional sobre adultos con trastorno depresivo mayor. Lo llamaron, acertadamente, SMILES (acrónimo en inglés de «Apoyo a la modificación del estilo de vida en estados emocionales deprimidos» y que, en inglés, significa «sonrisas»).

Felice Jacka y Michael Berk, dos líderes del campo de la psiquiatría nutricional, dirigieron este estudio en el que reclutaron a 176 participantes con diagnóstico de depresión y muchos de los cuales ya recibían tratamiento en forma de medicación o de psicoterapia. Se asignó aleatoriamente a la mitad a seguir una intervención nutricional que consistió en siete sesiones individuales de asesoramiento nutricional con un nutricionista certificado. Las sesiones duraban aproximadamente una hora y se sucedieron a lo largo de un periodo de tres meses. Durante las mismas, el nutricionista enseñó a los participantes en qué consistía la dieta mediterránea y los ayudó a adoptar una versión de esta que se ajustase a su estilo de vida. Gran parte del proceso consistió sencillamente en ayudar a los pacientes a sustituir un alimento por otro o a añadir alimentos nuevos, como por ejemplo, usar aceite de oliva en lugar de mantequilla o añadir más legumbres a sus platos preferidos. A la otra mitad de participantes se los asignó a una situación de control, un protocolo de «amistad» en el que, en lugar de información nutricional, la intervención consistió en dedicar la misma cantidad de tiempo a hablar de cuestiones generales con los participantes.

«Había multitud de datos que apuntaban a la correlación entre la alimentación y la salud mental, pero correlación no necesariamente significa causalidad. Teníamos que comprobar si los cambios en la alimentación afectaban realmente a la depresión», explica Jacka. «Por eso nos decidimos a hacer el estudio.»

Desarrollar un ensayo clínico basado en intervenciones nutricionales no es tarea fácil. Por ejemplo, no se puede asignar a uno de los grupos una dieta a base de comida basura como elemento de comparación. No sería ético. Por lo tanto, Jacka y sus colegas optaron por usar un protocolo de amistad para comparar los resultados con el grupo del asesoramiento nutricional.

«El protocolo de amistad se usa con frecuencia en ensayos que ponen a prueba distintas formas de psicoterapia, porque es como acudir a un psicoterapeuta o a otro profesional de la salud mental, pero sin recibir terapia, solo para conversar. Tienes una interacción directa con otra persona. Tienes a alguien que te escucha y con quien hablar durante una hora. Y sabemos que esta conexión ayuda a las personas que padecen depresión», afirma.

Los investigadores establecieron una medida inicial de los síntomas depresivos de todos los participantes al principio del estudio y luego los volvieron a evaluar a los tres y a los seis meses. Descubrieron que las personas en el grupo de intervención nutricional presentaban un índice de remisión de aproximadamente el 32%. Párese un momento a pensarlo: la depresión remitió por completo en aproximadamente una tercera parte de las personas que recibieron asesoramiento nutricional. Los investigadores controlaron casi todo el resto de factores. No fue cuestión de la interacción social o del ejercicio, aunque no cabe duda de la importancia de ambos elementos para la prevención y el tratamiento de los trastornos mentales. Tampoco fue por la pérdida de peso. El peso de los participantes no varió significativamente durante el estudio. Realmente fue por los pequeños cambios que introdujeron en la alimentación. Desde entonces, otros ensayos han obtenido resultados similares: los cambios en la alimentación pueden aliviar los síntomas depresivos o incluso conseguir que remitan completamente.[4]

«La verdad es que no pensábamos que la dieta fuera a ejercer un impacto tan significativo, creíamos que sería algo mucho más sutil», confiesa Jacka. «Lo único que hicieron nuestros nutricionistas fue educar a los pacientes acerca de lo que deberían comer y aconsejarlos sobre cómo aplicar pequeños cambios para conseguirlo. El estudio reveló muchísimas cosas extraordinarias, pero, en mi opinión, una de las principales fue que los participantes mejoraron su alimentación a pesar de que tenían depresión clínica entre moderada y severa. Pudieron aplicar los cambios e incluir alimentos más saludables a su dieta a pesar de sus síntomas. En segundo lugar, también vimos diferencias significativas en los índices de remisión. Aproximadamente el 30 % de los participantes en el grupo de asesoramiento nutricional alcanzaron lo que llamamos remisión clínica, que significa que las puntuaciones de depresión bajaron a niveles en los que ya no se podía hablar de depresión clínica.»

Jacka añadió que había una fuerte vinculación entre el nivel en que los participantes habían mejorado su dieta y el nivel de mejora de los síntomas depresivos.

«Cuanto más mejoraban la dieta, mejor se encontraban. Fue asombroso.»

Si lo sumamos todo, nos daremos cuenta de que la comida importa. Los resultados son extraordinarios, porque tienen un impacto directo sobre cómo los profesionales de la salud mental podemos modificar nuestros tratamientos para ayudar a nuestros pacientes y gestionar mejor su depresión en el futuro.

Claro que, ¿qué hay de la ansiedad? ¿Tiene algo que decir el estudio SMILES acerca de los síntomas de ansiedad? Preguntada al respecto, Jacka aseguró que, aunque el objetivo principal del estudio había sido estudiar los síntomas depresivos, sí que habían detectado también una reducción del nivel de ansiedad.

«Para nosotros, la ansiedad era un resultado secundario porque nos habíamos centrado en la depresión. Sin embargo, los integrantes del grupo del asesoramiento nutricional también presentaron una mejora significativa en las medidas de los síntomas de ansiedad en comparación con los participantes en el grupo de apoyo social.»

Aunque el estudio SMILES fue un estudio pequeño, diversos estudios posteriores han replicado las conclusiones obtenidas por Jacka. Por ejemplo, un estudio de intervención nutricional de Heather Francis y sus colegas en la Universidad Macquarie, de Australia, halló resultados similares en adultos jóvenes. Francis reclutó a 101 adultos de entre diecisiete y treinta y cinco años con síntomas depresivos activos y con hábitos de alimentación que no eran para tirar cohetes. Se asignó a la mitad de los participantes a una intervención nutricional que consistía en un vídeo de trece minutos de duración al que podían acceder a voluntad para verlo tantas veces como necesitaran y en el que un nutricionista cualificado ofrecía consejos acerca de cómo adoptar una alimentación mediterránea, y los animaba a aumentar la ingesta de fruta y verdura, cereales integrales, frutos secos, pescado y aceite de oliva. También se les entregó una pequeña cesta con algunos de estos productos para ayudarlos a empezar y se les llamó por teléfono al final de la primera y de la segunda semana para evaluar su progreso. La otra mitad no recibió instrucción alguna respecto a la alimentación y solo se les pidió que volvieran al cabo de tres semanas.

Francis, al igual que Jacka, concluyó que las personas que habían recibido orientación acerca de cómo mejorar la dieta informaron de niveles de depresión y de ansiedad significativamente inferiores al cabo de las tres semanas y también tres meses después, cuando los investigadores hicieron una llamada de seguimiento a todos los participantes.[5] A Francis le sorprendió no solo constatar que los participantes deprimidos podían hacer cambios tan positivos en sus dietas, sino también que los efectos beneficiosos perduraran meses después del fin del estudio. De hecho, el 70 % de los participantes del grupo de intervención seguían aplicando los consejos nutricionales que habían recibido; lo cual evidencia que la alimentación importa, y mucho, cuando hablamos de la salud del cerebro.

Estos ensayos controlados aleatorizados demuestran que cambiar la dieta puede cambiar la salud mental. Sustituir la comida basura por alimentos que contienen nutrientes que alimentan al cerebro permite mejorar la salud y la función general del cerebro.

DESARROLLO DE LA ESCALA DE ALIMENTOS ANTIDEPRESIVOS (EAA)

Laura LaChance es psiquiatra e investigadora clínica en el Centro de Adicciones y Salud Mental de la Universidad de Toronto. Como yo, se sintió inspirada por la avalancha de evidencias acerca de la importancia de la dieta para la salud mental, y fue así como decidimos profundizar en ello juntos. Sabíamos que no bastaba con decir a los pacientes que debían adoptar una dieta mediterránea, porque hacer cambios en el estilo de vida puede ser muy difícil para las personas con depresión o ansiedad (aunque, como descubrió Jacka, se puede hacer). Para poner las cosas más fáciles tanto a los profesionales de la salud como a los pacientes, quisimos señalar con exactitud cuáles eran los nutrientes que según la literatura científica contaban con la mayor capacidad para combatir la depresión y qué alimentos eran los más ricos en esos nutrientes. Así, en lugar de limitarnos a decir a los pacientes que adoptaran una dieta mediterránea, les podríamos recomendar específicamente las categorías de alimentos con la mayor cantidad de los nutrientes más necesarios para promover la salud mental.

(Es posible que, ahora, esté pensando algo parecido a: «¡Un momento! Ya me tomo un complejo vitamínico todas las mañanas. ¿No basta con eso?». Para ser sincero, es una pregunta que me formulan con mucha frecuencia. En el capítulo 6 hablaré de ello con más detalle, pero, de momento y de forma breve, le diré que los suplementos no son la solución para obtener los nutrientes que necesitan el cuerpo y el cerebro. El cuerpo está diseñado para absorber los nutrientes que necesita de la comida. Los suplementos no pueden competir con eso.)

La doctora LaChance y yo pasamos por un tamiz muy fino toda la literatura científica disponible para identificar tanto los nutrientes más beneficiosos para la salud cerebral como las categorías de alimentos que los contienen y, así, elaborar una lista ordenada de las vitaminas y minerales esenciales asociados a la prevención y el tratamiento de la depresión. A partir de ahí pudimos confeccionar una nueva escala nutricional que tal vez recuerde del primer capítulo y a la que llamamos Escala de Alimentos Antidepresivos (EAA). La escala puntúa los alimentos más densos en nutrientes y más ricos en las vitaminas y minerales con más capacidad para combatir la depresión y, con toda probabilidad, también la ansiedad. La doctora LaChance y yo destacamos no solo los nutrientes esenciales que pueden ayudar a optimizar la salud mental, sino también los alimentos donde se encuentran. Son las vitaminas, los minerales y otras moléculas que ayudan a optimizar la estructura y la función cerebrales.

¿CUÁLES SON LOS NUTRIENTES ESENCIALES QUE HAY QUE COMER PARA PREVENIR LA DEPRESIÓN Y LA ANSIEDAD?

Ácido fólico

El cuerpo humano necesita ácido fólico, también conocido como vitamina B9, para sintetizar y regular el ADN además de para producir neurotransmisores importantes como la serotonina y la dopamina, que ahora sabemos que guardan una relación importante con la depresión. Los neurotransmisores son sustancias químicas señalizadoras especiales que ayudan a las células nerviosas a comunicarse entre ellas. Los cerebros saludables rebosan de estas moléculas, que contribuyen a garantizar que las neuronas hagan su trabajo, tanto si este consiste en percibir lo que sucede en el mundo que nos rodea como en regular el estado de ánimo.

Es muy probable que ya haya oído hablar antes del ácido fólico, porque se suele recetar a las mujeres embarazadas para promover el desarrollo de la médula espinal y del cerebro del feto. No nos debería sorprender que lo que es bueno para el cerebro del feto lo sea también para el cerebro de los adultos. El ácido fólico ayuda a regular el estado de ánimo, la capacidad de experimentar placer y la capacidad de pensar con claridad.

La forma natural del ácido fólico se llama folato. Las palabras «folato» y «fólico» se derivan del latín *folium*, que significa «hoja vegetal» y que nos ayuda a recordar dónde podemos encontrar esta vitamina: en las verduras de hoja verde. Como desempeña un papel crucial en la formación de moléculas críticas para el cerebro y apoya varios procesos cerebrales, un déficit de ácido fólico puede dar lugar a un estado de ánimo deprimido, a niveles reducidos de energía y a una preocupación excesiva. Los estudios de investigación han demostrado que hasta una tercera parte de los pacientes deprimidos presentan déficit de ácido fólico, por lo que en nuestro centro incluimos ahora un análisis de sangre para determinar el nivel de ácido fólico como parte de la anamnesis médica de los pacientes con depresión.

La insuficiencia de ácido fólico también se ha asociado al aumento de los niveles de inflamación, porque esta vitamina ayuda a descomponer un aminoácido llamado homocisteína, un marcador general de procesos inflamatorios en el organismo. Si el nivel de ácido fólico es insuficiente para metabolizar la homocisteína, el nivel de

Nutrientes para una buena salud cerebral:

VITAMINA B9

(Ácido fólico)

Cantidad diaria recomendada ⇒ 400 mcg

! El ácido fólico es sensible a la luz y al calor.

Necesitamos ÁCIDO FÓLICO para producir MIELINA y NEUROTRANSMISORES clave

regulan el estado de ánimo 😊↔️😞

regulan la sensación de placer

regulan la claridad del pensamiento

es crítico para la regulación del ADN.

el folato metaboliza la HOMOCISTEÍNA. (homocisteína elevada ⇒ marcador general de inflamación)

Principales fuentes de ÁCIDO FÓLICO

LENTEJAS 90 % en 210 g

HÍGADO DE POLLO 120 % en 85 g

GARBANZOS 71 % en 164 g

COLES DE BRUSELAS 40 % en 88 g

ESPÁRRAGOS 22 % en 4 tallos

ESPINACAS (COCIDAS) 15 % en 225 g

esta aumentará. Y el nivel elevado de homocisteína es un factor de riesgo no solo para la depresión, sino también para las enfermedades cardiovasculares.

Categorías de alimentos: *verduras de hoja verde; verduras multicolores; legumbres.*

Hierro

El cerebro necesita aproximadamente el 20 % de la energía del cuerpo para funcionar adecuadamente y, para producir esa energía, las células nerviosas requieren un acceso ilimitado tanto a la hemoglobina, una proteína sanguínea con base de hierro que transporta el oxígeno de los pulmones al cerebro, como a la mioglobina, otra proteína con base de hierro que almacena el oxígeno en los músculos para cuando estos necesitan un aporte adicional de energía. Por eso, muchos afirman que el hierro es el nutriente clave para la función global del cerebro.

El hierro desempeña, además, un papel importante en el desarrollo y el tratamiento de la depresión y la ansiedad, porque, no solo ayuda al cerebro a obtener el oxígeno que necesita, sino que también es un factor necesario para la síntesis de dos neurotransmisores clave y responsables de la regulación del estado de ánimo, de la atención y del placer: la dopamina y la serotonina. El hierro, como el ácido fólico, es un componente de la mielina, el material aislante que otorga a las neuronas la capacidad de transmitir señales ultrarrápidamente.

Dada la importancia de este nutriente, es fácil entender por qué el déficit de hierro se ha asociado a la neblina mental, la reducción del nivel de energía y un estado de ánimo deprimido. El aporte de hierro es una de las principales preocupaciones de los vegetarianos y los veganos, porque el hierro disponible en las plantas es entre un 30 y un 40 % menos absorbible que el hierro que contienen la carne y el marisco. Se puede aumentar la absorción añadiendo un ácido, como jugo de limón o vinagre, o usando una sartén de hierro fundido.

Nutrientes para una buena salud cerebral:

HIERRO

- Necesitamos HIERRO en forma de HEMOGLOBINA para transportar OXÍGENO al CEREBRO.

- El HIERRO es un cofactor en la síntesis de los neurotransmisores clave para la REGULACIÓN DEL ESTADO DE ÁNIMO (serotonina, dopamina).

Consejos para aumentar la absorción de hierro:

1. Cocinar con sartenes de hierro fundido.

2. Añadir algún ácido (jugo de limón, vinagre).

2000 millones de personas tienen déficit de hierro

baja energía
problemas de concentración
más irritabilidad

hierro no hemo (procedente de plantas)

SEMILLAS DE SÉSAMO
ESPINACAS
PIPAS DE CALABAZA
CARNE ROJA
Principales fuentes de HIERRO
CHOCOLATE NEGRO
OSTRAS
hierro hemo

Categorías de alimentos: *marisco; frutos secos, legumbres y semillas; verduras de hoja verde; carne.*

Ácidos grasos omega-3 de cadena larga

Estos ácidos grasos poliinsaturados de cadena larga (PUFA) son extraordinariamente beneficiosos para el cerebro y merecen con creces los titulares que han copado durante los últimos años. Son los ácidos grasos más largos y más complejos que uno pueda ingerir y estimulan al cerebro para que este produzca más factores de crecimiento nervioso,

Nutrientes para una buena salud cerebral:

ÁCIDOS GRASOS OMEGA-3

Ácidos grasos Omega-3 vegetales (ALA)

Ácidos grasos omega-3 de cadena larga (EPA y DHA)

verduras de hoja verde

semillas de cáñamo, semillas de lino...

en pescados grasos y marisco

Bioconcentran los ácidos grasos omega-3 procedentes de las algas que los producen.

OSTRAS
511 mg en 85 g

SALMÓN SALVAJE
2172 mg en 85 g

Principales fuentes de ÁCIDOS GRASOS OMEGA-3

ATÚN
808 mg en 85 g

ANCHOAS
1776 mg en 85 g

SARDINAS
1424 mg en 85 g

① El DHA construye CÉLULAS NERVIOSAS.

② Los ácidos grasos omega-3 de cadena larga COMBATEN la inflamación en el cerebro y

③ aumentan la producción de BDNF (hormona del crecimiento cerebral).

350 mg-500mg diarios

fundamentales para la neuroplasticidad. También intervienen en la regulación (y la reducción) del nivel de inflamación en el cerebro y en el cuerpo.

Es importante entender que no todos los ácidos grasos omega-3 fueron creados iguales. De hecho, hay dos tipos de PUFA omega-3: los omega-3 más cortos y menos complejos de origen vegetal a los que quizá haya oído nombrar como ácido alfalinoleico (ALA); y los ácidos grasos omega-3 más complejos como el ácido eicosapentaenoico (EPA) y el ácido docosahexaenoico (DHA). Aunque los ácidos grasos omega-3 de origen vegetal ofrecen múltiples beneficios para la salud y son una parte esencial de cualquier dieta, si realmente quiere comer para prevenir la depresión y la ansiedad, se ha de asegurar de ingerir también una cantidad suficiente de los ácidos grasos más complejos.

El EPA promueve la función cerebral porque reduce la concentración de moléculas proinflamatorias en las células nerviosas. Por su parte, el DHA interviene en la formación de las membranas celulares y desempeña un papel vital en la función sináptica porque facilita las conexiones entre las células nerviosas. Se estima que el DHA supone un 8% del peso seco del cerebro. Además, también desempeña una función antiinflamatoria, porque es uno de los bloques de construcción de dos tipos de hormonas importantes: las neuroprotectinas y las resolvinas. Las dietas ricas en estos ácidos grasos son muy beneficiosas para el cerebro humano, y sobre todo para los que aún están en desarrollo. El déficit de PUFA omega-3 se ha asociado repetidamente a la depresión, además de a otros trastornos cerebrales.

Categorías de alimentos: *pescado y marisco.*

Magnesio

El magnesio, al que a veces se describe como un «elemento calmante», desempeña una función muy importante en una enorme cantidad de procesos corporales. En lo que se refiere al cerebro en concreto, este macromineral es necesario para el correcto funcionamiento de las células gliales y las neuronas, porque promueve la transmisión sináptica y la conducción neuromuscular. De hecho, el magnesio es uno de los pocos nutrientes que estimula directamente el crecimiento cerebral. Se lo ha identificado en cientos de reacciones químicas distintas que ocurren en un cuerpo sano y es uno de los ingredientes básicos de la química cerebral que afecta a funciones que van desde la producción de ADN a la eliminación eficiente de los desechos celulares.

El magnesio fue uno de los primeros nutrientes que se supo que contribuían al tratamiento de la depresión, y, de hecho, diversos estudios han identificado la relación entre el déficit de magnesio y un estado de ánimo deprimido. De todos modos, ya en 1922, cuando se administró

Nutrientes para una buena salud cerebral:

MAGNESIO

Cantidad diaria recomendada ⇒ ♀ 320 mg ♂ 420 mg

Déficit de ingesta diaria ⇒ 68 % de habitantes de EE. UU.

Factores de riesgo asociados al déficit ⇒
- enfermedades GI
- diabetes tipo 2
- alcoholismo

> Necesario para el FUNCIONAMIENTO adecuado de las neuronas y las células gliales.

> Estimula el CRECIMIENTO del cerebro.

> Ayuda a controlar la glucosa en sangre ⇒ reduce el riesgo de diabetes.

¡El magnesio es un ingrediente clave en la química corporal!

síntesis de ADN

células felices

electricidad en las neuronas y las células gliales

Principales fuentes de MAGNESIO

ALMENDRAS 25 % en 30 g

ESPINACAS 24 % en 113 g

ANACARDOS 23 % en 30 g

FRIJOLES NEGROS 19 % en 125 g

SOJA 16 % en 100 g

una infusión de magnesio por vía intravenosa a un grupo de pacientes con «depresión agitada», se observó que estaban más calmados y se sentían mejor (algunos incluso se quedaron dormidos) pocas horas después. Desde entonces, los estudios han mostrado repetidamente que un nivel reducido de magnesio aumenta el riesgo de depresión.

Personalmente, como el magnesio es el mineral clave en el proceso de la fotosíntesis, pienso en este nutriente como en una manera de hacer llegar al cerebro el flujo de energía que nos llega del sol. Por eso es tan importante seguir una pauta de alimentación rica en alimentos de origen vegetal. Las frutas y verduras multicolores y las verduras de hoja verde constituyen la fuente principal de magnesio, uno de los primeros minerales en los que pienso cuando los pacientes me hablan de sus dietas.

Categorías de alimentos: *verduras de hoja verde; frutos secos, legumbres y semillas; verduras multicolores.*

Potasio

Este mineral facilita todos y cada uno de los impulsos nerviosos y todas y cada una de las señales nerviosas en el sistema nervioso

Nutrientes para una buena salud cerebral:

POTASIO

Todos los impulsos nerviosos y todos los latidos del corazón dependen del POTASIO.

Está muy concentrado en el interior de las células.

Cantidad diaria recomendada ⟹ 4.700 mg

Déficit de ingesta diaria ⟹ 97 % de habitantes de EE. UU.

Absorción ⟹ La cafeína puede interferir en la absorción del potasio.

Almacenamiento ⟹ Se excretan unos 200 mg diarios por la orina. Si no se ingiere con los alimentos, a los 7 días puede aparecer un déficit leve.

HOJAS DE REMOLACHA
37 % en 38 g

ACELGAS
27 % en 36 g

Principales fuentes de POTASIO

ESPINACAS
24 % en 30 g

La única manera de conseguir POTASIO es comer más PLANTAS.

PLÁTANO
12 % en 200 g

KALE
8 % en 67 g

humano. Hace mucho tiempo que los científicos saben que el potasio ayuda a las células a permanecer en homeostasis (equilibrio saludable), porque permite que la membrana celular absorba nutrientes vitales y expulse los desechos. Por lo tanto, interviene en el envío de oxígeno al cerebro y en la transmisión de señales entre las neuronas.

El déficit de potasio se ha asociado a la fatiga mental y a la bajada del estado de ánimo. El potasio también ayuda a regular el nivel de serotonina y se ha hallado relación entre un nivel bajo de este nutriente y el dolor crónico. Un estudio de 2008 concluyó que las dietas ricas en potasio y basadas en alimentos de origen vegetal ayudaban a aliviar los síntomas depresivos.[6]

Categorías de alimentos: *verduras multicolores; verduras de hoja verde.*

Selenio

Los antioxidantes protegen a las células, incluidas las neuronas y las células gliales, de las moléculas inflamatorias y perjudiciales a las que conocemos como radicales libres. Los antioxidantes más potentes no son los que comemos, sino los que el propio cuerpo sintetiza. Sin embargo, ha de contar con los ingredientes necesarios para ello. Uno de ellos es el selenio. El glutatión es el antioxidante más importante para el cerebro y es muy importante a la hora de ayudar a las neuronas y a las células gliales a funcionar bien.

Este mineral también desempeña un papel importante en la regulación del metabolismo, en la síntesis de ADN y en el establecimiento de las vías neuronales. Además, es crítico para la salud de la tiroides. No es sorprendente que el déficit de selenio se asocie tanto a la depresión como a la ansiedad.

Categorías de alimentos: *verduras multicolores; pescado y marisco.*

Nutrientes para una buena salud cerebral:

SELENIO

Cantidad diaria recomendada → **55 mcg**

Déficit de ingesta diaria → 15 % de habitantes de EE. UU.

Almacenamiento → No se almacena. Las reservas del organismo están en las selenoproteínas.

◐ La producción de glutatión (un antioxidante importante para el cerebro) depende del selenio.

◐ El selenio es necesario para la reproducción y para la síntesis de ADN.

◐ Protege del daño oxidativo.

NUECES DE BRASIL
1158 % en 32,5 g

LANGOSTA
172 % en 450 g

Principales fuentes de SELENIO

ATÚN
167 % en 85 g

FLETÁN
85 % en 85 g

GAMBAS
102 % en 114 g

SELENIO
necesario para las

SELENOPROTEÍNAS

La glándula tiroides no puede usar el yodo sin la ayuda de las selenoproteínas.

Es importante para el metabolismo.

Vitamina B1

Ya hemos comentado que el cerebro tiene una necesidad inmensa de energía y, al igual que el resto del cuerpo, la obtiene de la glucosa. Para poder transformar la glucosa en energía, el cerebro necesita contar con niveles suficientes de tiamina, también conocida como vitamina B1.

La B1 fue la primera vitamina que se descubrió y también la primera que los científicos consiguieron aislar. Las personas con déficit severo de vitamina B1 desarrollan beri-beri, una enfermedad que daña

VITAMINA B1 (Tiamina)

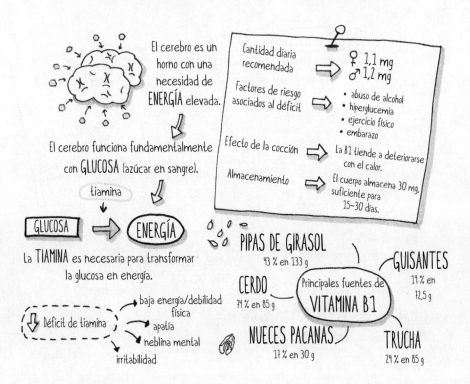

El cerebro es un horno con una necesidad de ENERGÍA elevada.

El cerebro funciona fundamentalmente con GLUCOSA (azúcar en sangre).

tiamina

GLUCOSA ⟹ ENERGÍA

La TIAMINA es necesaria para transformar la glucosa en energía.

Déficit de tiamina
→ baja energía/debilidad física
→ apatía
→ neblina mental
→ irritabilidad

Cantidad diaria recomendada ⟹ ♀ 1,1 mg ♂ 1,2 mg

Factores de riesgo asociados al déficit ⟹
• abuso de alcohol
• hiperglucemia
• ejercicio físico
• embarazo

Efecto de la cocción ⟹ La B1 tiende a deteriorarse con el calor.

Almacenamiento ⟹ El cuerpo almacena 30 mg, suficiente para 15-30 días.

PIPAS DE GIRASOL
43 % en 133 g

CERDO
74 % en 85 g

Principales fuentes de VITAMINA B1

GUISANTES
19 % en 12,5 g

NUECES PACANAS
17 % en 30 g

TRUCHA
24 % en 85 g

al sistema cardiovascular y que provoca síntomas neurológicos y psiquiátricos severos porque el cerebro no puede obtener la energía que necesita. Aunque la mayoría de personas no desarrollarán jamás un déficit de tiamina tan severo que conduzca al beri-beri, los niveles inferiores a los óptimos se han asociado a síntomas como falta de energía, apatía, niebla cerebral e irritabilidad.

Categorías de alimentos: *marisco; verduras de hoja verde; verduras multicolores.*

VITAMINA A

Vitamina A

Esta vitamina, a la que a veces se llama retinol, se halla en la carne, en los huevos y en los productos lácteos. El organismo también la sintetiza a partir de los pigmentos de las plantas y sobre todo de las verduras de un naranja o un amarillo intensos, que contienen carotenoides. Las moléculas de vitamina A no solo funcionan como antioxidantes y ayudan a prevenir el daño celular consecuencia de la inflamación, sino que también contribuyen a regular el crecimiento y la división celulares. La vitamina A también interviene en la capacidad del organismo para sintetizar DHA, el ácido graso omega-3 de cadena larga que es un elemento clave para la salud del cerebro. Varios estudios han sugerido ya que el consumo habitual de vitamina A se asocia a una reducción del riesgo de desarrollar demencia, cáncer y depresión. Las investigaciones más recientes sugieren también que la vitamina A facilita la neuroplasticidad.

Categorías de alimentos: *verduras multicolores; carne, huevos.*

Vitamina B6

La vitamina B6, o piridoxina, es otro miembro de la familia de las vitaminas B y su función principal consiste en ayudar a transformar los alimentos que ingerimos en energía. También desempeña un papel crucial en el funcionamiento del sistema nervioso desde el desarrollo temprano y durante toda la edad adulta.

La vitamina B6 es uno de los ingredientes necesarios para la síntesis de neurotransmisores que influyen en el estado de ánimo, como la serotonina o la norepinefrina. También contribuye a la síntesis de melatonina, la hormona que regula el reloj biológico y nos dice cuándo es hora de dormir. Al igual que sus primas de la familia B, también ayuda a reducir el nivel de homocisteína (y, por lo tanto, de inflamación), además de intervenir en la síntesis de los glóbulos rojos que llevan oxígeno al cerebro. Los niveles bajos de vitamina B6 pueden dar lugar a problemas de concentración y producir nerviosismo, irritabilidad y tristeza.

Categorías de alimentos: *pescado y marisco; verdura multicolor; legumbres; carne.*

Vitamina B12

Al igual que el resto de vitaminas B, la vitamina B12 (cobalamina) interviene en la síntesis de sustancias químicas clave en el cerebro que

VITAMINA B6

Es esencial para la síntesis de triptófano.

Vitamina **B6**

Combate la inflamación y reduce la homocisteína.

Los niveles elevados de B6 se asocian a una reducción del 50 % del riesgo de desarrollar depresión.

Cantidad diaria recomendada ⇒ 1,3 mg

Durante el embarazo y la lactancia ⇒ 2,0 mg

Déficit en la ingesta diaria ⇒ 24 % de la población estadounidense

Metabolismo ⇒ La inflamación crónica interfiere con el metabolismo de B6.

SALMÓN SALVAJE
46 % en 30 g

GARBANZOS
85 % en 164 g

PLÁTANOS
31 % en 1 plátano mediano

Principales fuentes de VITAMINA B6

POLLO
38 % en 85 g

PATATAS
31 % en 140 g

regulan el estado de ánimo y el nivel de ansiedad, como la serotonina, la norepinefrina y la dopamina. También promueve la mielinización de las neuronas que, como ya hemos comentado, permite que los mensajes sinápticos se transmitan con más eficiencia. La vitamina B12, como la B6, ayuda a reducir la homocisteína. Se estima que entre un 10 y un 15 % de adultos mayores de sesenta años tienen déficit de esta vitamina, lo que, lamentablemente, aumenta el riesgo de que desarrollen un trastorno depresivo.

Un ensayo controlado aleatorizado demostró que los suplementos de vitamina B12 ayudaban a tratar los síntomas depresivos en pacientes

Nutrientes para la buena salud del cerebro:

B12

▷ La vitamina B12 es necesaria para producir el AISLAMIENTO que envuelve y protege a las neuronas.

▷ Es necesaria en la síntesis de importantes moléculas REGULADORAS DEL ESTADO DE ÁNIMO (serotonina, dopamina...).

▷ Reduce la homocisteína
⇒ marcador de INFLAMACIÓN

Cantidad diaria recomendada ⇒ 2,4 mcg

Factores de riesgo asociados al déficit ⇒ Dietas vegetarianas y veganas

Almacenamos hasta 3-4 años de vitamina B12 en el hígado.

Suplementos de B12

Principales fuentes de B12

HUEVOS

LÁCTEOS

CARNE

MARISCO Y PESCADO

hígado de ternera 1178 % en 85 g

ostras

mejillones salmón salvaje

almejas 1401 % en 85 g

ENCOGIMIENTO DEL CEREBRO

A medida que envejecemos, el cerebro se atrofia y se hace más pequeño de forma natural. La vitamina B12 y el DHA determinan la rapidez con que se encoge el cerebro.

diagnosticados de trastorno depresivo mayor. Sin embargo, puede ingerir suficiente vitamina B12 siguiendo una dieta equilibrada que incluya alimentos como huevos, productos lácteos y marisco bivalvo como las almejas y los mejillones.

Categorías de alimentos: *marisco (sobre todo el bivalvo); carne, huevos y lácteos.*

Nutrientes para la buena salud del cerebro:

VITAMINA C

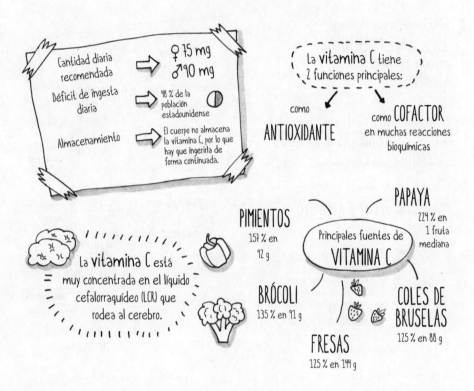

Cantidad diaria recomendada ⟹ ♀ 75 mg ♂ 90 mg

Déficit de ingesta diaria ⟹ 48 % de la población estadounidense

Almacenamiento ⟹ El cuerpo no almacena la vitamina C, por lo que hay que ingerirla de forma continuada.

La **vitamina C** tiene 2 funciones principales:

como ANTIOXIDANTE

como COFACTOR en muchas reacciones bioquímicas

La **vitamina C** está muy concentrada en el líquido cefalorraquídeo (LCR) que rodea al cerebro.

PIMIENTOS
157 % en 92 g

PAPAYA
224 % en 1 fruta mediana

Principales fuentes de VITAMINA C

BRÓCOLI
135 % en 91 g

COLES DE BRUSELAS
125 % en 88 g

FRESAS
125 % en 144 g

Vitamina C

La vitamina C hace mucho más que prevenir resfriados. Es un antiin-flamatorio muy potente que ayuda a contrarrestar los daños causados por los procesos inflamatorios tanto en el cuerpo como en el cerebro. También actúa como cofactor en muchas múltiples reacciones quími-cas y, así, promueve la salud celular y la señalización neuronal. Asi-mismo, ayuda a mejorar la absorción de otros nutrientes vitales, como el hierro. Además del sabor que aporta, hay otro motivo para exprimir

— 72 —

Nutrientes para la buena salud del cerebro:

ZINC

ZINC es clave para la **FUNCIÓN INMUNITARIA**, que es el sistema de defensa del organismo que nos protege de

zinc zinc zinc → **SISTEMA INMUNITARIO**

infecciones

inflamación excesiva

cáncer

Cantidad diaria recomendada → ♀ 8 mg ♂ 11 mg

Déficit en la ingesta diaria → 42 % de la población estadounidense

Factores de riesgo asociados al déficit →
• dieta vegetariana
• embarazo y lactancia
• abuso de alcohol

BISTEC — 115 % en un bistec de 140 g

OSTRAS — 413 % en 6 ostras

Principales fuentes de **ZINC**

¡Más de **100** enzimas necesitan **ZINC** para funcionar!

SEMILLAS DE SÉSAMO — 34 % en 35,5 g

CARNE DE PAVO PICADA — 23 % en 85 g

PIPAS DE CALABAZA — 31 % en 29,8 g

Las plantas contienen zinc, pero se aferran a él con tesón. No absorbemos demasiada cantidad.

limón sobre el marisco: ayuda al organismo a asimilar más hierro del pescado, las almejas y las ostras que tenemos en el plato.

Hace mucho que se sabe que el déficit de vitamina C provoca escorbuto, una enfermedad que causa inflamación y sangrado de encías y problemas con la cicatrización de las heridas. Sin embargo, no obtener la suficiente vitamina C de la dieta también puede producir fatiga y depresión. Algunos estudios han demostrado que aumentar el nivel de vitamina C no solo ayuda a las personas a gestionar mejor los síntomas depresivos, sino que también reduce el nivel de ansiedad.

Categorías de alimentos: *verdura multicolor, verdura de hoja verde.*

Zinc

Este importante mineral interviene en los procesos celulares y en la función inmunitaria. Es un nutriente protector que refuerza los sistemas de defensa naturales del organismo y los ayuda a combatir enfermedades como el cáncer, las infecciones o el exceso de inflamación. También interviene en la regulación de la transmisión sináptica y la neuroplasticidad. Aunque determinar el nivel de zinc es complicado, niveles reducidos de este mineral pueden dar lugar a niveles reducidos de neurotransmisores importantes como el glutamato y la serotonina, lo que aumenta el riesgo de desarrollar depresión y ansiedad.

Categorías de alimentos: *frutos secos y semillas.*

OTROS NUTRIENTES IMPORTANTES

Cuando la doctora LaChance y yo identificamos los doce nutrientes que acabo de mencionar, nos centramos en encontrar los que podrían ser más beneficiosos para nuestros pacientes para combatir la depresión. Dicho esto, la mayoría de estos nutrientes también ayudan a prevenir y tratar los trastornos de ansiedad. Como he dicho antes, la depresión y la ansiedad suelen ir de la mano, por lo que consumir los alimentos ricos en nutrientes que promueven la buena salud del cerebro en su conjunto debería proporcionar cierto alivio de la ansiedad y de otros trastornos mentales. Los estudios han sugerido que los omega-3, así como las vitaminas del grupo B, son muy importantes en la lucha contra los síntomas de ansiedad.

Sin embargo, hay otro nutriente que se ha asociado directamente a la ansiedad. La colina es una molécula especial (otro miembro de la familia de las vitaminas B) importante para la síntesis de lípidos, incluida la mielina que aísla los circuitos neuronales. Es un bloque de construcción del cerebro que produce fosfatidilcolina, el lípido más habitual en todas las células y que ayuda a regular la inflamación.

COLINA

La colina pertenece a la familia de las vitaminas B.

Se usa para sintetizar fosfatidilcolina, el lípido más habitual en todas las células.

Se necesita para el neurotransmisor acetilcolina, clave para el aprendizaje y la memoria.

COLINA

La colina también dona grupos metilo al ciclo de metilación, un proceso fundamental para la energía, el estado de ánimo y la concentración.

La colina regula la inflamación.

Cantidad diaria recomendada	♀ 425 mg ♂ 559 mg
Déficit ingesta diaria	90 % de la población estadounidense
Almacenamiento	El cuerpo guarda reservas abundantes de colina, porque todas las células contienen esta molécula.

HÍGADO DE TERNERA
84 % en 85 g

VIEIRAS
22 % en 85 g

HUEVOS
35 % en 1 huevo

TERNERA
22 % en 30 g

Principales fuentes de COLINA

COLES DE BRUSELAS
15 % en 88 g

También es un ingrediente fundamental de otro neurotransmisor importante, la acetilcolina, clave para el aprendizaje y la memoria.

La ansiedad se describe con mucha frecuencia como un proceso de aprendizaje que se ha torcido, por lo que garantizar que se cuenta con la colina suficiente para promover el aprendizaje y la memoria podría ayudar a enderezar esos procesos. El Estudio de Salud de Hordaland, en el que participaron 4.632 personas adultas, sugiere que las personas que consumen más colina, normalmente a través de los huevos, tienen menos probabilidades de desarrollar un trastorno de ansiedad.

Nutrientes para la buena salud del cerebro:

GRASAS MONOINSATURADAS

(MUFA)

ÁCIDO OLEICO

▷ Se halla en el aceite de oliva, la ternera, el pescado, la manteca de cerdo y las almendras.

▷ Se asocia a la reducción del riesgo cardiovascular, de diabetes y de depresión.

▷ Mejora la sensibilidad a la insulina.

▷ El cuerpo lo usa para sintetizar oleoiletanolamida:

mejora la memoria

induce la combustión de grasas

promueve la pérdida de peso

ÁCIDO NERVÓNICO

▷ Es un elemento fundamental de la mielina

(el aislamiento de las neuronas).

▷ Se halla en la leche materna humana, el salmón, la mostaza, el aceite de lino y las semillas de cáñamo.

ÁCIDO VACCÉNICO

▷ Se halla en la carne de ternera de pasto y en los productos

lácteos de animales de pasto.

▷ El cuerpo lo trasforma en ácido ruménico:

→ reduce la grasa corporal

→ aumenta la masa muscular

→ previene el síndrome metabólico

También debemos incluir a los fitonutrientes (bacterias y lípidos beneficiosos) entre los nutrientes a los que hay que reclutar en la lucha por una salud cerebral óptima. Los fitonutrientes (las moléculas y los nutrientes que obtenemos cuando «comemos el arcoíris», o una amplia variedad de frutas y verduras de colores llamativos) ayudan a promover la neurogénesis (el desarrollo de nuevas neuronas y células gliales), además de a reducir la inflamación. Los ácidos grasos monoinsaturados (MUFA), como los que se hallan en el aceite de oliva tan prevalente en la dieta mediterránea, también combaten la inflamación y proporcionan los bloques de construcción de la mielina y de las membranas celulares.

Y luego están las bacterias beneficiosas, las bacterias saludables que viven de forma natural en nuestro intestino. Es posible que no sepa que ha estado poblando sus intestinos con esas bacterias saludables desde que nació. Todo lo que ha tocado y todo lo que ha comido ha ayudado a determinar qué especies viven ahí. En el capítulo 4, aprenderemos más acerca de las mejores maneras de conseguir que proliferen, pero, de momento, le basta con saber que estos microorganismos desempeñan un papel fundamental en la regulación del estado de ánimo, la mejora de la cognición y el descenso del nivel de ansiedad. Todo esto, junto a los doce nutrientes que he mencionado con anterioridad, son elementos fundamentales que debe tener en cuenta para comer de tal modo que le sirva de ayuda para prevenir la depresión y la ansiedad.

CAMBIAR DE HÁBITOS PARA MEJORAR LA SALUD MENTAL

Mi objetivo con este libro es ayudarlo a alimentar su cerebro para que sea capaz de combatir la ansiedad y la depresión. Sin embargo, soy consciente de que cada uno tiene sus propios gustos, valores y exigencias en lo que respecta a decidir con qué alimentos quiere llenar el plato. Más adelante, me centraré en distintas categorías de alimentos que contienen uno o más de estos nutrientes optimizadores del cerebro para que le sirva de guía a la hora de pensar en cómo incorporarlos a su dieta. Tanto si es un vegano estricto como si sigue una dieta keto, hay muchas maneras de comer para prevenir la depresión y la ansiedad.

Aunque lo más fácil sería decirle que se centrara en comer más zinc o alguno del resto de nutrientes cerebrosaludables que he mencionado (o incluso que abriera la cartera y comprara suplementos dietéticos), entiendo que interactuar con la comida en estos términos no genera alegría alguna. Mi intención no es decirle que come mal o que sus hábitos de alimentación están equivocados, sino mostrarle que puede mejorar su manera de comer para reforzar su estado de ánimo y ayudarlo así a mantener a raya los pensamientos ansiosos. Si he mencionado la lista de nutrientes es para ayudarlo a entender cómo afectan a la salud del cerebro y, por lo tanto, también al estado de ánimo y al nivel de ansiedad que experimentamos.

El cerebro no es un músculo, pero está diseñado para medrar y crecer si obtiene los nutrientes adecuados. En los capítulos que siguen, hablaremos de por qué los cerebros más grandes y más sanos se han construido con los alimentos que combaten la inflamación y promueven la salud cerebral a cualquier edad, y por qué cuidar del cerebro con esos alimentos puede ayudarlo en su misión para prevenir o gestionar tanto la depresión como la ansiedad.

Capítulo 2: Recapitulemos

- El cerebro es el órgano más complejo del cuerpo humano: contiene decenas de miles de millones de neuronas, además de otras células fundamentales y de moléculas auxiliares.
- El cerebro consume un 20 % de todo lo que comemos, y los alimentos que ingerimos proporcionan la energía y los nutrientes que intervienen en la síntesis y el mantenimiento de todos los elementos que componen el cerebro.
- Los cambios modernos en la cadena de alimentación han cambiado el modo en que alimentamos a nuestro cuerpo. En la actualidad, en lugar de obtener los nutrientes vitales que se hallan de forma natural en los alimentos integrales que nos proporcionan los bloques de construcción que necesitamos para mantener sano al cerebro, ingerimos multitud de sustancias químicas y conservantes.
- Aunque múltiples estudios epidemiológicos habían apuntado ya a la relación entre la alimentación y la salud mental, hasta hace poco no se han publicado estudios controlados aleatorizados que hayan analizado intervenciones nutricionales.
- Los resultados de ambos tipos de estudios son muy claros: la comi-

da puede mejorar la salud mental y prevenir trastornos como la depresión y la ansiedad, además de ayudar a aliviar los síntomas en caso de que ya hayan sido diagnosticadas.

- Estos estudios nos inspiraron a la doctora LaChance y a mí a desarrollar la Escala de Alimentos Antidepresivos (EAA) y a empezar a ponerla en práctica con nuestros pacientes.
- Los estudios han demostrado que los nutrientes clave de esta escala promueven el desarrollo y el mantenimiento del cerebro de varias maneras vitales.

Capítulo 3

CÓMO FORMAR CÉLULAS NERVIOSAS NUEVAS

LAS DECISIONES DIETÉTICAS AFECTAN AL CRECIMIENTO DEL CEREBRO

La psiquiatría y la neurociencia nos han enseñado muchas cosas acerca de las bases biológicas de la depresión y de la ansiedad durante las últimas décadas. Estudios genéticos a gran escala, conocidos como estudios de asociación de genoma completo, han descubierto que una proporción significativa de los pacientes con estos trastornos presentan características genéticas similares. Ahora se sabe que algunas variantes genéticas, con frecuencia asociadas a neurotransmisores o receptores específicos, pueden aumentar la probabilidad de que alguien desarrolle depresión o ansiedad. Es importante entender la salud mental de esta forma tan detallada y esperamos que ayude a los médicos, yo incluido, a elegir tratamientos dirigidos y más específicos que permitan a los pacientes gestionar mejor la depresión y la ansiedad.

Estos estudios han sido determinantes para ayudar a los pacientes a entender que la depresión y la ansiedad no son fruto de la debilidad personal o de la incapacidad de afrontar la vida tal y como es. Por el contrario, se trata de enfermedades con un sustrato que es, al menos en parte, biológico; no son meramente situacionales. Sin embargo, saber esto también puede llevar a los pacientes a creer que no hay esperanza de mejoría alguna.

¿Recuerda a Pete? La primera vez que acudió a mi consulta había vuelto a casa de sus padres, no encontraba trabajo y, durante la primera sesión, me dijo que sentía que estaba «atascado». La palabra «atascado» me llamó la atención, porque Pete no se refería únicamente a que había tenido que volver al dormitorio de su infancia. Se refería a cómo se sentía viviendo con la depresión.

«A veces pienso que da igual lo que haga o deje de hacer, siempre me sentiré así», me confesó.

Pete había sido diagnosticado de depresión en la adolescencia y hacía varios años que tomaba antidepresivos, pero parecía que últimamente ya no le funcionaban tan bien. Como era lógico, le resultaba muy frustrante. Tampoco era la única persona de su familia que se había tenido que enfrentar a la depresión. A veces, al reflexionar sobre su historia familiar, le preocupaba que su cerebro fuera «defectuoso» y que sus genes determinasen que siempre tuviese que soportar el peso de la tristeza y de la desmotivación.

Pete no es el único de mis pacientes que ha confesado sentirse así. Muchas de las personas con depresión o ansiedad creen que la genética les ha repartido cartas muy malas; y es comprensible, porque durante demasiado tiempo se ha hablado del ADN en términos de determinismo biológico. Hace casi veinte años, cuando estaba acabando mis estudios de medicina, se creía que los genes de cada uno lo determinaban todo, desde la inteligencia hasta la conducta. El mensaje principal era que el genoma era el responsable directo de cómo crecía, maduraba y funcionaba el cuerpo. Y la configuración genética con la que se nacía era todo con lo que se podía trabajar durante el resto del ciclo vital.

Las ideas respecto al cerebro eran muy similares. Por aquel entonces, la sabiduría convencional mantenía que el cerebro dejaba de desarrollarse y de madurar una vez llegada la edad adulta. Los genes dictaban cómo iba a crecer y, una vez lo había hecho, permanecía en ese mismo estado durante toda la vida (a no ser que sucediera algo, como una lesión o una enfermedad). Los mensajes de este tipo explican por qué Pete y otros se sienten «atascados» cuando se les diagnostica un trastorno mental. Si la depresión o la ansiedad se deben exclusivamente a que el cerebro funciona mal porque se ha construido con un mapa genético defectuoso, cuesta pensar que uno pueda hacer mucho para cambiar la situación.

Pero resulta que esas ideas eran absolutamente erróneas. Ahora, dos décadas de investigación después, sabemos que el cerebro es muy capaz de cambiar a lo largo de todo el ciclo vital y que, aunque los genes desempeñan un papel importante a la hora de determinar cómo funcionará el cerebro, los genes no operan en el vacío. El campo emergente de la epigenética, que estudia cómo el entorno y el estilo de vida pueden modificar dónde, cuándo y cómo se expresan los genes, demuestra día a día que el destino biológico es mucho más maleable de lo que se creía.

Una manera sencilla de explicar en qué consiste la epigenética es comparar el genoma con un ordenador de sobremesa. Nacemos con un genoma propio, compuesto por el ADN que nos han transmitido nuestros padres y al que hemos aplicado unas cuantas mutaciones propias. Es posible que contemos incluso con algún gen que nos predisponga a la depresión o a la ansiedad. Sin embargo, tal y como sucede con el ordenador, este *hardware* necesita un *software* que le diga qué ha de hacer. El ......ma, o la influencia del entorno sobre la expresión genética, es ......re. Las experiencias vitales, además de determinados factores ...... de vida como la dieta, la actividad física o las interacciones s...... influyen sobre el ADN y le dicen al genoma que aumente, redu...... cluso detenga la producción de proteínas concretas en respue...... teracciones que mantenemos con el medio ambiente. Es complejo......, pero lo cierto es que, incluso si tenemos una larga historia familiar de una enfermedad mental concreta, no hay nada escrito en piedra. El epigenoma implica que podemos hacer cambios y, por ejemplo, modificar la dieta, para contrarrestar y compensar lo que está escrito en el *hardware* del cerebro desde que nacimos.

Este campo emergente nos ha enseñado otra cosa fantástica: el cerebro es neuroplástico, es decir, tiene la capacidad de crecer y de adaptarse al entorno sea cual sea nuestra edad. Y esto significa que nadie está «atascado». Todos y cada uno de nosotros podemos hacer cambios, como por ejemplo tomar decisiones más informadas acerca de qué comemos, para modificar cómo se expresan nuestros genes y

NEUROPLASTICIDAD

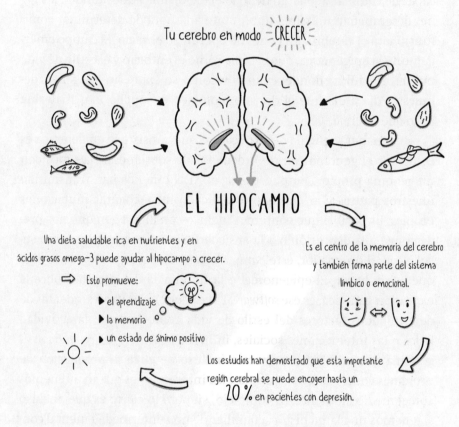

Tu cerebro en modo CRECER

EL HIPOCAMPO

Una dieta saludable rica en nutrientes y en ácidos grasos omega-3 puede ayudar al hipocampo a crecer.

Esto promueve:
▶ el aprendizaje
▶ la memoria
▶ un estado de ánimo positivo

Es el centro de la memoria del cerebro y también forma parte del sistema límbico o emocional.

Los estudios han demostrado que esta importante región cerebral se puede encoger hasta un **20 %** en pacientes con depresión.

ayudar así al cuerpo y al cerebro a aproximarse a un estado que nos permita manejar mejor la depresión y la ansiedad.

UN CEREBRO MÁS GRANDE Y MEJOR

Tal y como hemos visto en el capítulo anterior, diversos estudios demuestran que existe una relación clara entre la calidad de la alimentación y la salud mental. Seguir una dieta de estilo mediterráneo no solo reduce la probabilidad de desarrollar depresión o ansiedad, sino que, en caso de que se desarrollen, seguir esa pauta de alimentación integral facilita una mejor gestión de los síntomas. Por lo tanto, lo que debemos concretar ahora es de qué maneras ayuda la dieta a controlar la depresión y la ansiedad. ¿Qué efecto ejerce la dieta sobre el cerebro para influir de tal manera en el estado de ánimo? Felice Jacka, la directora del Centro de la Alimentación y del Estado de Ánimo de la Universidad Deakin (Australia) y la investigadora que dirigió el estudio SMILES, decidió indagar en el hipocampo para intentar dar respuesta a esta pregunta.

«El hipocampo es una región cerebral clave para el aprendizaje y la memoria, pero sabemos que también interviene en la salud mental», explica Jacka. «Aunque aún no sabemos explicar por qué sucede, los estudios de neuroimagen demuestran que las personas con depresión tienen hipocampos más pequeños. Cuando el tratamiento para la depresión funciona, el hipocampo vuelve a crecer.»

Es probable que ya haya oído hablar del hipocampo. Se trata de una región cerebral pequeña con forma de caballito de mar a la que se suele describir como el centro de la memoria del cerebro. También forma parte del sistema límbico, o emocional, y, en consecuencia, se ve afectado por los trastornos del estado de ánimo y de ansiedad. De hecho, los estudios han concluido que esta región clave y de una importancia crítica para el aprendizaje y la memoria se puede encoger hasta en un 20 % en pacientes con depresión. Es un cambio muy significativo y, tal vez, podría aclarar en cierta medida la relación entre la dieta y la depresión.

Jacka explica que esta información, sumada al fascinante trabajo del laboratorio de Fernando Gómez Pinilla en la Universidad de California, que refutaba la teoría de que el cerebro adulto ya no puede sustentar el crecimiento de neuronas nuevas, la inspiró a investigar la relación entre la alimentación y el volumen del hipocampo.

«El innovador trabajo del equipo del doctor Gómez Pinilla mostró evidencias de neurogénesis (nacimiento de neuronas nuevas) en el hipocampo en modelos animales. Vieron que las neurotrofinas, o las proteínas que activan el desarrollo de las neuronas, predecían tanto el crecimiento de neuronas nuevas como la reducción del hipocampo. Estos estudios demostraban que manipular la dieta permite manipular los niveles de esas proteínas importantes y el crecimiento del cerebro.»

Cuando el equipo de Gómez Pinilla alimentó a ratas con alimentos ricos en nutrientes y en ácidos grasos omega-3 saludables para el cerebro, sus hipocampos crecieron y tanto la cognición como el estado de ánimo de los animales mejoraron. Dada la convergencia de todos estos datos, que confirmaban la relación entre la alimentación, las neurotrofinas y el volumen del hipocampo, Jacka y sus colegas decidieron examinar la relación entre la alimentación de las personas y el tamaño del hipocampo en términos de volumen. Pidieron a doscientas cincuenta y cinco personas de entre sesenta y sesenta y cuatro años que rellenaran un cuestionario que evaluaba sus hábitos de alimentación. A continuación, les hicieron escáneres cerebrales, al principio del estudio y luego al cabo de cuatro años, para ver el efecto de la dieta sobre el hipocampo. Las pruebas de imagen demostraron que las personas que seguían una alimentación más saludable tendían a tener un volumen hipocampal mayor; en cambio, las que seguían una dieta «occidental» menos saludable presentaban el efecto contrario. Jacka explica que los resultados no la sorprendieron.

«Ya contábamos con muchos estudios en animales que mostraban esta relación, por lo que no me sorprendió constatar que había una relación clara entre la alimentación y el volumen hipocampal. Las personas que seguían dietas de mejor calidad presentaban un volumen hipocampal significativamente mayor», asegura. «No era una asociación trivial y fue independiente del resto de factores que pensamos que también podían ser relevantes.»

Este estudio vuelve a sugerir que existe una relación entre las pautas de alimentación y la salud mental. Desde entonces, otros dos estudios amplios han replicado los resultados de Jacka y han corroborado la importancia de la calidad de la dieta. Un hipocampo más grande es un hipocampo más fuerte en el que una mayor cantidad de neuronas más interconectadas se extienden y se comunican con sus vecinas para promover el aprendizaje, la memoria y un mejor estado de ánimo. Un hipocampo más grande es un hipocampo más sano, repleto de los neurotransmisores y de las moléculas que median su capacidad para trabajar con el resto del cerebro al nivel más elevado posible. Cuando estas evidencias se suman a los ensayos clínicos que han estudiado el efecto de la alimentación sobre el estado de ánimo, vemos que aquella puede desempeñar una función importante en la prevención y el tratamiento de los trastornos mentales. Los profesionales de la salud mental no podemos seguir ignorándolo. Jacka está de acuerdo con esta afirmación.

«El impacto negativo que una mala alimentación ejerce sobre el cerebro y la función cerebral es evidente», afirma. «A medida que se acumulan los estudios con animales, los estudios observacionales y los estudios de neuroimagen y si, además, sumamos lo que sabemos acerca de la biología, cada vez es más evidente que la alimentación es un área de intervención factible para promover el crecimiento y la función cerebrales.»

El cerebro es un órgano vibrante y dinámico. Es un órgano de conexión y, si obtiene los nutrientes que necesita, puede activar lo que yo llamo el «modo de crecimiento»; es decir, un estado que facilita la neuroplasticidad y que le permite tender las nuevas conexiones sinápticas que necesita para adaptarse mejor al mundo que lo rodea. Ese «modo de crecimiento» es también un estado protector durante el que el cerebro sintetiza las moléculas de defensa que lo ayudan a protegerse de la atrofia que con tanta frecuencia se aprecia en los trastornos del estado de ánimo.

MÁS ALLÁ DE LA SEROTONINA: LE PRESENTO AL BDNF

Si le pidiera que nombrara alguno de los neurotransmisores que desempeñan un papel importante en la salud mental, y especialmente en la depresión o en la ansiedad, ¿cuál nombraría? Probablemente, la serotonina. Y no es de extrañar. Los científicos han asociado el desequilibrio de este neurotransmisor crucial tanto a la depresión como a la ansiedad, y los antidepresivos que ahora se recetan con más frecuencia, los inhibidores selectivos de la recaptación de serotonina (ISRS), funcionan aumentando la cantidad de serotonina en las sinapsis. Durante las últimas décadas, la serotonina ha sido el principal foco de atención en lo que concierne a los trastornos del estado de ánimo y de ansiedad. Sin embargo, ahora, la investigación más reciente destaca el papel de otra sustancia activa en el cerebro, una proteína llamada factor neurotrófico derivado del cerebro (BDNF, por sus siglas en inglés).

El BDNF es lo que se conoce como factor neurotrófico o neurotrofina, una de las proteínas fundamentales para el crecimiento del cerebro que menciona Jacka. Es una proteína especial que se expresa de forma generalizada en todo el sistema nervioso central y que sustenta el crecimiento y la supervivencia de las neuronas. Hay quien describe al BDNF como un fertilizante cerebral: una molécula nutritiva que sustenta la formación de neuronas nuevas y el establecimiento de nuevas sinapsis durante el desarrollo. Es una comparación muy adecuada. Sin embargo, el BDNF también desempeña una función clave en las labores de mantenimiento cerebral y contribuye a mantener al cerebro sano, entero y flexible durante la edad adulta proporcionándole el extra que necesita para establecer nuevas conexiones sinápticas. De hecho, en el laboratorio, si se añade un poco de BDNF a una muestra de neuronas, se las puede ver extendiéndose y conectándose para formar conexiones nuevas con las neuronas vecinas. Es extraordinario.

De todas maneras, el BDNF es mucho, mucho más que un fertilizante. También es una molécula protectora. Cuando el cerebro queda expuesto a toxinas como las grasas trans que contienen algunas comidas o a las hormonas que el organismo secreta como respuesta al estrés crónico, las neuronas se tienen que esforzar más no solo para formar las conexiones sinápticas necesarias para un cerebro sano, sino sencillamente para sobrevivir. Necesitan toda la ayuda que puedan conseguir. Y eso es precisamente lo que hace el BDNF: las ayuda y las hace más fuertes ante las amenazas. Les da más margen para adaptarse y crecer ante lo que sea que esté sucediendo en el mundo que las rodea. Teniendo en cuenta todo esto, es fácil entender lo importante que es para la salud y el bienestar general del cerebro contar con suficiente cantidad de BDNF, ya que facilita el crecimiento y la supervivencia de neuronas fuertes, resistentes y conectadas.

Lo contrario también es cierto. El cerebro puede sufrir, y sufre, si no cuenta con el BDNF suficiente. Existen numerosos estudios que demuestran que los pacientes con trastorno depresivo mayor o trastorno de ansiedad tienen niveles inferiores de BDNF en comparación con las personas que no los padecen. En estos trastornos, la expresión del gen BDNF, que sintetiza esta proteína que nutre al cerebro, se regula a la baja, es decir, el gen no produce tanto BDNF como en un cerebro sano. Asimismo, los estudios también han demostrado que hay una variante concreta del gen BDNF, llamado polimorfismo Val66Met del gen BDNF, que hace que las personas que la presentan tengan más dificultades para afrontar los acontecimientos vitales estresantes y la adversidad durante la infancia.[1] En estos casos, cuando la situación se complica, el grifo del BDNF se cierra y solo deja pasar unas gotas, lo que puede provocar el desarrollo de un trastorno depresivo o de ansiedad.

Quizá piense que todos estos estudios sobre biomoléculas y variantes genéticas significan que hemos vuelto al argumento de siempre, que estamos «atascados», pero no es así. Los genes no determinan el destino. Podemos aumentar la cantidad de BDNF que el cuerpo sintetiza independientemente del polimorfismo Val66Met. Basta con ingerir los alimentos que estimulan la producción de BDNF, como las verduras de hoja verde. La capacidad de hacer al cerebro más resistente ante el estrés está al final del tenedor.

Contamos con múltiples estudios en animales que concluyen que la adopción de una dieta adecuada permite aumentar la producción de BDNF, además de la de otros factores neurotróficos importantes. Sin embargo, investigadores de la Universidad de Las Palmas de Gran

BDNF

(factor neurotrófico
derivado del cerebro)

El BDNF sustenta el crecimiento y la supervivencia de las neuronas.

El BDNF ayuda al cerebro a establecer conexiones sinápticas nuevas.

El BDNF hace a las neuronas más fuertes ante las amenazas (como las toxinas).

BDNF

FRUTOS SECOS

ALIMENTOS QUE ESTIMULAN
LA SÍNTESIS DE BDNF

PESCADO Y MARISCO
SALVAJE

FRUTOS DEL BOSQUE

CHOCOLATE
NEGRO

Canaria demostraron que sucede lo mismo con los seres humanos. Estos científicos innovadores diseñaron el estudio PREDIMED-NAVARRA con el objetivo de determinar si añadir alimentos específicos a la dieta habitual podía aumentar la producción de BDNF. Como ya sabe, numerosos estudios han demostrado ya que la dieta mediterránea puede mejorar los síntomas depresivos. Ahora bien, ¿contiene la dieta mediterránea alimentos concretos que aumenten los niveles de BDNF (y, por extensión, la neuroplasticidad) y que medien en esas mejoras?

Los investigadores quisieron responder a esta pregunta y, para ello, estudiaron de cerca a doscientos cuarenta y tres pacientes de entre cincuenta y cinco y ochenta años que ya participaban en un ensayo de intervención nutricional para reducir el riesgo de enfermedad cardiovascular. En ese estudio más amplio, ya se había asignado a los participantes a uno de estos tres grupos de dieta: una dieta básica baja en grasa; una dieta mediterránea suplementada con aceite de oliva virgen adicional; una dieta mediterránea a la que se habían añadido treinta gramos diarios de nueces, almendras y avellanas. Los participantes siguieron las pautas de alimentación durante cuatro años y se reunieron con un nutricionista titulado cada tres meses para que los asesorara. Al cabo de tres años, los investigadores compararon los niveles de BDNF de todos los participantes con los niveles que tenían al principio del estudio. Descubrieron que los pacientes que habían seguido la dieta mediterránea tenían niveles superiores de BDNF que los que se habían limitado a seguir una dieta baja en grasa. Sin embargo, lo más sorprendente fue que los que habían seguido la dieta mediterránea con el añadido de los frutos secos diarios presentaron niveles de BDNF significativamente superiores que el resto de grupos. El aumento del nivel de BDNF fue aún más marcado en los pacientes del grupo que tenían problemas de depresión al comienzo del estudio. Y ese aumento se vio acompañado del alivio correspondiente de los síntomas depresivos. Conclusión: hacer una única modificación en una única categoría de alimentos (en este caso, frutos secos) puede marcar una diferencia drástica.

Aunque es posible que esto (que treinta gramos diarios de frutos secos puedan dar lugar a tantos cambios) le sorprenda, en realidad no es sorprendente si tenemos en cuenta que el organismo necesita los ingredientes y las señales necesarias para sintetizar la cantidad de BDNF suficiente para tener una salud cerebral óptima. Tenemos que consumir suficientes aminoácidos esenciales (los bloques de construcción de las proteínas, además de vitaminas y minerales clave), si queremos aumentar el nivel de BDNF. Los frutos secos contienen muchos de esos bloques de construcción, aunque no son los únicos alimentos que ayudan a aumentar el nivel de BDNF. Los estudios han demostrado que las dietas ricas en ácidos grasos omega-3 procedentes de pescado y marisco salvaje; el resveratrol de la uva negra; el zinc de las pipas de calabaza y las ostras; y las antocianinas de los frutos del bosque pueden ayudar a aumentar la producción de BDNF lo que, a su vez, puede ayudar a prevenir o combatir la ansiedad y la depresión.

De todos modos, los beneficios de estos alimentos van más allá de aumentar la síntesis de factores neurotróficos. Como he dicho antes, también ejercen un efecto protector. Ese puñado adicional de frutos secos diario no solo ayuda a las neuronas a establecer conexiones mejores y más estables en circuitos vitales, sino que también ayuda a defender al cerebro cuando este se ve bombardeado por moléculas proinflamatorias.

LA INFLAMACIÓN ABUNDA

«Inflamación» es uno de los términos de moda en la medicina actual. Y con razón. Se trata de una respuesta inmunitaria natural y muy beneficiosa si se activa con moderación. Cuando el cuerpo sufre una herida o una enfermedad, el sistema inmunitario segrega diversas proteínas y hormonas, como leucocitos, citoquinas especiales como la interleucina-6 (o IL-6) o incluso proteínas como la proteína C reactiva (PCR) para combatir a los invasores, eliminar las células dañadas y ayudar al organismo a recuperarse. Es probable que, la última vez que se hizo un arañazo en el brazo, se diera cuenta de que se le había inflamado. Efectivamente, el sistema inmunitario activó los procesos inflamatorios defensivos como respuesta a la herida, lo que produjo cierto enrojecimiento e hinchazón alrededor de la lesión durante un par de días. Esos síntomas físicos eran señales de que el sistema inmunitario estaba haciendo su trabajo.

Sin embargo, si la respuesta inflamatoria se mantiene durante periodos de tiempo prolongados, pueden aparecer problemas y, por ejemplo, células perfectamente sanas se pueden ver afectadas; de hecho, se ven afectadas con frecuencia. Por algún motivo que aún no comprendemos del todo, el sistema inmunitario recibe el mensaje equivocado y empieza a atacar no solo a las células dañadas, sino también a las células normales próximas. Si la inflamación crónica se suma a susceptibilidades genéticas específicas, la probabilidad de que aparezcan enfermedades autoinmunes como el asma, la psoriasis, la colitis ulcerosa o la artritis reumatoide aumenta. Con el tiempo, los tejidos sanos se verán sometidos al ataque de las distintas moléculas inmunitarias y acabarán dañados.

La inflamación también puede afectar al cerebro, como hace con el resto del cuerpo. Hay varios tipos de células inmunitarias especializadas que ayudan al cerebro a mantenerse sano. Las primeras son los astrocitos, unas células gliales específicas con forma de estrella y que forman parte del equipo de mantenimiento y de limpieza del cerebro. Cuando las neuronas sufren algún tipo de daño, como las infecciones o las heridas de las que hablábamos antes, los astrocitos hacen su aparición, limpian las neuronas dañadas y se las llevan de allí.

Las microglías también son células gliales y desempeñan un papel crucial en los procesos inmunitarios. Son las principales células inmunitarias presentes en el cerebro y supervisan al resto de células, incluidas las neuronas, en busca de señales de alarma. Circulan y tocan brevemente a todas las neuronas con las que se encuentran, como si las saludaran. Si todo parece normal durante el proceso de supervisión, la microglía pasa a la neurona siguiente. Si, por el contrario, interactúa con una neurona que presenta problemas de cualquier tipo, pasa a la acción y o bien cercena la conexión sináptica o bien fagocita la neurona dañada y la saca con el resto de la basura. Ahora sabemos que tanto las microglías como los astrocitos son vitales para la función inmunitaria y para mantener al cerebro funcionando a un nivel óptimo.

Roger McIntyre, médico y psicofarmacólogo en la Universidad de Toronto, ha estudiado los efectos de la inflamación sobre la función cerebral y afirma que es importante destacar que la inflamación no es perjudicial en sí misma. De hecho, el sistema inflamatorio es «uno de los buenos» y ayuda al cuerpo y al cerebro a mantenerse en plena forma.

«Necesitamos al sistema inflamatorio. Antes pensábamos que las microglías desempeñaban una función sencilla y que se limitaban a proporcionar apoyo estructural a las neuronas. Sin embargo, ahora sabemos que desempeñan una función inmunitaria crucial y que recorren el cerebro para podar conexiones e incluso eliminar neuronas. El cerebro necesita este proceso de limpieza para evolucionar y desarrollarse correctamente y el sistema inflamatorio lo ayuda a conseguirlo.»

Lo que sucede es que factores como el estrés crónico, las toxinas ambientales o los desequilibrios hormonales, por mencionar solo tres, pueden provocar desequilibrios en la liberación de las moléculas proinflamatorias y antiinflamatorias y dar lugar a un exceso de sustancias proinflamatorias en el cerebro. Y es ahí donde comienzan los problemas.

«Cuando hay un desequilibrio y el cerebro se ve invadido por una cantidad excesiva de moléculas proinflamatorias, las neuronas y los circuitos neuronales corren peligro», explica McIntyre. «La inflamación da lugar a la pérdida de neuronas, lo que a su vez puede afectar a los circuitos neuronales y, en consecuencia, también a la experiencia humana. El desequilibrio del sistema inflamatorio puede dar lugar a una situación muy peligrosa en el cerebro y alterar tanto los circuitos neuronales como la actividad de las redes neuronales en regiones concretas del cerebro asociadas a la activación, al miedo y a la emoción.»

El hipocampo es una de esas áreas a las que se refiere McIntyre. Quizá no le sorprenda saber que esas situaciones peligrosas se asocian al desarrollo de trastornos depresivos y de ansiedad.

Curiosamente, hace tiempo que los médicos han observado una relación interesante entre los síntomas de inflamación y los síntomas depresivos. Piénselo: una persona con gripe y una persona deprimida se parecen bastante. Ambas tienden a estar apagadas e irritables y demuestran una falta de interés generalizada por las actividades que normalmente les resultan placenteras. Es posible que también presenten más síntomas de ansiedad. Este solapamiento despertó la curiosidad de los psiquiatras que indagaban en las posibles causas de los problemas de salud mental. Se empezaba a ver que la inflamación afectaba profundamente a la mayor parte del cuerpo. ¿Podía ser que también causara problemas en el cerebro?

Hoy, gracias a docenas de estudios innovadores, sabemos que la inflamación crónica es un factor en los trastornos depresivos y de ansiedad. De hecho, muchos estudios han demostrado que aproximadamente un tercio de los pacientes diagnosticados de depresión presentan niveles elevados de varios marcadores inflamatorios, como la PCR o la interleucina-6, en el torrente sanguíneo. Cuando, con el tiempo, esos marcadores inflamatorios llegan al cerebro, pueden dar lugar a consecuencias graves. Por ejemplo, cuando investigadores de la Universidad Emory (Atlanta) escanearon el cerebro de personas diagnosticadas de depresión y con niveles elevados de PCR, hallaron menos activación en circuitos clave que conectan las áreas de recompensa del cerebro con las áreas que median las funciones ejecutivas. Es casi como la inflamación que vemos alrededor de los rasguños en el brazo, pero esta vez en el cerebro, y ralentiza significativamente la capacidad de coordinación y de comunicación entre las distintas regiones. El resultado es la aparición de los síntomas depresivos habituales.[2]

McIntyre explica que se trata de un proceso muy lógico desde un punto de visto evolutivo. Hace miles de años, cuando los seres humanos sobrevivían como cazadores-recolectores en la sabana, contar con moléculas proinflamatorias que dieran lugar a estos síntomas podía ser una ventaja para la supervivencia.

«En aquel entonces, tenía mucho sentido que la inflamación producida por una enfermedad o una herida alterara los sistemas cerebrales», explica. «Uno es muy vulnerable cuando se encuentra en ese estado, por lo que reducir la motivación y aumentar el miedo o la ansiedad ayudaba al enfermo a permanecer quieto para descansar, ahorrar energía y curarse.»

Aunque, hasta la fecha, la gran mayoría de los estudios han examinado la relación entre la inflamación y la depresión, existen diversos trabajos que demuestran que las moléculas proinflamatorias pueden alterar también los circuitos neuronales en los centros del miedo del cerebro. En otras palabras, la inflamación crónica también está relacionada con la ansiedad.

«La ansiedad es miedo; miedo a algo, tanto si es a las arañas como al juicio social», afirma McIntyre.

Por lo tanto, visto desde una perspectiva evolutiva, sentir más miedo nos puede ayudar a seguir con vida durante un proceso inflamatorio que sea el resultado de una herida o de una enfermedad. Nos ayuda a permanecer hipervigilantes a pesar de no estar en nuestro mejor momento y, de ese modo, evitamos depredadores y otros peligros. Dicho esto, el entorno en el mundo moderno actual es muy distinto al de la prehistoria, y eso explica por qué hoy esa ansiedad adicional hace más mal que bien a nuestra supervivencia cotidiana. McIntyre afirma que el miedo es proinflamatorio por sí mismo, lo que significa que la preocupación persistente y constante durante periodos de tiempo prolongados puede dar lugar a más preocupación persistente y prolongada. Por eso es tan importante encontrar maneras de reequilibrar la potente respuesta inmunitaria.

¿Y SI SOLO FUERA UN EFECTO SECUNDARIO?

A lo largo de los años, hay quien ha afirmado que la inflamación es un efecto secundario de la depresión y de la ansiedad, y no la causa de estas. Es probable que, como explica McIntyre, estos trastornos promuevan la liberación de aún más moléculas proinflamatorias y den lugar a un círculo vicioso. Sin embargo, eso no significa que no haya maneras de recuperar el timón, corregir el rumbo y promover una respuesta inmunitaria más equilibrada. De hecho, se llevó a cabo un metaanálisis que concluyó que tratar la inflamación y el trastorno del estado de ánimo simultáneamente hace que los fármacos antidepresivos tradicionales funcionen aún mejor.

Investigadores de la Universidad de Aarhus, en Dinamarca, revisaron toda la literatura disponible acerca de ensayos clínicos donde se administró a los pacientes una combinación de antidepresivos y anti-inflamatorios no esteroideos (AINE) o estatinas, que son fármacos habituales en el tratamiento de enfermedades como la artritis o la hipercolesterolemia. Es muy habitual que las personas con depresión presenten otros problemas de salud. Curiosamente, muchos de esos problemas de salud física concomitantes también se ven exacerbados por niveles elevados de moléculas proinflamatorias.

Sin embargo, cuando los investigadores de la Universidad de Aarhus profundizaron en esos estudios, muchos de los cuales buscaban resultados para otros problemas de salud pero también controlaban los síntomas depresivos, descubrieron algo muy interesante. Sumar los agentes antiinflamatorios mejoraba significativamente los resultados de estado de ánimo de los pacientes y, al parecer, mejoraba el funcionamiento de los antidepresivos. Reducir la inflamación no solo contribuía a mejorar los otros problemas de salud, sino que también ayudaba a aliviar la depresión. Eso es muy importante.

También encontramos datos interesantes en estudios que demuestran que el Prozac (fluoxetina), uno de los ISRS que se recetan con más frecuencia en el tratamiento de la depresión, también alivia la respuesta inflamatoria en las personas que lo toman. La fluoxetina es un inhibidor selectivo de la recaptación de serotonina (ISRS) y funciona impidiendo que las neuronas absorban serotonina en la sinapsis para que haya más cantidad disponible para regular la transmisión sináptica. Sin embargo, este fármaco también ordena a las moléculas proinflamatorias que cesen su actividad y abandonen el cerebro. Varios estudios en animales han demostrado que el tratamiento con fluoxetina no solo mejora el estado de ánimo del animal, sino que también reduce el nivel de citoquinas inflamatorias en el organismo.

¿Significa eso que habría que empezar a recetar siempre un AINE junto al antidepresivo o el ansiolítico? ¿O que la fluoxetina le va bien a todo el mundo? Por supuesto que no. Cada persona y sus problemas de salud mental son distintos. Sin embargo, a medida que cada vez queda más claro que la ansiedad y la inflamación son enfermedades parcialmente inflamatorias, parece que encontrar maneras seguras de

CAUSAS DE LA INFLAMACIÓN

ESTRÉS CRÓNICO

TOXINAS AMBIENTALES

MALA ALIMENTACIÓN

TABAQUISMO

Rica en:
- AZÚCAR e hidratos de carbono rápidos
- ácidos grasos omega-6 y grasas trans
- carnes procesadas

OBESIDAD

AISLAMIENTO SOCIAL

Pobre en:
- fibra
- ácidos grasos omega-3 y pescado y marisco
- fruta y verdura

ALTERACIONES DEL MICROBIOMA

FALTA DE SUEÑO

SEDENTARISMO

reducir la secreción de moléculas proinflamatorias por parte del sistema inmunitario sería un paso importante a la hora de proporcionar a los pacientes los mejores resultados de tratamiento posibles. De todos modos, aún queda otra pregunta por responder si queremos identificar la mejor manera de reducir la síntesis de esas moléculas: ¿cuál es el origen de toda esa inflamación en el cerebro?

CAUSAS DE LA INFLAMACIÓN

Lamentablemente, carecemos de una respuesta sencilla que determine una relación causal estricta. Sabemos que hay varios culpables habituales: estrés crónico, tabaquismo, enfermedades físicas, falta de sueño, toxinas ambientales, sedentarismo, aislamiento social, obesidad... Estos son algunos de los factores que docenas y docenas de estudios de investigación han asociado de forma reiterada al aumento de la inflamación. Sea casualidad o no, todos ellos son también factores de riesgo conocidos para los trastornos del estado de ánimo y de ansiedad. Sea como fuere, hay aún otro factor que aparece una y otra vez en las investigaciones sobre las causas de la inflamación. Si ha apostado por la mala alimentación, ha acertado.

La pauta de alimentación típicamente occidental, pobre en fruta y verdura y rica en carne procesada, hidratos de carbono procesados y grasas trans, se ha asociado reiteradamente a niveles elevados de marcadores inflamatorios. Las personas que siguen dietas basadas en alimentos integrales, como la dieta mediterránea, presentan concentraciones inferiores de estos mismos marcadores. Hay muchos motivos que explican la estrecha relación entre lo que comemos y la respuesta inflamatoria. Las dietas basadas en alimentos integrales, que promueven el consumo de cereales integrales y de fitoquímicos, estimulan la producción de neurotrofinas y otras sustancias antiinflamatorias. Juntas, protegen al organismo de los radicales libres que suelen aparecer como consecuencia de la inflamación prolongada. Las células sanas que con tanta frecuencia son «daños colaterales» en la respuesta inflamatoria crónica están más preparadas para defenderse si las alimentamos con abundantes frutas y verduras multicolores cargadas de propiedades antioxidantes.

También podemos señalar con el dedo a la comida preparada. Sabemos que la comida muy procesada hecha con hidratos de carbono refinados y grasas trans exacerba la actividad inmunitaria crónica. Los ácidos grasos omega-3 que encontramos en categorías de alimentos como el pescado y el marisco y las verduras de hoja verde han demostrado repetidamente su capacidad para reducir la inflamación. Las personas que consumen habitualmente pescado y marisco rico en omega-3 no solo tienden a tener menos moléculas proinflamatorias circulando por el organismo y el cerebro, sino que también presentan una respuesta inflamatoria reducida ante los sucesos vitales estresantes.

Otra evidencia que demuestra la relación que existe entre la inflamación y la salud mental está relacionada con la celiaquía, un trastorno autoinmune causado por una reacción inflamatoria exagerada ante el gluten. El gluten es una proteína presente en el trigo, la cebada y el centeno. Cuando las personas celíacas ingieren gluten, su sistema inmunitario ataca el revestimiento del intestino delgado. Algunos de los síntomas habituales de la celiaquía son la diarrea, la hinchazón abdominal y la fatiga, pero muchas personas celíacas informan también de síntomas ansioso-depresivos. De hecho, la incidencia de la ansiedad y de la depresión es mucho más elevada entre las personas celíacas.

Para entender mejor la relación entre la celiaquía y la salud mental, investigadores de la Universidad Católica del Sagrado Corazón de Roma siguieron durante un año a treinta y cinco pacientes celíacos y a cincuenta y nueve personas sanas que hicieron de grupo de control. Se prescribió a todos los participantes una dieta sin gluten y tuvieron que eliminar de su dieta el trigo y otros alimentos con gluten. Eso fue todo.

Al principio del estudio, se evaluó a todos los participantes para determinar su nivel de ansiedad y de depresión usando medidas estandarizadas. Como era de esperar, los participantes celíacos presentaron niveles superiores de depresión y de ansiedad que los no celíacos cuando se tomaron las medidas iniciales. Sin embargo, cuando los investigadores pidieron a los participantes que volvieran al laboratorio un año después, descubrieron que la ansiedad (pero no la depresión) se había reducido en casi un 50 % en el grupo celíaco. Es extraordinario. La incidencia normal de la ansiedad entre la población general es de un 20 %. Así pues, una sencilla intervención en la dieta (eliminar el gluten inflamatorio) había reducido o incluso eliminado la ansiedad en este grupo al que suele afectarle tan especialmente.[3]

¡No se preocupe! No menciono este estudio porque quiera que deje de comer pan, sino porque demuestra cómo la inflamación puede afectar a la salud mental. Las personas celíacas tienen una intolerancia congénita al gluten que les provoca una inflamación excesiva. Si encontramos la manera de reducir la inflamación, el cuerpo estará en mejor disposición para prevenir o hacer frente a los problemas de ansiedad. Y eso es fantástico.

Cada vez hay más evidencias que apuntan en una misma dirección: lo que comemos afecta drásticamente a cómo el cuerpo decide activar el sistema inmunitario. Si encontramos maneras de reducir la inflamación, el cerebro y la salud mental salen beneficiados tanto si se padece una enfermedad autoinmune, como la celiaquía, como si no.

NUTRIENTES QUE COMBATEN LA INFLAMACIÓN

La buena noticia es que, de la misma manera que la dieta puede exacerbar la respuesta inflamatoria del organismo, lo que comemos también puede reducirla o incluso eliminarla. Permítame que le dé dos ejemplos de nutrientes de la Escala de Alimentos Antidepresivos que sabemos que reducen la inflamación y que, por lo tanto, ayudan a gestionar mejor los síntomas depresivos. El primero son los ácidos grasos omega-3. Tal y como he mencionado antes, estos ácidos grasos esenciales que se encuentran en el pescado y el marisco salvajes ayudan a combatir la inflamación y hay varios estudios que han demostrado su efectividad a la hora de aliviar los síntomas de depresión.[4] Y, además, carecen de efectos secundarios conocidos. Si sustituimos la ternera o el pollo por pescado tres o cuatro veces a la semana, estaremos mejor posicionados para prevenir la depresión y la ansiedad.

El otro nutriente que merece la pena mencionar aquí es el magnesio. Estudios epidemiológicos amplios, como el Estudio de Salud de

Hordaland, que estudió una población de adultos mayores en el oeste de Noruega, han demostrado que los niveles bajos de magnesio se asocian no solo a un aumento de los marcadores inflamatorios, sino también a un aumento de la incidencia de la depresión. Añadir a la dieta alimentos ricos en magnesio, como aguacates, chocolate negro y pipas de calabaza, también puede ayudar a combatir la depresión. Estudios moleculares han demostrado que niveles más elevados de magnesio refuerzan las conexiones sinápticas, mejoran el sueño y reducen los niveles de citoquinas inflamatorias y, por extensión, mejoran los síntomas ansioso-depresivos. Los mismos nutrientes que ayudan a combatir la depresión también pueden ayudar a reducir la inflamación en los centros del miedo y emocionales del cerebro y, como resultado, aliviar las preocupaciones que nos angustian.

Si, como Pete y tantas otras personas a las que he conocido, se siente «atascado» porque se enfrenta a la depresión y a la ansiedad, anímese. No está atascado. Nunca se está atascado. El cerebro es un órgano dinámico que siempre puede cambiar. Tiene en sus manos la capacidad de cambiarlo. Las evidencias científicas lo han dejado muy claro: la dieta es importante, y mucho, tanto para la prevención de los trastornos de depresión y de ansiedad como para el tratamiento de los síntomas ansiosos y depresivos. Es un área en la que puede aplicar cambios positivos y optar por alimentos «terapéuticos» que ayuden a inducir el «modo de crecimiento» en su cerebro y a mantenerlo en un estado más sano y equilibrado.

Aunque es posible que no siempre pueda evitar el estrés adicional en el trabajo o encontrar más horas para dormir, siempre podrá añadir más nutrientes beneficiosos para el cerebro a su dieta. Con tantos estudios de intervención que demuestran que adoptar una pauta de alimentación rica en nutrientes y en alimentos integrales puede aumentar el nivel de BDNF y reducir el de las peligrosas moléculas proinflamatorias, no hay mejor momento que este para empezar a pensar en cómo añadir a su plato más alimentos de las categorías de alimentos beneficiosos para el cerebro.

- Durante demasiado tiempo se ha hablado del perfil genético de las personas como de una especie de «destino» biológico. Por el contrario, ahora sabemos que el cerebro es capaz de cambiar durante todo su ciclo vital.

- La ciencia emergente de la epigenética (o el estudio de cómo el entorno y el estilo de vida pueden modificar dónde, cuándo y cómo se expresan los genes) demuestra que nuestras decisiones —como qué comemos— pueden influir, e influyen, en lo bien que funciona el cerebro.

- Los estudios sugieren que la dieta mediterránea, repleta de los nutrientes que recoge la EAA, puede inducir un «modo de crecimiento» en el cerebro y sobre todo en el hipocampo, una región cerebral asociada a la depresión. El hipocampo de las personas que siguen dietas ricas en pescado y marisco, frutas y verduras y aceite de oliva es más grande que el de las personas que no lo hacen.

- Aunque muchos estudios han asociado neurotransmisores como la serotonina a la salud mental, hay otras sustancias neuroquímicas que también son importantes. El factor neurotrófico derivado del cerebro es una molécula que actúa como «fertilizante» y como protector del cerebro. Una dieta rica en anacardos, nueces, almendras y avellanas (además de en pescado y marisco rico en ácidos grasos omega-3 y frutos del bosque ricos en antocianinas) puede ayudar a garantizar que el cerebro cuente con una cantidad suficiente de BDNF.

- Los niveles elevados de inflamación se asocian a trastornos mentales como la depresión y la ansiedad. La mala alimentación es uno de los factores principales (y más fáciles de cambiar) que influyen en el nivel de inflamación de la persona. Las dietas ricas en ácidos grasos omega-3, en los fitonutrientes de las plantas, en vitaminas del grupo B y en minerales como el zinc y el magnesio pueden ayudar a mantener a raya los niveles de inflamación.

Capítulo 4
OPTIMIZAR EL INTESTINO PARA MEJORAR LA SALUD MENTAL

LA DEPRESIÓN, LA ANSIEDAD Y EL MICROBIOMA

¿Y si le dijera que la salud óptima del cerebro no depende únicamente del cerebro sino que hay otras partes del cuerpo que también contribuyen a regular los neurotransmisores y otros neuroquímicos que lo mantienen en plena forma? Quizá le sorprenda, y es que algunos de los primeros estudios sobre el tema que estamos a punto de abordar pusieron el mundo de la psiquiatría patas arriba.

Importantes estudios de investigación han demostrado que el intestino desempeña una función crucial en la regulación de la salud mental. Sí, ha leído bien: el intestino. De la misma manera que algunas variantes genéticas pueden aumentar el riesgo de que una persona desarrolle depresión o ansiedad, los componentes del tracto gastrointestinal también ayudan al cerebro a funcionar a un nivel óptimo.

Cuando Susan (la atareada madre trabajadora de la que hemos hablado en el primer capítulo) vino a mi consulta, no solo tenía que agradecer a todos sus estresores vitales un nivel elevado de ansiedad e insomnio, sino también a unos problemas gastrointestinales (GI) bastante graves. Unos años antes, su médico de familia le había diagnosticado síndrome del intestino irritable (SII), un trastorno caracterizado por calambres abdominales, gases, diarrea y estreñimiento. Cuando ahondamos en su historial médico, pronto se hizo evidente que los dolores de estómago y la diarrea tendían a empeorar cuando la ansiedad se intensificaba.

«Es muy humillante», confesó. «Si mi nivel de estrés sube, lo más probable es que acabe en el lavabo. Al final, mis problemas de estómago acaban haciendo que me ponga aún más nerviosa por todo.»

La experiencia de Susan no es en absoluto única y me empecé a dar cuenta de que muchos de mis pacientes con ansiedad tenían algún tipo de problema gastrointestinal que se agravaba cuando la ansiedad empeoraba. También lo veía con cada vez más frecuencia en mis pacientes con depresión. Parecía que su salud mental y sus intestinos estaban conectados de algún modo. En todo caso, tampoco nos debería sorprender mucho. Si decimos que «lo sentimos en las entrañas» o que «a la cabeza, el comer la endereza» es por algo. Cuando estamos muy tristes o decepcionados decimos que es «como si nos hubieran dado una patada en el estómago». Y, por supuesto, cuando estamos nerviosos, por ejemplo antes de un examen importante o de hablar ante un grupo numeroso de personas, tendemos a sentirlo en la región abdominal, como cosquilleos en el estómago o incluso náuseas intensas. Y, aunque los problemas gastrointestinales y la salud mental tienen mucho en común, apenas hemos comenzado a entender todas las relaciones que existen entre ambos. Los síntomas pueden ser complicados y, en ocasiones, cuesta hablar de ellos por cuestiones de pudor. En ambos casos, es muy habitual que los médicos (al igual que los amigos y los familiares) hagan caso omiso de esos síntomas y le digan al paciente que «solo son nervios». Y es que muchos de esos síntomas, que a menudo se solapan, pueden ser difíciles de entender para los demás.

A lo largo del siglo pasado, una cantidad extraordinaria de estudios en animales demostró la bidireccionalidad de la comunicación entre el intestino y el cerebro. Esta potente autovía de señalización se conoce como eje intestino-cerebro y desempeña una función muy importante en la supervivencia básica. El tracto gastrointestinal alberga cientos de millones de neuronas que pueden enviar mensajes al sistema nervioso en cuestión de milisegundos. Esta capacidad para estar en comunicación constante es una gran ventaja, porque hace saber al cerebro que ya estamos saciados o que no ha sido demasiada buena idea devorar ese cuarto dónut. Si hemos comido algo indeseable, como una toxina o un agente patógeno, el intestino puede comunicárselo inmediatamente al cerebro para que este responda activando vómitos o diarrea y nos ayude a eliminar al invasor. John Cryan, un neurocientífico de la University College Cork, en Irlanda, y uno de los autores de *La revolución psicobiótica*, afirma que la comunicación intestino-cerebro es vital para la homeostasis o la capacidad de mantener el equilibrio interior necesario para que el cuerpo y el cerebro funcionen perfectamente. Cryan compara esta señalización bidireccional con las comunicaciones arriba/abajo que suceden en las casas señoriales como la que admiramos en la popular serie británica *Downton Abbey*. Los acaudalados dueños viven arriba, al parecer al mando de todo lo que los rodea, mientras que los criados y todo el personal de servicio viven abajo y se dedican a satisfacer las necesidades de sus señores.

«Los de arriba y los de abajo se necesitan mutuamente para sobrevivir», explica. «Visto desde lejos, podría dar la impresión de que están completamente separados y de que apenas tienen nada en común. Sin embargo, cuando las cosas empiezan a ir mal en el piso de abajo, el malestar se filtra hacia arriba. Y lo que sucede en el piso de arriba también puede afectar a lo que sucede abajo. Lo mismo sucede con el intestino y el cerebro.»

Los científicos ya habían empezado a ver estos efectos a principios de la década de 1900. En aquella época, uno de los tratamientos habituales para las úlceras pépticas era la extirpación total o parcial del estómago en una intervención llamada gastrectomía. Los cirujanos que practicaban estas intervenciones aliviaban las úlceras de sus pacientes, sí, pero, al mismo tiempo, aumentaban significativamente las probabilidades de que estos desarrollaran un trastorno psiquiátrico. Los estudios en animales han hallado efectos similares. Cuando eliminamos partes del tracto gastrointestinal y, por lo tanto, limitamos la comunicación entre este y el cerebro, las ratas y los ratones muestran niveles más elevados de estrés, conductas de temor y alteraciones de la cognición; todos ellos síntomas asociados a la depresión y a la ansiedad.

Dependemos de los intestinos para que nos ayuden a digerir y a absorber los alimentos que ingerimos a diario. Sin los intestinos, no podríamos acceder a los nutrientes que necesitamos para sobrevivir, y no digamos ya medrar. Sin embargo, los intestinos hacen mucho más que alimentarnos. También constituyen el órgano endocrino (o secretor de hormonas) más grande en los mamíferos y, como tal, desempeñan una función clave en la respuesta inmunitaria. Ayudan a mediar cuándo, dónde y cómo se envían moléculas proinflamatorias al cerebro y, lo crea o no, albergan a cientos de millones de neuronas. Es la mayor concentración de neuronas fuera del cerebro.

En conclusión, el tracto gastrointestinal es un órgano extraordinario. Dicho esto, no funciona solo, sino que depende del microbioma, que está compuesto por billones de microorganismos como bacterias, arqueas, hongos, virus y otros parásitos que viven en el tracto gastrointestinal y que lo ayudan a transmitir la información necesaria al cerebro para seguir funcionando a un nivel óptimo. Esta nueva comprensión de la interacción entre el intestino y la mente abre una emocionante área en la investigación tanto de la depresión como de la ansiedad, porque proporciona más evidencias de que la dieta nos puede ayudar a gestionar mejor la salud mental. Al fin y al cabo, no hay nada que afecte al microbioma más que lo que comemos.

EL MICROBIOMA ES UN MEDIADOR

Tal y como hemos comentado en el capítulo anterior, la inflamación es un factor importante tanto en la depresión como en la ansiedad. Cryan lo explica muy bien cuando dice que una vez entendemos que, por un lado, el sistema inmunitario interviene en todo lo que sucede en el cuerpo, incluido el cerebro, y que, por el otro, el microbioma desempeña una función clave en la regulación del sistema inmunitario, la conclusión evidente es que el microbioma ha de mediar de algún modo en la salud del cerebro.

«Es increíblemente complejo. El microbioma no es una entidad única, aunque hablemos de ello como si fuera una sola cosa. Por el contrario, es un sofisticado ecosistema compuesto por billones de microorganismos distintos. Es como una especie de pluvisilva y ahora sabemos que esta pluvisilva concreta produce todo tipo de sustancias químicas maravillosas que promueven la salud cerebral de múltiples maneras.»

Pensar en los microorganismos, y sobre todo en las bacterias, como en agentes beneficiosos para la salud supone un cambio de paradigma. Aunque tradicionalmente se ha pensado en las bacterias como en agentes patógenos perjudiciales, no todas las bacterias causan enfermedades. Muchas de las que consideramos patógenas, como el *E. coli*, viven de forma natural en el intestino y solo nos enferman cuando se trata de una variante concreta o cuando proliferan de forma excesiva. La mayoría de las bacterias son pasajeros silenciosos y ocultos y nos acompañan durante toda nuestra trayectoria vital. Es una relación simbiótica. Quieren que sigamos sanos, porque es la única manera de que ellas puedan crecer y prosperar también. Nos necesitan tanto como nosotros las necesitamos a ellas.

Todos y cada uno de nosotros nacemos con un microbioma compuesto por las bacterias que nuestra madre nos transmite durante el embarazo y el parto. A partir de entonces, el microbioma adquiere pasajeros nuevos cada vez que respiramos, probamos alimentos nuevos (y los favoritos de siempre), abrazamos a seres queridos, exploramos el exterior, le damos la mano a desconocidos o achuchamos a nuestro gato o nuestro perro. Todas y cada una de las interacciones con el entorno pueden cambiar el microbioma; algunas lo hacen de forma sutil y otras de forma más significativa.

Para mantenernos sanos, necesitamos un microbioma diverso con una amplia variedad de los microbios buenos a los que llamamos probióticos. Los probióticos nos ayudan a descomponer los alimentos y a sintetizar nutrientes vitales como las vitaminas del grupo B; producen el alimento de las células que revisten el interior del intestino sintetizando ácidos grasos de cadena corta y modulan el sistema inflamatorio. Sin ellos, el cuerpo no se podría nutrir por completo, porque muchos de los nutrientes saldrían del cuerpo tal y como entran y otros ni siquiera se sintetizarían. Es fácil entender por qué dependemos del microbioma para ayudarnos a obtener el máximo provecho de los alimentos que ingerimos.

El microbioma también ayuda al intestino a enviar mensajes importantes al cerebro. Mensajes que van más allá de hacerle saber que hemos comido algo de dudosa idoneidad que tendríamos que expulsar lo antes posible. Se trata de algo mucho más complejo. Tal vez se pregunte cómo lo descubrieron los científicos. Todo empezó con un estudio de animales libres de gérmenes. Los ratones y las ratas sin gérmenes son exactamente lo que su nombre da a entender: animales que nacen y crecen en condiciones estériles para que puedan crecer y desarrollarse sin microbioma. De hecho, crecen sin ninguna bacteria en el interior o el exterior del cuerpo. Los investigadores empezaron a usar estos animales en estudios sobre nutrición en la década de 1960 para entender mejor cómo las bacterias nos ayudan a digerir y a sintetizar sustancias como las importantes vitaminas B. Aunque los animales tendían a crecer más lentamente, los científicos de la época habrían dicho que se parecían mucho a animales típicos a excepción de la ausencia de bacterias. Sin embargo, a medida que pasaron los años y los estudios se fueron acumulando, los científicos empezaron a detectar diferencias conductuales interesantes. Una de ellas era cómo los animales sin gérmenes respondían ante el estrés. Tenían muchas dificultades para afrontar situaciones complicadas, como tener que relacionarse con animales nuevos o adaptarse a un hábitat desconocido.

En 2004, un equipo de investigación de la Universidad Kyushu en Japón, decidió estudiar el cerebro de estos ratones sin gérmenes para averiguar por qué eran tan susceptibles al estrés, y para ello los investigadores inmovilizaron a ratones normales y a ratones sin gérmenes durante una hora usando un pequeño tubo cónico. En esos tubos estaban muy apretados y, como podrá imaginar, al cabo de sesenta minutos sin poder escapar y ni siquiera moverse demasiado, los animales no estaban precisamente contentos. Cuando los científicos examinaron la respuesta de estrés tras esa inmovilización forzosa, hicieron un

EL MICROBIOMA

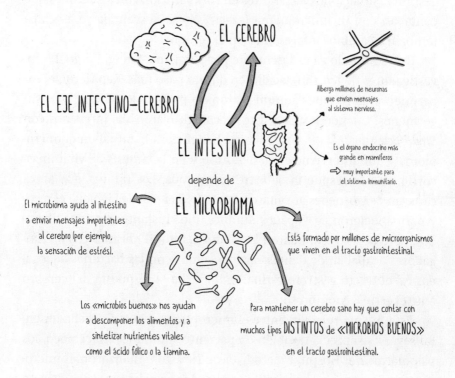

EL CEREBRO

EL EJE INTESTINO-CEREBRO

Alberga millones de neuronas que envían mensajes al sistema nervioso.

EL INTESTINO

Es el órgano endocrino más grande en mamíferos

muy importante para el sistema inmunitario.

depende de

El microbioma ayuda al intestino a enviar mensajes importantes al cerebro (por ejemplo, la sensación de estrés).

EL MICROBIOMA

Está formado por millones de microorganismos que viven en el tracto gastrointestinal.

Los «microbios buenos» nos ayudan a descomponer los alimentos y a sintetizar nutrientes vitales como el ácido fólico o la tiamina.

Para mantener un cerebro sano hay que contar con muchos tipos DISTINTOS de «MICROBIOS BUENOS» en el tracto gastrointestinal.

descubrimiento muy interesante: constataron una respuesta al estrés «exagerada» (en sus propias palabras) de los ratones sin gérmenes.

Al observar a los animales, los científicos detectaron que la experiencia había afectado mucho más a los ratones sin gérmenes, que permanecieron agazapados, temblando y asustados en sus hábitats durante un periodo de tiempo prolongado una vez liberados. También presentaban diferencias fisiológicas. El nivel de hormonas específicas que se sabe que se liberan en situaciones de estrés, como el cortisol, era significativamente superior en los animales sin gérmenes que en los normales. Y cuando los científicos midieron el nivel de BDNF en la corteza cerebral y en el hipocampo de los animales sin gérmenes, vieron que la expresión de la neurotrofina fertilizante del cerebro era muy inferior en este grupo. Teniendo todo esto en cuenta, los animales sin gérmenes estaban en clara desventaja en lo que se refería a gestionar situaciones estresantes en comparación con los ratones que contaban con un microbioma intacto. Y esa desventaja se asociaba también a cambios interesantes en el cerebro.

Este resultado ya es fascinante por sí mismo. Sin embargo, los investigadores de Kyushu decidieron dar un paso más. Repitieron el experimento, pero antes administraron un probiótico a los ratones sin gérmenes. Cuando los científicos reconstituyeron sus intestinos con *Bifidobacterium infantis*, una bacteria beneficiosa habitual en el microbioma y que interviene en la digestión y en la síntesis de vitaminas, corrigieron la respuesta de estrés exagerada. Los ratones que antes carecían de gérmenes afrontaron la situación igual de bien que el resto y permanecieron agazapados durante unos instantes una vez liberados, pero pronto reanudaron la conducta ratonil normal.[1] Los investigadores acababan de demostrar que contar con las bacterias adecuadas en el tracto gastrointestinal modificaba la respuesta del cerebro ante el estrés. Asombroso.

Esta misma relación entre el microbioma y la enfermedad mental severa se aprecia también en pacientes humanos. Hace poco, los psiquiatras del Hospital Metodista de Houston analizaron el microbioma de ciento once pacientes ingresados en el hospital debido a un trastorno mental grave, como depresión profunda o ansiedad severa, y descubrieron que cuanto menos diverso era el microbioma, más graves eran los síntomas psiquiátricos del paciente. Y todavía más: los pacientes con mayor diversidad y riqueza bacteriana en el intestino tenían más probabilidades de curarse y de hacerlo con mayor rapidez.[2]

Parece evidente, pues, que el microbioma es importante, y mucho, cuando hablamos de depresión y de ansiedad. Si encontrásemos el modo de mejorar el microbioma, quizá dispondríamos de otra herramienta con la que combatir los problemas de salud mental.

LAS BACTERIAS Y LA RESPUESTA DE ESTRÉS

Por sorprendentes que puedan parecer estos estudios, la salud óptima del cerebro no se reduce a una sola cepa bacteriana. En el intestino habitan, literalmente hablando, billones de microbios distintos. Y, como he dicho antes, la mayoría de ellos no son en absoluto perjudiciales siempre que se mantengan en la cantidad adecuada. De hecho, pueden hacer cosas maravillosas por nuestra salud y nuestro bienestar general: desde ayudarnos a digerir la comida hasta sintetizar las maravillosas sustancias químicas de las que hablaba Cryan y que transmiten información esencial directamente del intestino al cerebro. Por tanto, parece que mantener un estado de ánimo saludable depende, en parte, de contar con una variada multitud de microbios buenos en el tracto gastrointestinal, algo a lo que se suele describir como «microbioma diverso».

«Hace unos diez años, se publicaron varios estudios acerca del microbioma y de la inflamación que concluyeron que el primero era necesario para el desarrollo normal del cerebro y para la respuesta de estrés saludable», afirma Cryan. «El siguiente paso era entender mejor cómo el microbioma influye en trastornos como la depresión o la ansiedad y si nos puede ayudar a encontrar maneras de tratarlos.»

Hace mucho que sabemos que el estrés en edades tempranas, como el maltrato físico o la pobreza extrema, pueden modificar el cerebro de tal manera que la probabilidad de desarrollar una enfermedad mental más adelante aumenta. Aún no se sabe si es consecuencia directa del estrés que supone la pobreza o si es porque las comunidades pobres tienen menos acceso a la fruta y la verdura que contribuyen a poblar el intestino con microorganismos beneficiosos. Probablemente sea una combinación de ambos factores.

Las primeras investigaciones de Cryan desvelaron que las ratas que habían sufrido un estrés significativo cuando eran crías presentaban un microbioma menos diverso. Dado esto, seguramente no le sorprenda saber que, cuando Cryan y sus colegas estudiaron a personas deprimidas o ansiosas, también hallaron un microbioma menos diverso en sus tractos gastrointestinales. Aún no se ha determinado si la ausencia de ciertos tipos de bacterias favorece la depresión o si es la depresión la que reduce de algún modo la diversidad de las bacterias intestinales. Es posible que ambas cosas sean ciertas. Sin embargo, tal y como dijo Cryan, la solidez de la asociación plantea la posibilidad de que repoblar el tracto gastrointestinal con microorganismos beneficiosos ayude a los pacientes a gestionar mejor los síntomas de ansiedad o de depresión.[3]

Creo que merece la pena mencionar que es más probable que aparezcan problemas como el síndrome del intestino irritable de Susan cuando el microbioma tenga poca diversidad, lo que tal vez explique por qué vemos tantos problemas gastrointestinales junto a la depresión y a la ansiedad. Tener demasiada proporción de algunos tipos de bacterias en el intestino puede provocar tanto enfermedades físicas como síntomas de problemas de salud mental. Sin embargo, los microbios beneficiosos, o las cepas de bacterias saludables, pueden contrarrestar esos efectos. Estudios en animales sugieren que concentraciones elevadas de bacterias como los lactobacilos o las bifidobacterias en el tracto gastrointestinal contribuyen a mejorar la función cognitiva y a aliviar la respuesta de estrés del animal. Es muy posible que haya muchas más cepas, de momento desconocidas, que también contribuyan a la salud del cerebro. Y cuando Cryan y sus colegas diseñaron un pequeño estudio para poner a prueba la adición de una sola bacteria, el *Bifidobacterium longum* 1714, a la dieta de voluntarios sanos, los resultados obtenidos fueron similares.[4]

Cryan y sus colegas reclutaron a un grupo de veintidós estudiantes universitarios varones para que participaran en el estudio, y evaluaron sus niveles de estrés, depresión y ansiedad, así como su función cognitiva básica. Hay varias maneras de medir el estrés en seres humanos, como administrar cuestionarios en los que se ha de informar de cómo se encuentra uno. También se puede medir la respuesta fisiológica ante el estrés. Una de las maneras habituales de hacerlo es medir la conductancia de la piel porque, cuando estamos estresados o emocionados, la actividad eléctrica de la piel aumenta en un reflejo del estado de activación del organismo. También se puede medir el nivel de hormonas de estrés, como el cortisol, circulantes. Cuando alguien presenta niveles elevados de conductancia de la piel y niveles elevados de cortisol en sangre, se puede afirmar con bastante seguridad que está estresado.

Cryan y sus colegas pidieron a los participantes en el estudio que llevaran a cabo una tarea de estimulación por frío evaluada socialmente, que consiste en sumergir la mano no dominante en agua helada (4 °C) durante cuatro minutos. Meter el brazo en agua helada ya es un estresor intenso y las personas sanas acostumbran a mostrar un aumento considerable del nivel de cortisol al final de la tarea, pero la evaluación social empeora las cosas aún más.

«Mientras el brazo sigue sumergido en el agua, hay gente observando, tomando notas y, quizá, incluso comentando el desempeño del participante. Es bastante desagradable», explicó Cryan.

Tras esa sesión de evaluación inicial, la mitad de los participantes recibió sobres con *Bifidobacterium longum* 1714 que debían añadir a la leche del desayuno todas las mañanas. El grupo de control recibió sobres con un placebo. Al cabo de un mes, Cryan y su equipo repitieron las pruebas de evaluación, incluida la de estimulación por frío evaluada socialmente. Y, entonces, invirtieron la situación. Esta vez, el grupo de control recibió sobres con probióticos que debían tomar durante el mes siguiente y el grupo de intervención recibió un placebo. Cuatro semanas después, todos los participantes regresaron al laboratorio y repitieron las pruebas de evaluación. Cuando Cryan analizó los datos, descubrió que los participantes que tomaban el probiótico informaron de menos ansiedad y tuvieron una respuesta fisiológica de estrés más reducida ante la prueba de estimulación por frío e incluso demostraron una ligera mejoría de la memoria.

«Aunque se trató de un estudio muy pequeño, los resultados fueron realmente alentadores. Vimos que el probiótico reducía tanto el nivel de estrés percibido en los autoinformes como la respuesta fisiológica de estrés en el organismo. Si pudiéramos ver mejorías similares en personas con depresión o ansiedad leves, la diferencia sería enorme», afirma Cryan.

De hecho, los resultados fueron tan alentadores que Paul Enck, un investigador de la Universidad de Tubinga, en Alemania, quiso determinar el tipo de actividad cerebral que mediaba en el efecto de reducción del estrés. Esta vez indujo estrés con un juego de ordenador en lugar de con agua helada. El juego se llama Cyberball y es un sencillo juego de ping-pong en el que el jugador se ha de pasar una pelota con otros dos jugadores. El juego tiene dos condiciones: en la primera, la situación de inclusión, el jugador y los otros dos compañeros se pasan la pelota de forma amistosa; en la segunda, la situación de exclusión, llega un momento en que el juego amistoso de pasarse la pelota se convierte en una partida de «Juego del monito» en el que, por desgracia, el participante desempeña siempre el papel del monito al que hay que esquivar. Los otros dos jugadores virtuales se pasan la pelota entre ellos y el participante no consigue que se la pasen a él haga lo que haga. Es otra tarea que induce siempre una respuesta de estrés.

«Nos transporta automáticamente a la infancia y a la sensación de haber sido excluidos del grupo social», explica Cryan. «Se trata de una tarea validada que demuestra que al cerebro no le gusta en absoluto la inquietud social.»

Enck y sus colegas reclutaron a cuarenta voluntarios sanos y les administraron o bien *Bifidobacterium longum* 1714 o bien un placebo durante cuatro semanas. Entonces, los invitaron al laboratorio para evaluar la actividad mental y la respuesta de estrés mientras jugaban al Cyberball. Luego, se les pidió que completaran un cuestionario acerca de la experiencia. Los voluntarios que tomaron el probiótico no solo presentaron una respuesta de estrés más reducida durante la condición de exclusión, sino que también presentaron cambios en la actividad cerebral. Los investigadores concluyeron que los cambios indicaban «más vitalidad y menos fatiga mental».[5]

El *Bifidobacterium longum* 1714 no es en absoluto el único microorganismo beneficioso que puede mejorar el estrés, el estado de ánimo o los síntomas de ansiedad en personas sanas. Diversos estudios han demostrado que distintas cepas ofrecen beneficios similares. La suma de todos estos datos nos lleva a la conclusión de que parece que las bacterias beneficiosas ayudan al cerebro a afrontar mejor el estrés, lo cual corrobora la idea de que necesitamos un intestino sano y un microbioma diverso si queremos un cerebro sano.

¿CÓMO ACTÚAN EXACTAMENTE LOS MICROBIOS BUENOS EN EL CEREBRO?

¿Cómo es posible que esas diminutas bacterias consigan efectos tan impresionantes? Ya hemos hablado del efecto que la inflamación ejerce sobre el cerebro. Cantidades elevadas de microbios perjudiciales pueden activar respuestas proinflamatorias que merman la actividad de circuitos cerebrales consolidados del aprendizaje, la memoria, el procesamiento de la recompensa y la emoción. También he mencionado los cientos de millones de neuronas que habitan en el intestino. Lo que no había mencionado aún es que la gran mayoría de las neuronas serotoninérgicas (las neuronas que secretan el neurotransmisor que ayuda a regular el estado de ánimo y el aprendizaje) están en el intestino, no en el cerebro.

Las neuronas serotoninérgicas se activan gracias a las células enterocromafines, un pequeño subconjunto de células epiteliales gastrointestinales. Las células enterocromafines actúan como sensores y detectan los distintos péptidos (cadenas cortas de aminoácidos) liberados por los diversos habitantes del microbioma. Entonces, indican a las neuronas serotoninérgicas cuándo y dónde liberar serotonina en el sistema nervioso, además de en qué cantidad.[6] A su vez, el nivel de serotonina en el sistema nervioso influye en la liberación de otros neurotransmisores vitales como el glutamato y la dopamina en las regiones donde se necesiten. Cuando la diversidad de los microbios intestinales disminuye, las consecuencias de segundo orden en los sistemas cerebrales que ayudan a regular la salud mental pueden ser bastante severas.[7]

También hay un tercer modo de comunicación a través de uno de los nervios craneales del cuerpo, el llamado nervio vago. Este nervio llega a casi todos los órganos del cuerpo y se sabe que sus fibras nerviosas desempeñan una función importante en la modulación del hambre y del estrés y en la regulación de la respuesta inmunitaria, como la inflamación. La mejora del estado de ánimo es uno de los efectos secundarios de la estimulación eléctrica del nervio vago, un tratamiento del pasado ante formas refractarias de epilepsia. Quizá le interese saber que esta estimulación se sigue usando hoy para tratar depresiones refractarias a los tratamientos convencionales. En 2005, la FDA aprobó el uso de un dispositivo de estimulación del nervio vago.

El nervio vago es como la operadora de una centralita y transmite todo tipo de mensajes entre las vísceras y el cerebro. Estudios recientes han demostrado que las bacterias intestinales envían mensajes al nervio vago usando hormonas, como el cortisol que se libera en situaciones de estrés; nutrientes obtenidos de los alimentos; y péptidos sintetizados y liberados por las propias bacterias. Como está tan bien conectado, el nervio vago puede transmitir esos mensajes al sistema nervioso en cuestión de milisegundos. Por ejemplo, el *Lactobacillus rhamnosus*, un microbio beneficioso que se ha asociado al alivio de los síntomas de ansiedad, hace su magia hablando con el nervio vago. Cuando este nervio se corta, los efectos desaparecen por completo.

Es bastante complicado. Hay muchísima información yendo y viniendo entre el intestino y el cerebro que nos ayuda a mantenernos sanos. Los científicos apenas comienzan a entender las múltiples maneras en que el microbioma puede afectar a la función del cerebro mediante el eje intestino-cerebro. Y sin embargo, y a pesar de toda la complejidad y de toda la investigación que aún intenta desentrañarlo, lo que ya ha quedado meridianamente claro es que contar con un intestino sano es un requisito previo esencial para la buena salud del cerebro.[8]

LOS PROBIÓTICOS COMO TRATAMIENTO

Tal y como hemos visto en el estudio del Hospital Metodista de Houston, aumentar la diversidad intestinal puede ayudar a mejorar los síntomas psiquiátricos que se padezcan. ¿Qué sucedería si se administrara un tratamiento con probióticos a pacientes psiquiátricos? En el caso del trastorno bipolar, investigadores de la Universidad Johns Hopkins siguieron a sesenta y seis pacientes hospitalizados tras un episodio maníaco severo. Administraron a la mitad de esos pacientes un suplemento de probióticos que contenía *Lactobacillus rhamnosus* GG y *Bifidobacterium animalis* y que debían tomar durante veinticuatro semanas después de recibir el alta. Durante ese periodo de observación, veinticuatro de los treinta tres pacientes del grupo placebo tuvieron que ser hospitalizados de nuevo, pero solo ocho de los del grupo de probióticos regresaron al hospital y, cuando lo hicieron, el ingreso fue más breve. Cuando los autores del estudio midieron los niveles de inflamación de los pacientes, descubrieron que el suplemento de probióticos había ayudado especialmente a los que presentaban un nivel anómalamente elevado de moléculas proinflamatorias. Este resultado sugiere que los probióticos ayudan a aliviar la inflamación intestinal y modulan así los síntomas asociados al trastorno bipolar.

También ha habido ensayos que demuestran que el consumo habitual de suplementos con probióticos puede causar mejorías en los síntomas de ansiedad y de depresión. En un metaanálisis reciente de ensayos clínicos ya existentes sobre el uso de varias cepas de probióticos como tratamiento (los estudios usan distintas cepas por distintos motivos), los investigadores de la Universidad Central del Sur, en China, descubrieron que, efectivamente, ejercían un efecto beneficioso y reducían los síntomas y el malestar asociados a la depresión.[9] Revisiones similares hallaron que los probióticos también pueden ayudar a aliviar los síntomas de la ansiedad.[10] Dicho esto, como se usaron cepas distintas y en distintas cantidades, aún no está claro qué protocolo funciona mejor. También hay que mencionar que varios de estos ensayos no han constatado mejora alguna, por lo que añadir al desayuno suplementos probióticos al azar no necesariamente es una buena manera de tratar la depresión o la ansiedad.

Tal y como explica Cryan, el microbioma es muy complejo. Por ejemplo, aunque administrar un probiótico a alguien es relativamente fácil, impedir que coma alimentos que anulan los efectos de este ya es más complicado. Mucha de la comida preparada, altamente procesada y sobrecargada de azúcares y grasas tan habitual en la dieta occidental nutre a los «microbios malos», es decir, a las cepas que interfieren en el buen estado de ánimo. Estos alimentos también pueden promover la liberación de moléculas proinflamatorias que afectan negativamente a la salud del cerebro.

Cryan añade que es importante recordar que, del mismo modo que cada persona tiene una procedencia y unas experiencias únicas, cada uno de nosotros cuenta también con un microbioma único. El mismo probiótico que es eficaz para una persona puede no ejercer efecto alguno en otra. Hay quien puede necesitar dosis más elevadas de un probiótico concreto para reducir los síntomas de depresión o de ansiedad, mientras que otros podrían necesitar una combinación de varias cepas. Hay estudios que han comenzado a demostrar incluso que ingerir un exceso de cepas cerebrosaludables puede causar problemas como gases, hinchazón y neblina mental. Identificar las dosis adecuadas del suplemento correcto para cada persona es complicado. Por eso, añade Cryan, una de las mejores maneras de influir en la mente a través del microbioma es modificar la alimentación. Así, no solo contribuimos a la proliferación de microbios beneficiosos, sino que ingerimos la fibra que las bacterias sanas que ya habitan en el intestino necesitan para sobrevivir.

«Mejorar la dieta para aumentar los niveles de especies concretas de bacterias que sabemos que ayudan al cerebro podría ser beneficioso», explica. Ahora está llevando a cabo un estudio que examina el efecto de añadir alimentos que se sabe que nutren a las bacterias beneficiosas, como alimentos fermentados y fibra, con el objetivo de evaluar si ejercen o no algún efecto sobre el estado de ánimo.

Aunque Cryan no puede ofrecer aún los resultados definitivos del estudio, hace poco presentó sus hallazgos iniciales en el popular programa de la BBC *Trust me, I'm a Doctor*. Reclutó a ocho voluntarios sanos para que participaran en la demostración: una mitad continuó comiendo de la forma habitual y la otra adoptó lo que Cryan llama una dieta «psicobiótica» rica en alimentos fermentados como kéfir, chucrut y yogur probiótico, además de en alimentos ricos en fibra, como cebolla y frutos del bosque, que se sabe que alimentan a las bacterias intestinales saludables. Cuando Cryan y sus colegas evaluaron a los voluntarios al cabo de un mes, concluyeron que los que habían seguido la dieta psicobiótica habían desarrollado un microbioma más diverso y presentaban una respuesta fisiológica reducida ante el estrés.

«Modificamos el microbioma y la capacidad de afrontamiento del estrés en un periodo de tiempo muy corto», asegura. «Es un estudio pequeño, pero resulta muy alentador ver estos resultados, aunque sea en un grupo tan reducido. Tenemos la intención de replicar el estudio con una población mucho más amplia para poder examinar este aspecto a fondo.»

Aunque son solo estudios preliminares, estos resultados concuerdan con los estudios de intervención nutricional de Felice Jacka y otros. Seguir una dieta basada en alimentos de origen vegetal, como la mediterránea, a la que se añaden alimentos fermentados puede contribuir a la salud intestinal aumentando la cantidad de bacterias beneficiosas, como los lactobacilos y las bifidobacterias, en el microbioma. Y aún más importante: aumentar la cantidad de fibra en la dieta mediante el consumo de frutas y verduras enteras no solo promueve la regularidad intestinal y mantiene a raya los problemas gastrointestinales, sino que también proporciona a los microbios beneficiosos la nutrición que necesitan. Por si eso fuera poco, esos cambios en la alimentación pueden reducir la respuesta inflamatoria, aumentar la secreción de serotonina y promover la buena salud cerebral.

A pesar de demostrar cierto escepticismo inicial, Susan se empezó a encontrar mucho mejor a medida que fue incluyendo más alimentos fermentados y más fibra en su dieta, lo cual no solo la ayudó a aliviar las preocupaciones y a mejorar su calidad del sueño, sino que también alivió significativamente los síntomas del síndrome del intestino irritable que padecía. Añadir kéfir a los batidos diarios y legumbres a las ensaladas que ya acostumbraba a preparar marcó una gran diferencia en cómo se encontraba y en cómo respondía ante el estrés.

«Noto una gran diferencia tanto en el vientre como en el cerebro cuando no consumo una cantidad suficiente de esos alimentos», reconoció. «A veces, me despisto y estoy tan liada que como lo primero que encuentro. Pero, al cabo de un par de días, me empiezo a resentir y me digo a mí misma que es hora de volver a poner orden en mi intestino.»

Fíjese bien en su plato la próxima vez que se siente a la mesa. ¿Su manera de comer beneficia al microbioma? ¿Consume alimentos fermentados para aumentar la cantidad de bacterias buenas que habitan en su intestino? ¿Se basa su dieta en alimentos de origen vegetal e incluye alimentos ricos en fibra que puedan alimentar a las bacterias intestinales y, en consecuencia, al cerebro?

Nutrientes para la buena salud del cerebro:

FIBRA

Cantidad diaria recomendada · ♀ 25 g ♂ 38 g

☐ La fibra está compuesta por cadenas largas de glucosa ligadas con un enlace que el intestino humano no puede digerir.
☐ Aporta volumen a las heces.
☐ La fibra ayuda a atrapar y a eliminar las toxinas.

¡Hay que comer un 60 %-80 % de plantas!

La FIBRA es clave para la salud intestinal la salud intestinal es clave para la SALUD DEL CEREBRO.

Principales fuentes de FIBRA

JUDÍAS BLANCAS
16 % en 208 g

LENTEJAS
16 % en 210 g

BERZAS
30 % en 36 g

TEMPEH
48 % en 166 g

FRAMBUESAS
32 % en 123 g

MANZANA
o mucha fibra

VS.

ZUMO DE MANZANA

➡ aumento moderado de la glucosa en sangre.

○ solo los azúcares
○ sin fibra
➡ mayor aumento de la glucosa en sangre.

Debería tener frente a usted un plato rico en fibra, con sus verduras preferidas, legumbres, frutos secos y cereales integrales. El yogur, el kéfir, el chucrut y otros alimentos fermentados también son una fuente fantástica de bacterias beneficiosas. Si estos alimentos brillan por su ausencia en el plato, tal vez sea el momento de empezar a añadirlos de forma lenta, pero segura. Es una estrategia de eficacia probada para prevenir la ansiedad y la depresión, y será también uno de los elementos fundamentales del plan de seis semanas para comer para prevenir la depresión; así podrá poner en práctica todo el conocimiento y todos los datos científicos que acabamos de exponer.

Capítulo 4: Recapitulemos

- El microbioma, compuesto por billones de microorganismos como bacterias, hongos, virus y parásitos que viven en el tracto gastrointestinal, también contribuye a mejorar la salud mental de múltiples maneras.
- Todos y cada uno de nosotros nacemos con un microbioma único compuesto por las bacterias que nuestra madre nos transmite durante el embarazo y el parto. Luego, más pasajeros se suben al tren de nuestro microbioma a medida que respiramos, probamos alimentos nuevos (y repetimos nuestros platos preferidos), abrazamos a seres queridos, exploramos el entorno o achuchamos a nuestras mascotas. Todas y cada una de nuestras interacciones con el medio ambiente pueden cambiar el microbioma, a veces de forma sutil y a veces de forma significativa. Para mantenernos sanos, necesitamos un microbioma diverso con una amplia variedad de los microorganismos beneficiosos a los que llamamos probióticos.
- Los microbios beneficiosos no solo nos ayudan a digerir los alimentos, sino que también envían mensajes importantes al cerebro. Cuando el intestino carece de estos microorganismos cruciales, la función cerebral (y la salud mental) se resiente. Hay una correlación clara entre la falta de diversidad de microorganismos en el intestino y la depresión y la ansiedad.
- La investigación ha demostrado que añadir cepas específicas de bacterias al microbioma ayuda tanto a los animales como a los se-

res humanos a modificar la manera en la que el cerebro afronta el estrés y lo ayuda a lidiar con él.

- Aunque hay quien puede entender estos estudios como una señal de que hay que tomar suplementos probióticos (y, de hecho, hay estudios que han hallado mejoras en los síntomas de depresión y de ansiedad al hacerlo), una de las maneras más sencillas de aumentar la diversidad del microbioma es ingerir alimentos que promueven la proliferación de los microbios beneficiosos. Son alimentos como la fibra de las verduras enteras, que alimenta a las bacterias, o los alimentos fermentados los que repueblan directamente el intestino con distintas cepas de bacterias saludables.

Capítulo 5

LOS MEJORES ALIMENTOS PARA PREVENIR LA DEPRESIÓN Y LA ANSIEDAD

DE LAS CINCUENTA SOMBRAS DEL KALE AL EVANGELISTA DEL KALE REFORMADO

He de confesarle algo: soy un evangelista del kale reformado.

Quienes me conocen y han seguido mi trabajo durante la última década saben que soy un verdadero entusiasta del kale. Creo que se puede decir que adoro esta planta y, de hecho, incluso escribí un libro de cocina titulado *Fifty Shades of Kale* («Cincuenta sombras del kale»). En pocas palabras, lo considero mi espíritu vegetal.

Es posible que haya personas a las que les cueste entender semejante afinidad por una verdura de hoja verde. Hace unos doce años, mi esposa Lucy y yo nos mudamos a un apartamento en el barrio del West Village de Nueva York y, después de algún tiempo alejado de la granja familiar, este chico de Indiana echaba de menos los espacios abiertos y la comida fresca. Por suerte, a pocos pasos de nuestra puerta se alzaba el Abingdon Square Greenmarket, un mercado de productores agrícolas semanal que atraía a agricultores, pescaderos y carniceros locales al diminuto parque que hay en el cruce entre las calles Hudson y West 12th. Me habitué a pasar allí los sábados por la mañana, y hacía la compra para toda la semana. De repente, mi dieta volvía a estar repleta de alimentos frescos de temporada. Y los agricultores, conocidos por su amabilidad, estaban encantados de conversar conmigo acerca de los productos que vendían y de nuestra experiencia compartida viviendo en una granja. Sentía que formaba parte de algo; aquel maravilloso mercado me permitió conectar las partes urbanas y de campo que albergaba en mi interior.

Dave Siegel fue uno de los agricultores con los que entablé amistad en el Greenmarket. Él y su pareja, Jessica Swadosh, eran propietarios de Muddy Farm, una granja con dos hectáreas de terreno al norte del estado de Nueva York. Cada semana, Dave y Jess traían verduras maravillosas a sus clientes del mercado y su oferta incluía cinco variedades distintas de kale (negro, verde rizado, rojo ruso, arcoíris y azul) que Dave disponía artísticamente en manojos sobre una mesa bajo un toldo. Luego nos poníamos a hablar de sus propiedades únicas. En aquella época, el kale justo acababa de hacer su aparición en las cartas de los restaurantes más populares de la ciudad y yo empecé por probar todas las variedades que pude encontrar.

Casualmente, esa fue la misma época en la que empecé a tomar conciencia de lo poco que sabía acerca del impacto que la alimentación ejerce sobre la salud mental. Era psiquiatra y eso tenía que cambiar. El movimiento de la comida como medicina se estaba empezando a consolidar y, cuanto más descubría, más me daba cuenta de que los médicos como yo teníamos que hacer más para ayudar a los pacientes a obtener los nutrientes que sus cuerpos anhelaban. El kale tiene una densidad nutricional increíblemente elevada y cada bocado está repleto de vitaminas y minerales esenciales. Con tantas variedades fantásticas en el mostrador de Dave, pensé que el kale podía ser el alimento que ayudara a mi familia y a mis pacientes a obtener más nutrientes y, de paso, alimentara a nuestros respectivos cerebros.

Por supuesto, tampoco me fue nada mal que esa verdura me gustara de verdad. Desde el tradicional sukuma wiki (una sabrosa combinación de kale y berzas salteadas) al que me enganché mientras trabajaba en el pabellón de psiquiatría de un hospital de Kenia hasta las extraordinarias ensaladas que ahora aparecen en los bistrós más de moda en Nueva York, parecía que no había suficiente kale en el mundo para satisfacerme.

Quizá piense que escribir un libro como *Fifty Shades of Kale* me ayudó a controlar la obsesión con esta verdura (llegué a plantar cincuenta y cuatro variedades de kale en nuestra granja). Pues no. Eso no fue más que el principio de mi fijación con el kale. Mi objetivo era ayudar a la gente a comer más verdura y encontrar maneras de hacer que el kale resultara más sabroso, de modo que fuera más fácil añadirlo a una dieta saludable. Incluso lanzamos el Día Nacional del Kale, el primer miércoles de octubre, para ayudar a dar a conocer la bomba nutricional que esconde esta verdura de hoja verde. Hubo fiestas de kale, camisetas de kale, pegatinas de kale e incluso cócteles de kale. Ayudamos a escuelas y a hospitales de todo el país a que empezaran a servir kale e incluso nos asociamos con el Departamento de Defensa en la Operación Kale, garcias a la que llevamos esta verdura a todas las comisarías de Estados Unidos. Aquel fue mi primer intento de impulsar una intervención nutricional a escala nacional para promover la salud del cerebro.

Sin embargo, con el paso del tiempo, detecté algo perturbador. El kale me seguía apasionando tanto o más que el primer día y yo seguía intentando educar a la población acerca de por qué era un alimento tan beneficioso para el cerebro. Pero, a medida que recorría el país para dar charlas e intervenir en distintos eventos, cada vez más personas me decían, normalmente entre susurros avergonzados, que no les gustaba el kale por mucho que lo intentaran. Se obligaban a comerlo de vez en cuando para comer de un modo más saludable, pero no lo disfrutaban. Un buen amigo mío, que también es médico, me confesó que detestaba la verdura a la que yo tanto amaba. «Es como si comiera tierra con grava», me dijo.

Detecté una tendencia similar entre mis pacientes. Cuando hablábamos de sus dietas y de los cambios que los podían ayudar a aliviar los síntomas de depresión y de ansiedad, veía que muchos hacían muecas de asco en cuanto mencionaba el kale. No tardé en darme cuenta de que, por mucho que educara a la gente acerca de esta extraordinaria bomba de nutrientes o por bien que lo vistiera con recetas maravillosas, había gente a la que no llegaría nunca.

Me rendí a la evidencia de que era imposible que la gente que detestaba el kale pudiera acceder a sus beneficios nutricionales. Ese fue el comienzo de mi conversión a evangelista del kale reformado. Me sigue encantando y quiero que todo el que tenga cerebro entienda lo extraordinario que es desde el punto de vista de la densidad nutricional. Sigo empeñado en compartir todas las buenas recetas de kale con que me encuentro y en hornear chips de kale. Sin embargo, ahora entiendo mejor que todos tenemos nuestros gustos (y reparos) en lo que se refiere a la comida. Para mí, el kale es un «superalimento» no solo por su contenido en nutrientes o porque me encante comerlo, sino también porque el afecto que siento por él tiene un fuerte componente psicológico: me conecta con mis raíces agrícolas incluso cuando estoy en pleno centro urbano. Hace que me sienta como en casa.

Ahora que he establecido esa conexión, entiendo que es muy posible que a usted el kale no lo atraiga tanto como me atrae a mí. Es posible que su verdura preferida sea la rúcula o las espinacas. Quizá le encante la lechuga romana o se vuelva loco con la achicoria roja. O tal vez le guste el sabor fresco de los crujientes berros. Le guste la verdura que le guste es una opción fantástica y esa es la verdura de hoja verde que ha de comer. Por lo tanto, y aunque seguiré celebrando el Día Nacional del Kale el primer miércoles de octubre (y varios días de todas las semanas de todos los meses del año), usted no tiene por qué hacerlo. Puede obtener la fibra, la vitamina C, el ácido fólico, los fitonutrientes y otros nutrientes saludables para el cerebro de la verdura de hoja verde que prefiera.

ENTENDER LAS CATEGORÍAS DE ALIMENTOS

Ya hemos hablado de los doce nutrientes (y algunos más) que se han relacionado tanto con la prevención como con el tratamiento de la depresión y la ansiedad. Aunque presentar estos nutrientes y hablar de vitaminas y minerales es importante desde un punto de vista científico, lo cierto es que no es demasiado efectivo a la hora de conseguir que la gente cambie su alimentación. Según los Centros para el Control y Prevención de Enfermedades de Estados Unidos, el déficit de nutrientes como el hierro, la vitamina A o el zinc siguen siendo problemas graves y más de dos mil millones de personas en todo el mundo presentan déficits de micronutrientes. Instar a la población a que aumente la ingesta de vitamina B12 tiene una eficacia limitada y, por lo general, tiende a inspirar viajes a la sección de suplementos vitamínicos del supermercado en lugar de incentivar una alimentación más equilibrada, y no es lo que pretendo.

Por otro lado, y con demasiada frecuencia, cuando intentamos pensar más allá de los nutrientes, la conversación acaba centrada en este o aquel «superalimento». Por ejemplo, es muy probable que haya oído a profesionales sanitarios enumerar las virtudes de los arándanos, el té verde, el salmón salvaje y los brotes de brócoli. Admito que yo he hecho exactamente lo mismo con el kale y de ahí mi estatus de evangelista reformado. Es cierto que son alimentos fantásticos y repletos de nutrientes saludables idóneos para incrementar la salud de nuestro cerebro y que son un gran extra en cualquier dieta. Sin embargo, comer para prevenir la depresión y la ansiedad exige pensar más allá de añadir un par de superalimentos a la planificación de la comida semanal. He descubierto que pensar en la dieta en términos de categorías de alimentos es mucho más efectivo a la hora de ayudar al cerebro a funcionar lo mejor posible.

Las categorías de alimentos son exactamente lo que su nombre da a entender: grupos de alimentos que contienen niveles elevados de nutrientes cerebrosaludables. Cuando la doctora LaChance y yo creamos la EAA y comenzamos a recomendar alimentos específicos basándonos en los nutrientes que contenían, no tardamos en darnos cuenta de que muchos de esos nutrientes esenciales viajan juntos. El kale es rico en vitaminas, minerales, fitonutrientes y fibra con efecto antidepresivo y ansiolítico. Sin embargo, también lo son las acelgas y la rúcula. Las pipas de calabaza son un vehículo fantástico para obtener fibra y zinc, pero las nueces, las ostras y los garbanzos también albergan un tesoro de nutrientes. Dejemos que los expertos discutan sobre si el brócoli es nutricionalmente superior al kale o sobre si las coles de Bruselas los superan a los dos cuando se trata de la vitamina K. Al final, que una verdura u otra sea más rica en un fitonutriente específico carece de importancia si la gente no está dispuesta a comer ninguna de las dos. Y, como he comentado antes, con demasiada frecuencia lo que sucede es precisamente eso.

A medida que hablaba con más personas, incluidos mis pacientes, acerca de lo que les gustaba o no les gustaba comer, me fue quedando cada vez más claro que centrarse en las categorías más amplias les facilitaba la tarea de aplicar cambios pequeños que podían ejercer un gran impacto sobre sus síntomas. También les facilitaba hacer el seguimiento de los cambios que hacían, así como identificar posibles áreas de mejora. Como con cualquier otra intervención sobre la salud, cuando se trata de la alimentación hay que encontrar la manera de conectar con los pacientes allá donde estén en cada momento.

Como psiquiatra que por fin entiende el impacto que ejerce la alimentación sobre la salud mental, hablo en profundidad con todos mis pacientes acerca de lo que comen. Cuando les explico el concepto de categorías de alimentos, oigo invariablemente «Eso no me gusta» acerca de un alimento u otro. Por ejemplo, cuando Pete acudió a mi consulta, insistía en que no le gustaba ni el pescado ni el marisco. Para ser sincero, no me extrañó. A mí tampoco me habían gustado siempre. Sin embargo, seguimos hablando acerca de su animadversión y, entonces, me explicó que el único pescado que había comido en su vida era el lenguado hervido e insípido que su abuela le preparaba de pequeño cuando la iba a ver en vacaciones. No había probado nunca ni los mejillones, ni las gambas ni el salmón. Nunca había comido un buen sushi. En algún momento decidió que la comida que salía del mar no era para él y se quedó atascado en esa idea.

Le puse deberes para ayudarlo a abrirse a la posibilidad de que quizá no detestaba todos los frutos del mar. Gracias a nuestras conversaciones sobre la comida, sabía que le encantaba la cocina mexicana y que solía pedir comida para llevar en un restaurante mexicano que había cerca de su casa. Le dije que pidiera un taco de pescado y que se comprometiera a darle aunque fuera solo un bocado. Si no le gustaba, lo podía tirar a la basura y olvidarse. Cuando volvió a la consulta la semana siguiente, me dijo que se había quedado sorprendido de lo bueno que estaba el taco de mahi-mahi.

«La combinación de especias me encantó», dijo Pete. «Me costó incluso darme cuenta de que era pescado y no pollo.»

Desde entonces, Pete ha explorado diversas opciones de pescado y marisco fáciles de incorporar a la dieta. Algunas, como las sardinas o el lenguado, no le gustarán nunca: «Saben demasiado a pescado». (No pierdo la esperanza, de todos modos.) Sin embargo, hay otras opciones en la categoría del pescado y el marisco, como la lampuga salvaje, las gambas o el salmón que puede añadir con facilidad a sus tacos preferidos y que se han convertido en una presencia habitual en su mesa. Como él mismo dijo, si no come bien, no se encuentra bien. Garantizar que come pescado y marisco con regularidad lo ayuda a encontrarse bien.

Centrar la atención en categorías de alimentos en lugar de en alimentos concretos (como «pescado y marisco» en lugar de «lenguado») nos da la oportunidad de hacer cambios por aquí, añadir alimentos por allá y hacer pequeñas modificaciones en cualquier parte de la dieta. Es un mensaje que merece la pena recordar: comer para prevenir la depresión y la ansiedad consiste en hacer pequeños cambios y en comer con espíritu de explorador.

LAS PRINCIPALES CATEGORÍAS DE ALIMENTOS PARA PREVENIR LA DEPRESIÓN Y LA ANSIEDAD

Las personas que han sido diagnosticadas de ansiedad o de depresión acostumbran a referir falta de motivación y dificultades para sentir alegría. Intentar convencerlas de que adopten una pauta de alimentación con un plan de menús fijo (y con frecuencia complejo) les suele resultar abrumador. Es desalentador. Sin embargo, y como he dicho al principio, este es un libro para personas que comen. Y las personas que comen saben que la comida puede ser una de las mayores alegrías que ofrece la vida. No debería ser otra cosa que hay que soportar.

La relación que mantenemos con la comida puede ser muy compleja. Hay comida que nos encanta saborear y otra que engullimos a toda prisa. Hay comida a la que acudimos automáticamente cuando estamos tristes o necesitamos consuelo. Y hay otra que nos encanta compartir con los amigos y los seres queridos. Y, por supuesto, hay comida que no queremos ver ni en pintura. Todos tenemos gustos únicos y valores profundos asociados a la comida. Esos gustos y valores son tan personales como las experiencias con la depresión y la ansiedad. Por eso, nadie más que uno mismo ha de ser quien decida qué alimentos prefiere comer de cada categoría de alimentos. Dicho esto, en cada categoría le presentaré a los «protagonistas», es decir, los alimentos de ese grupo que son especialmente densos en nutrientes además de fáciles de añadir a algunos de sus platos preferidos y que, precisamente por eso, son un buen lugar por el que empezar.

Quiero insistir en que cada uno de nosotros aborda la comida desde posturas distintas. Hay veganos estrictos mientras que otros han emprendido el camino de las dietas keto; hay personas que han de tener en cuenta alergias o intolerancias alimentarias concretas cuando se plantean modificar su dieta; y cada vez me encuentro con más personas que intentan limitar la ingesta de azúcar. Cada uno tiene sus propias necesidades y deseos en lo que respecta a lo que come. Esa es otra de las ventajas que ofrece pensar en categorías de alimentos en lugar de en alimentos específicos. Si un alimento específico, o incluso una categoría al completo, no encaja con la manera en que a usted le gusta comer, siempre hay una alternativa que lo ayudará a obtener los nutrientes que necesita. Los protagonistas recomendados no son más que eso, una recomendación.

Por lo tanto, elija la comida que más le guste comer. Al final del libro encontrará recetas de batidos, de pesto y de ensaladas que lo ayudarán a hacer sustituciones sencillas en sus platos preferidos. Por ejemplo, puede sustituir el kale por su verdura de hoja verde preferida en la receta de pesto de la página 222 o en los batidos de la página 266. ¡Coma a su manera! En mi opinión, el único ingrediente imprescindible en la cocina, además de los alimentos sin procesar, es cierta cantidad de alegría que debería acompañar a todos los alimentos que elija.

Hay varias categorías de alimentos que pueden ayudarlo en su misión para conseguir un cerebro más sano y la remisión de los síntomas de depresión y de ansiedad. Son las verduras de hoja verde; las frutas y verduras multicolores; el pescado y el marisco; los frutos secos, las legumbres y las semillas; la carne; los huevos y los productos lácteos; los alimentos fermentados; y el chocolate negro. Los alimentos que integran estos grupos contienen los nutrientes que necesita para alimentar a los microbios intestinales beneficiosos, reducir la inflamación y activar el «modo de crecimiento» del cerebro. Todo ello puede ayudarlo a prevenir y combatir la depresión y la ansiedad.

Verduras de hoja verde (y de otros colores, también)

Tanto si son verdes como si son moradas o de cualquier otro color, las verduras de hoja son las más eficientes cuando hablamos de densidad nutricional, esto es, la proporción entre nutrientes y calorías. Las espinacas, el kale, los berros, la rúcula, las berzas, las hojas de remolacha y las acelgas son una manera fantástica de obtener la dosis diaria de fibra, vitamina C, vitamina A y ácido fólico. Además, el intenso color de sus hojas significa que también están cargadas de fitonutrientes saludables. Comer más verduras de hoja significa hidratarse más, saciarse más y acceder a más densidad nutricional en cada plato.

De todos modos, una de las mejores cosas de las verduras de hoja verde es lo versátiles que son en la cocina. Las puede disfrutar en ensaladas, sopas o salteadas. Las puede triturar y preparar sabrosos pestos con los que aliñar pasta o pollo. Las puede añadir a batidos e incluso a magdalenas. Las posibilidades son ilimitadas. Además, las verduras de hoja verde son relativamente baratas y duran bastante en la nevera. Son un alimento básico fantástico que debería de tener en casa y usar como base de multitud de platos que nutren al cerebro.

Aunque técnicamente no son verduras, he incluido a las algas en esta sección. Estas hojas verdes marinas son la fuente de yodo más concentrada que existe. El yodo no está incluido en la lista de la EAA, pero es esencial para la salud cerebral, porque la función tiroidea depende de él. Hace mucho que el nivel de yodo en la población no hace más que disminuir y los niveles bajos de yodo durante el embarazo son una de las principales causas de retrasos del desarrollo en niños de todo el mundo. Por si esto no le pareciera motivo suficiente, añadiré que las algas son una fuente excelente de fibra, hierro, zinc y fitonutrientes.

Protagonistas: *Kale y algas.*

Consumo recomendado: *De 200 g a 300 g diarios de verduras de hoja verde; 1 ración pequeña de algas semanales.*

Frutas y verduras multicolores

Fíjese bien en su plato. ¿Está repleto de colores vibrantes o predominan el beige y el marrón? Si ha respondido lo segundo, ha llegado el momento de cambiar.

Comer frutas y verduras multicolores, como tomates, aguacates, pimientos, brócoli, coliflor y frutos del bosque es una manera fantástica de obtener no solo carotenoides, un fitonutriente muy importante, sino también la fibra que los microbios beneficiosos del intestino necesitan para prosperar. Los responsables de los llamativos colores de estas frutas y verduras son los flavonoides, unas moléculas beneficiosas para la salud que solo podemos obtener de los alimentos que ingerimos. Los alimentos morados contienen antocianinas; los naranjas aportan carotenoides; los rojos anuncian su contenido en licopeno y todos ellos tienen potentes propiedades antioxidantes y reforzadoras del ADN, por lo que contribuyen a mantener a raya a las moléculas proinflamatorias y ayudan al cerebro a mantenerse en plena forma.

Dicho esto, quiero prestar especial atención a las antocianinas, unos compuestos que se hallan en los alimentos rojos y morados, como las moras o la col lombarda. Aunque no me gusta hablar de favoritos, no puedo evitar decir que estas moléculas son verdaderamente especiales y hace mucho que se sabe que estos flavonoides tienen propiedades antiinflamatorias extraordinarias. No es sorprendente, porque también se ha asociado a las antocianinas con la mejora de la memoria y del estado de ánimo. Sin embargo, hace poco, los investigadores del Centro para la Investigación en Tecnologías de la Salud y Sistemas de Información de Oporto, descubrieron que el microbioma es el mediador de esa magia que hacen tan bien.[1]

Cuando comemos un cuenco de arándanos o le hincamos el diente a una maravillosa berenjena gratinada, las antocianinas envían mensajes especiales al cerebro mediante el microbioma y ordenan al organismo que secrete más ácido quinurénico, una molécula neuroprotectora que facilita el sueño, mejora el estado de ánimo y disipa la neblina mental. Y, por supuesto, contribuye a reducir la inflamación tanto en el intestino como en el cerebro. A estas alturas, ya sabe que todo ello puede ayudarlo en su lucha contra la depresión y la ansiedad.

El aguacate es otra fruta que puede serle de gran ayuda. Se trata de un alimento muy especial y su elevado contenido en lípidos y fitonutrientes hace de él uno de los preferidos de los defensores de la salud cerebral. Contiene un 82 % de grasa (en su mayoría grasas monoinsaturadas), algo muy poco habitual en el mundo de las plantas. Estas grasas facilitan la absorción de otros fitonutrientes, como el licopeno, y ese es uno de los motivos por los que el aguacate es uno de los protagonistas de esta categoría: multiplica el efecto de las verduras multicolores que ingerimos. Otro motivo por el que los aguacates son un elemento fantástico en el plato es su elevado contenido en fibra, potasio y vitamina E que, aunque no entró en la lista de nutrientes de la EAA, tiene una relación clara con la depresión y la mejoría de la salud del cerebro. Proteja los lípidos del cerebro comiendo más aguacates.

Las verduras de hoja verde y las de todos los colores del arcoíris deberían ser los principales componentes de sus platos. Por suerte, las verduras de colores son tan versátiles como las verdes. Puede usar frutas del bosque para contrarrestar el sabor amargo de algunas verduras de hoja verde o para endulzar el kéfir o el yogur. El tomate y los pimientos asados o salteados son deliciosos y también son muy fáciles de añadir a salsas para pasta o guisos. Puede untar sus verduras preferidas crudas en hummus (pág. 219), guacamole o salsa ranchera. Y no hay mejor manera de picotear que con sus frutos del bosque y frutas preferidas. Puede comer todo un arcoíris de verduras de múltiples maneras. Solo ha de encontrar la que más le guste.

Protagonistas: *Pimiento rojo y aguacate.*

Consumo recomendado: *Frutas multicolores variadas, un mínimo de entre 200 y 300 g diarios.*

Pescado y marisco

Esta es, con frecuencia, la categoría de alimentos que más cuesta incorporar y, tal y como he admitido antes, a mí también me costó lo mío. Tuve que invertir bastante tiempo en probar platos nuevos para averiguar qué tipo de pescado y marisco me gustaba. Incluso quienes acostumbran a arrugar la nariz ante el pescado pueden encontrar maneras de añadirlo a su dieta si lo intentan de verdad. Es una manera fantástica de añadir los ácidos grasos omega-3 de cadena larga que el cerebro necesita tan desesperadamente. Las sardinas, las ostras, los mejillones, el salmón y el bacalao también son muy ricos en vitamina B12, selenio, hierro, zinc y proteínas.

Muchas personas sienten cierto reparo ante el pescado, sobre todo por el mercurio y los microplásticos. Sin embargo, este grupo de alimentos puede marcar una diferencia colosal en lo que se refiere a prevenir y manejar los síntomas de ansiedad. Le recomiendo encarecidamente que evite el mercurio y sea consciente de las toxinas ambientales. Un primer paso sencillo puede ser empezar por pescados pequeños y moluscos bivalvos. Con tantos aliños, salsas y métodos de cocción disponibles, tiene que haber alguna opción que le guste tanto a su paladar como a su cerebro. Seguiremos hablando del pescado y del marisco en el plan de seis semanas para comer para prevenir la depresión y la ansiedad.

Protagonistas: *Salmón salvaje, anchoas y mejillones.*

Consumo recomendado: *De 2 a 4 raciones semanales.*

Frutos secos, legumbres y semillas

Lamentablemente, las estrategias para combatir la depresión y la ansiedad acostumbran a dejar de lado esta categoría de alimentos. Sin embargo, los frutos secos, las legumbres y las semillas, como los anacardos, las pipas de calabaza o las lentejas, son las principales fuentes de proteína vegetal. También son ricas en fibra, zinc, hierro y otras vitaminas esenciales. Raciones relativamente pequeñas de estos alimentos proporcionan una excelente combinación de grasas saludables, proteínas e hidratos de carbono de liberación lenta.

Una de las cosas que más me gustan de los frutos secos, las semillas y las legumbres es que son tentempiés extraordinarios. Cuando trabajo con mis pacientes, una de las primeras cosas que les sugiero es que sustituyan su tentempié preferido actual por almendras, nueces y anacardos. (¿Recuerda el estudio de Heather Francis que le he mencionado antes y en el que se dieron frutos secos y mantequillas de frutos secos a estudiantes universitarios con depresión?) Basta un puñado a media tarde para recuperar energía y ayudar al cerebro a obtener los nutrientes que necesita y darle un aporte adicional de factor neurotrófico derivado del cerebro (BDNF), el fertilizante cerebral del que hemos hablado en el capítulo 3.

Más allá de usarlos como tentempiés, lo cierto es que añadir frutos secos, semillas y legumbres a muchos de los platos que ya come y disfruta es muy fácil. Pruebe a añadir nueces al batido de la mañana o pipas de calabaza a su ensalada preferida. Los anacardos son deliciosos salteados con verduras. Y no se olvide de las legumbres. Añada un puñado de frijoles negros o de alubias rojas a sus sopas o guisos preferidos. (Yo añado judías al batido de kéfir y frutos del bosque de la página 267.) Son opciones fantásticas que lo ayudarán a consumir los nutrientes que necesita para desarrollar un cerebro mejor.

Protagonistas: *Pipas de calabaza y anacardos; alubias rojas.*

Consumo recomendado: *Un mínimo de 75 g a 150 g de frutos secos o legumbres y 1 cucharada de semillas al día.*

Carne

Como exvegetariano, entiendo que el consumo de carne genere con-
flictos internos a muchas personas. Hay quien sencillamente no consume carne, y no pasa nada. Dicho esto, la carne es una buena fuente de
hierro, proteínas y vitamina B12. Por eso, he llegado a la conclusión
de que el eterno debate sobre si deberíamos consumir carne o no debería evolucionar hacia un debate sobre cómo comer carne de un
modo que sea saludable para nuestro cuerpo y sostenible para el medio ambiente. Alimentos como la carne de ternera, de cordero o de
cabrito de pasto o de pollo de granja pueden aportar un sabor increíble a los platos además de nutrientes importantes para el cerebro.
Muchas granjas pequeñas prestan mucha atención a la salud del suelo, crían a los animales en libertad y los alimentan con hierba y pasto
en lugar de en unidades de engorde. Creo que encontrar granjas y
agricultores locales ayuda a la salud mental y hablaremos de ello más
adelante como parte del plan de seis semanas.

Criar así a los animales es mucho mejor para el medio ambiente y
produce carne más saludable. La carne de ternera de pasto tiene un
tercio menos de calorías que la carne de ternera alimentada con cereales y su perfil de ácidos grasos también es diferente. La ternera de
pasto tiene menos ácidos grasos omega-6, lo cual ayuda a garantizar el
equilibrio de los omega-3 y a que estos puedan desempeñar su trabajo
y reducir la inflamación y promover la salud del cerebro. Por otro lado,
la ternera de pasto compensa las calorías de menos con nutrientes de
más. Como los animales deambulan en libertad y comen vegetación
natural, la carne contiene más grasas saludables, vitamina E y carotenoides, además de vitaminas y minerales que el cuerpo y el cerebro
necesitan para mantenerse en forma. Es muy probable que el hígado
de ternera no sea muy habitual en su cocina y que sea uno de los protagonistas que más dificultades plantean a los comensales. Sin embargo, gramo a gramo, el hígado es la parte con mayor densidad nutricional del animal en lo que se refiere a nutrientes cerebrosaludables
como las vitaminas B12 y A, el hierro y el ácido fólico. Tal vez eso ex-

plique por qué a nuestros abuelos les gustaba comer paté; añadir hígado a la carne de ternera picada y a las salchichas; y comer higadillos de pollo salteados.

Protagonistas: *Carne e hígado de ternera de pasto.*

Consumo recomendado: *3 raciones semanales.*

Huevos y productos lácteos

Durante las últimas décadas, los huevos y los productos lácteos han protagonizado varias controversias en el mundo de la nutrición. Sin embargo, los huevos, como el kale, son un alimento con una densidad nutricional extraordinaria. Un huevo solo tiene setenta calorías, pero este alimento tan asequible y sencillo contiene todas las vitaminas B además de colina, una prima de las vitaminas del grupo B asociada a la reducción de la incidencia de los síntomas de ansiedad. Además, preparar y comer huevos es muy sencillo. Tanto si se trata de huevos duros para comer como tentempié por la tarde como de una tortilla de verduras para desayunar, añadir huevos a los platos preferidos es sencillísimo.

Debo admitir que mi opinión al respecto de los huevos está sesgada, porque en nuestra granja criamos gallinas. Mientras escribía el libro, incubamos los huevos de nuestras gallinas y vimos cómo los pollitos rompían el cascarón. Nuestros pollos son una fuente casi ininterrumpida de vitaminas B, de proteínas de alta calidad y de todo lo que hace falta para formar una neurona. Además, también nos proporcionan nitrógeno para fertilizar el suelo. Con todo esto quiero decir que los huevos me encantan como médico y como agricultor.

Los productos lácteos, y sobre todo las variedades fermentadas como el yogur o el kéfir, son otra buena manera de enriquecer la dieta. Estos alimentos están repletos de las bacterias buenas que necesita el organismo, además de ser ricos en calcio y proteínas. A pesar de ello, los productos lácteos, como el gluten, han sido objeto de escrutinio en relación con la inflamación. Es posible que se deba a que muchos de

CARNE, HUEVOS Y LÁCTEOS

Encuentre una **GRANJA LOCAL** con ganado de pasto o alimentado con hierba.

Únase a una cooperativa agrícola.

Compre carne directamente al productor.

.CSA.

NUTRIENTES

Proteínas completas

Colina

Vitaminas B

Hierro

Zinc

Selenio

Magnesio

YOGUR

Ayuda a restaurar la diversidad del microbioma.

AGRICULTURA REGENERATIVA

Combate el cambio climático.

SIN pesticidas.

Mejora la salud del suelo usando el pastoreo rotativo.

Consejos generales para la SALUD DEL CEREBRO:

▷ ¡Elija carne de pasto! Es mejor para usted y para el planeta.
▷ Evite o limite la carne procesada y los embutidos.
▷ Evite los productos lácteos desnatados.
▷ Cómase la yema del huevo, contiene todos los nutrientes.
▷ Consuma productos lácteos fermentados o añejos.

los productos lácteos más populares en los supermercados (las leches desnatadas y los yogures edulcorados) están muy procesados y contienen cantidades apabullantes de azúcar. Además, es un grupo de alimentos que algunas personas no digiere demasiado bien. Hace unos años tuve que eliminarlo casi por completo de mi alimentación, pero ahora no me causa problema alguno.

Sea como sea, incluso con la tendencia antilácteos y a pesar de mi propia experiencia, sigo creyendo que hay muchas opciones interesantes y saludables procedentes de distintas especies de rumiantes (vacas, cabras y ovejas). Deberíamos recordar que los productos lácteos son un elemento importante de la dieta mediterránea. Aunque no son un alimento obligatorio, pueden formar parte de una alimentación orientada a mejorar la salud mental y, como la carne, es una categoría que merece la pena explorar.

Protagonistas: *Huevos y productos lácteos fermentados como el yogur no edulcorado o el kéfir.*

Consumo recomendado: *De 5 a 7 huevos semanales; de 3 a 5 raciones de productos lácteos (fermentados si es posible) semanales.*

Microbios beneficiosos del microbioma

Esta categoría de alimentos se solapa con muchas de las que acabamos de ver, aunque, en realidad, tampoco debería ser una sorpresa. Para poder mantener un microbioma tan diverso como sea posible, hemos de comer una amplia variedad de alimentos distintos. La fibra de las verduras multicolores y las legumbres proporcionan a los microbios beneficiosos que viven en el intestino los nutrientes que necesitan para medrar. Y el consumo habitual de alimentos fermentados como el kéfir, el yogur, el chucrut, el miso, la masa madre, el kimchi y la kombucha son maneras fáciles de añadir bacterias beneficiosas al organismo y promover la salud del cerebro.

Protagonistas: *Kéfir, miso, chucrut.*

Consumo recomendado: *De 3 a 5 raciones semanales de alimentos fermentados.*

Chocolate negro

Esta categoría es, con diferencia, mi preferida. Además de ser delicioso, el chocolate negro contiene flavanoles muy beneficiosos para el cerebro, como la epicatequina, una molécula con múltiples beneficios para la salud cardiovascular. Un estudio del National Health and Examination Survey/NHANES), en el que participaron 13.626 adultos, concluyó que las personas que comen más chocolate negro ven redu-

CHOCOLATE NEGRO

Nutrientes para prevenir la depresión y la ansiedad
en una tableta de chocolate negro 70 %

Aumentan la energía y
la concentración.

Combaten la inflamación. FLAVANOLES

POTASIO

FIBRA

Parece que mejoran el estado de ánimo y la memoria.

MAGNESIO

PROTEÍNA

ZINC

HIERRO

TABLETAS
DE CHOCOLATE

NIBS DE CACAO

Consumir chocolate negro a diario
aumenta la sensación
de serenidad y de satisfacción.

CÓMO COMER
CHOCOLATE NEGRO

Las personas que consumen chocolate negro
con regularidad tienen un 70 % menos
de probabilidades de informar de depresión.

GRANOS DE CACAO

CHOCOLATE
EN POLVO

cido en un 70 % el riesgo de desarrollar síntomas depresivos con relevancia clínica. No se observó el mismo beneficio en las personas que consumían chocolate con leche.[2]

El doctor Scott A. Small es neurólogo y dirige el Centro de Investigación de la Enfermedad de Alzheimer de la Universidad de Columbia. En 2014, su nombre apareció en los titulares porque demostró que beber batidos de chocolate negro ricos en los flavanoles del cacao podía mejorar la memoria en adultos mayores. Small y su equipo reclutaron a treinta y siete personas de entre cincuenta y sesenta y nueve años y les pidieron que bebieran una bebida de chocolate a diario durante tres meses. Menudo sacrificio, ¿verdad? Aproximadamente la mitad de los participantes recibieron bebidas ricas en flavanoles. El resto recibió bebidas con una dosis inferior de estas moléculas saludables.

Una vez pasados los tres meses, Small y su equipo administraron a los participantes un test de memoria y, ¡oh, sorpresa!, los que habían consumido la bebida con más flavanoles obtuvieron resultados un 25 % mejores que el resto.[3] Los investigadores también demostraron que el chocolate negro mejoraba la función de una región cerebral llamada giro dentado, que se sabe desde hace mucho tiempo que interviene en la memoria.

Quizá se pregunte qué tienen que ver los test de memoria con la depresión y con la ansiedad. Me alegro de que me haga esa pregunta: los problemas cognitivos, la falta de concentración y las dificultades de memoria también pueden ser síntomas de ansiedad o de depresión. Se ha planteado la hipótesis de que flavanoles como la epicatequina funcionan porque reducen la inflamación, algo que también se sabe que beneficia al estado de ánimo. Además, otros estudios han demostrado que veinticinco gramos diarios de chocolate negro rico en polifenoles puede reducir el cortisol en saliva, un marcador de estrés y de ansiedad así como de la percepción de estrés del individuo.[4] Si tenemos todo esto en cuenta, parece que el consumo habitual de chocolate negro ofrece múltiples beneficios al cerebro y puede ayudar a combatir la neblina mental, el estado de ánimo deprimido y el estrés que las personas deprimidas o ansiosas acostumbran a experimentar. Le recomiendo encarecidamente que acuda directamente a la fuente y abastezca la despensa con granos y *nibs* de cacao, además de con cacao en polvo de alta calidad. Busque chocolate negro con solo dos ingredientes, cacao y azúcar, y con un contenido de cacao mínimo del 70 %. Cuanto más elevado sea el porcentaje de cacao, mejor será para el cerebro. Si los demás cuestionan su motivación, hágales saber que es por orden del médico.

Protagonistas: *Chocolate negro y cacao.*

Consumo recomendado: *Granos o* nibs *de cacao y chocolate negro, entre 3 y 5 raciones semanales de 85 g.*

Comer para prevenir la depresión y la ansiedad... a su manera

Durante los capítulos anteriores, hemos hablado de la nueva ciencia de la psiquiatría nutricional y de por qué el camino hacia un cerebro más resistente y más fuerte comienza en la punta del tenedor. Ahora sabe más acerca de los nutrientes que previenen la depresión y la ansiedad, de los alimentos que combaten la inflamación y promueven el crecimiento del cerebro y de cómo influye el microbioma en la salud mental. Lo que come es importante, y mucho, cuando se trata de prevenir y tratar la depresión y la ansiedad.

También hemos repasado las principales categorías de alimentos que pueden ayudarlo en esta lucha. Son las que contienen la mayor densidad de las vitaminas y los minerales específicos que se sabe que pueden ayudar tanto a prevenir como a tratar mejor los síntomas asociados a los trastornos mentales. Dicho esto, cómo se integren las distintas categorías en la alimentación depende de cada uno. Elija los alimentos que le atraigan más y prepárelos del modo que se ajuste más a sus preferencias y valores. Reflexionar sobre las distintas categorías de alimentos y los alimentos concretos que más le gustan dentro de cada una es el primer paso para empezar a cuidar de su cuerpo y de su cerebro de una manera nueva y potente.

Sin embargo, como todo el mundo sabe, saber qué hay que hacer y hacerlo son dos cosas muy distintas. Por eso, el siguiente apartado del libro se centra en guiarlo en ese viaje. Hablaremos de las distintas dificultades a las que se podría enfrentar cuando empiece a modificar su dieta con alimentos saludables para el cerebro y le ofreceré varias herramientas e ideas para que el proceso le resulte más sencillo.

Ahondar en qué motiva nuestras decisiones nutricionales no siempre es fácil ni cómodo. Los trastornos mentales acostumbran a cambiar qué pensamos acerca de nosotros mismos, cómo nos relacionamos con nuestro entorno y, por extensión, cómo comemos. Cambiar cualquier tipo de rutina, incluidas las pautas de alimentación, puede ser un verdadero reto. Sin embargo, la ciencia lo ha dejado muy claro: la alimentación desempeña una función crucial para la salud y la fortaleza del cerebro. Y es uno de los elementos del tratamiento que podemos controlar mejor.

A partir de ahora, hablaremos de cómo prepararse para emprender el plan de seis semanas para comer con el objetivo de prevenir la depresión y la ansiedad; una guía muy sencilla que lo ayudará a aumentar la ingesta de alimentos que integran las categorías cerebrosaludables. Estudiaremos de cerca cuáles son las raíces de su alimentación, qué comidas prefiere y cuáles los retos que plantea la alimentación actual. Acto seguido, pasaremos al plan de alimentación, con mejores prácticas, estrategias para las dificultades más habituales y recetas que enfatizan los principios y los alimentos de los que hemos estado hablando. Mi objetivo último es que encuentre la manera de comer con seguridad y alegría y que convierta la comida en su aliada en la lucha contra la depresión y la ansiedad.

Capítulo 5: Recapitulemos

- Comer para prevenir la depresión y la ansiedad va más allá de comer un «superalimento» concreto o de intentar añadir unos cuantos nutrientes adicionales a su dieta. Consiste en ingerir alimentos integrales con una densidad nutricional elevada y proporcionados directamente por la naturaleza.
- Para ayudarlo a comer los alimentos que más le gusten, este libro se centra en las categorías de alimentos que contienen niveles elevados de nutrientes saludables para el cerebro.
- Centrarse en categorías de alimentos amplias facilita hacer sustituciones y cambios sencillos para aumentar la densidad nutricional de la dieta. Comer no debería ser un suplicio. Elija los alimentos que le atraigan más de cada categoría.
- Las categorías de alimentos de *Comer para vencer la depresión y la ansiedad* son: verduras de hoja verde; frutas y verduras multicolores; pescado y marisco; frutos secos, legumbres y semillas; carne; huevos y productos lácteos; y los microbios beneficiosos del microbioma.
- Como le podrá decir cualquiera que haya intentado modificar sus pautas de alimentación, saber qué hay que hacer y hacerlo son dos cosas muy distintas. Por eso, usar las categorías de alimentos en lugar de un plan de alimentación más prescriptivo, hará que le resulte más fácil tomar las riendas de su alimentación y elegir los alimentos que quiere que cuiden de su cuerpo y de su cerebro.

PARTE II

COMENCEMOS: EL CAMINO A LA CURACIÓN

Capítulo 6
LOS RETOS QUE PLANTEA LA ALIMENTACIÓN ACTUAL

La comida es complicada por varios motivos. Ya hemos comentado lo mucho que ha cambiado la alimentación durante los últimos cien años, en los que se ha pasado de comer alimentos frescos procedentes de la agricultura y la ganadería locales a consumir comida preparada y muy procesada. Sin embargo, además de estos cambios, también existe una cultura de la dieta que permea casi todos los aspectos de la sociedad actual. Los consumidores se ven sometidos a un bombardeo prácticamente constante de información confusa, contradictoria o directamente errónea acerca de la comida y de su influencia sobre la salud y el bienestar. Descifrar toda esa información ya es suficientemente difícil y no digamos ya si uno quiere aprovecharla para introducir cambios positivos en su alimentación.

Cada año aparece una nueva dieta de moda que copa todos los titulares y es muy posible que ya se haya dado cuenta de que la nueva manera de entender la comida hoy siempre contradice las celebradísimas recomendaciones de ayer. Con mucha frecuencia, lo único que tienen en común todas estas dietas milagrosas es que transmiten el mensaje de que estamos comiendo mal sea por el motivo que sea. Para muchas personas, el resultado final es el miedo y la vergüenza. Miedo a no entender cómo comer de forma adecuada para mantener una buena salud y vergüenza porque muchas de las cosas que nos gustan caen en la categoría de alimentos «malos».

Veamos la situación de Susan, por ejemplo. La primera vez que vino a mi consulta, tenía ideas muy claras sobre lo que constituía una alimentación saludable. Sin embargo, y a pesar de ello, admitió que no sabía cómo alimentar bien a su cerebro.

«Leo casi todos los artículos sobre alimentación y salud que puedo encontrar», dijo. «La semana pasada leí que la dieta keto es la más saludable de todas y que tendría que adoptar una dieta cetogénica. Pero luego encontré otro artículo que afirmaba que la dieta keto perjudica al corazón. Y otro que proclamaba que no hay dieta más saludable que la vegana. Y otro que instaba a comer bayas de goji, a ayunar y a no sé qué más para estar sano. Es para volverse loco.»

Tiene toda la razón, lo es. Y, para muchas personas que se enfrentan a la depresión o a la ansiedad, tanta información contradictoria no hace sino aumentar la angustia que sienten cuando han de tomar decisiones acerca de la alimentación. Están convencidas de que nunca lo harán bien del todo.

Antes de seguir adelante, quiero reiterar que no hay una sola manera correcta de comer para prevenir la depresión y la ansiedad. Cada uno ha de recorrer su propio camino y, como no hay dos viajes iguales, así es como ha de ser.

Me gustaría poder decir que esta cultura de la dieta es la única barrera que se interpone en el camino que conduce a comer para prevenir la ansiedad y la depresión, pero no es así. Todos tenemos gustos, preferencias y factores sociales que influyen en cómo nos gusta alimentarnos y en cómo nos alimentamos. Hay quien es maniático por naturaleza. Otros pueden haber crecido con directrices religiosas o culturales que instan a evitar ciertas comidas. Hay multitud de valores políticos y medioambientales que nos pueden motivar a adoptar una dieta en lugar de otra. Y es muy probable que la mayoría de nosotros tengamos limitaciones temporales, económicas o incluso sencillamente de motivación que nos complican la tarea de alejarnos de la comida preparada.

El hábito de Susan de comer ensaladas elaboradas con lechuga iceberg, pollo y pepino se basaba en varios de esos valores personales. Era un plato que su madre le había enseñado que la ayudaría a mantenerse «delgada», algo que ella asociaba a estar sana. Estas creencias fueron, entre otras dificultades, uno de los factores que tuvimos que abordar durante nuestras conversaciones acerca de cómo añadir más alimentos con una densidad nutricional elevada a su dieta, para ayudarla a instaurar esos cambios. De no haberlo hecho, le habría sido mucho más difícil dejar atrás esos hábitos tan consolidados.

Se mire como se mire, comer es complicado y, por si eso no fuera suficiente, hay muchas personas que nos intentan vender dietas específicas. (En ocasiones, de forma literal, con suplementos especiales que nos prometen milagros.) Por eso es tan importante que aceptemos que algunas de las cosas que nos han enseñado acerca de la alimentación «saludable» pueden ser obstáculos a la hora de nutrir al cerebro. Tal y como he dicho antes, este no es un libro de dietas y tampoco sugiere que modificar la alimentación sea un curalotodo que aliviará la necesidad de otras intervenciones como la psicoterapia o los antidepresivos. Como terapeuta, mi objetivo es ayudar a mis pacientes a avanzar, no a alcanzar la perfección. Si quiere avanzar, es muy importante que respete sus valores y sus gustos únicos en relación con la comida, unos gustos y valores que son tan personales como su experiencia con la depresión y la ansiedad.

No hay una sola manera «correcta» de comer en lo que se refiere a nutrir al cerebro. Si he enumerado los nutrientes destacados de la EAA y si en el capítulo anterior hemos repasado las categorías de alimentos recomendadas, es porque quiero ayudarlo a entender cuáles son los bloques de construcción básicos con los que puede alimentar de verdad a su cerebro. Es usted quien ha de averiguar qué le funciona mejor, porque así aumentará significativamente las probabilidades de constatar cambios positivos y sostenidos en su estado de ánimo y en su nivel de ansiedad.

PREGUNTAS HABITUALES SÓBRE CÓMO COMER PARA PREVENIR LA DEPRESIÓN Y LA ANSIEDAD

Entiendo que cambiar hábitos consolidados acerca de qué y cómo se come, sobre todo cuando uno no está pasando por su mejor momento, puede ser difícil. También entiendo que nos enfrentamos a multitud de obstáculos que, en ocasiones, hacen que prevenir la depresión y la ansiedad sea más complicado de lo que debería ser. Por eso he decidido dedicar este capítulo a responder a algunas de las preguntas que tanto mis pacientes como el público que asiste a mis conferencias me hacen con más frecuencia acerca de los distintos obstáculos nutricionales que encuentran. Así espero que esté más preparado para participar plenamente en el plan de seis semanas que encontrará en el capítulo nueve.

Es probable que una o varias de las preguntas que respondo a continuación sean obstáculos que también supongan para usted una dificultad a la hora de convertirse en un maestro de la autonutrición. Espero que abordarlos de frente lo ayude a sentirse más confiado y alegre a la hora de aplicar pequeños cambios y sustituciones que pueden tener un gran impacto sobre su estado de ánimo y su nivel de ansiedad.

¿No sería más fácil tomar suplementos?

Durante los últimos años, muchos estadounidenses han recurrido a complejos vitamínicos para aumentar la cantidad de vitaminas y minerales específicos que ingieren a diario. Los suplementos pueden ayudar a corregir déficits nutricionales y, de hecho, es posible que su médico le haya recetado alguno en alguna ocasión. Sin embargo, los complejos vitamínicos y otros suplementos no pueden suplir completamente el valor nutricional que ofrecen los alimentos tradicionales. Numerosos estudios han demostrado que los complejos vitamínicos no proporcionan la cantidad de nutrientes necesaria para ser efectivos y, en consecuencia, el consumo diario de suplementos vitamínicos no se asocia a mejorías en la salud. Ese es uno de los motivos por los que el Grupo de Trabajo de Servicios Preventivos de Estados Unidos (USPSTF) —un comité independiente de profesionales sanitarios que revisan la efectividad de medicaciones, pruebas y procedimientos preventivos – no recomienda el consumo de suplementos para ayudar a prevenir o tratar las enfermedades.

Hay varios motivos por los que los suplementos no pueden competir con la comida. El primero tiene que ver con el proceso de absorción. El cuerpo está diseñado para absorber nutrientes de la comida y algunos minerales habituales, como el calcio, el magnesio y el hierro, pueden impedir que el organismo absorba otros en el intestino. Cuando se meten un par o más en un comprimido, lo más probable es que el cuerpo no absorba demasiada cantidad de ninguno de ellos.

En segundo lugar, es muy difícil transformar en suplementos a muchos de los fitonutrientes que se hallan en las frutas y verduras multicolores y de hoja verde. El sulforafano que se obtiene de las espinacas frescas es muy distinto del que encontrará en los concentrados procedentes de alimentos deshidratados que suele haber en los comprimidos de vitaminas.

Finalmente, muchos suplementos están contaminados con ingredientes que pueden provocar reacciones adversas. Los suplementos no necesitan la aprobación de la FDA y no se controlan ni se analizan con el mismo rigor que los medicamentos. A lo largo de los años, se han retirado del mercado varias marcas de vitaminas porque contenían metales pesados como plomo o cadmio o adulterantes que podían provocar alergias. Aunque tomarse una pastilla de vitaminas por la mañana es muy fácil, no proporciona la nutrición completa que el cerebro necesita para mantenerse sano y fuerte.

A pesar de todo, sí que hay algunos suplementos que recomiendo de vez en cuando. Por ejemplo, hay personas que necesitan un suplemento de vitamina D porque es habitual presentar niveles bajos y es algo que habría que comprobar cada año con un análisis de sangre. A lo largo de mi carrera profesional he recetado magnesio, hipérico, melatonina, L-metilfolato y muchos otros. Sin embargo, me sigo encontrando con mucha frecuencia con pacientes que toman varios suplementos sin conseguir efectos claros. Y recuerde: el organismo ha de procesar todo lo que consumimos. Procesar dosis elevadas de vitaminas, minerales, hierbas y, con frecuencia, aditivos (o incluso toxinas como el cadmio, el plomo o análogos farmacéuticos) somete al hígado y a los riñones a mucho estrés.

Debo añadir también que los nutrientes que hallamos en los distintos alimentos que ingerimos establecen relaciones sinérgicas. Como he dicho antes, muchos de estos nutrientes viajan juntos y, si lo hacen, es por algo. La madre naturaleza sabe muy bien lo que se hace. Por eso el aceite de oliva es tan beneficioso para la salud del cerebro. Ayuda al organismo a absorber nutrientes liposolubles esenciales como la vitamina A o el licopeno, un fitonutriente. Los suplementos no pueden competir con eso.

Dicho esto, el motivo principal por el que prefiero la comida a los suplementos tiene que ver con el placer. Es imposible experimentar o idear recetas nuevas con pastillas de vitaminas. Uno no se sienta a la mesa para saborear un batido de proteínas junto a amigos y familiares. Nadie ha tomado jamás un suplemento y pensado: «¡Caramba! ¡Está delicioso!». Una vida alimentada a base de polvos, batidos y pastillas no es muy nutritiva, ni para el cuerpo ni para el alma.

Todo el que se haya sentado alguna vez a la mesa para disfrutar de una comida deliciosa y de una conversación y risas igualmente fantásticas sabe que hemos de disfrutar de lo que comemos. Si reducimos la comida a un conjunto de nutrientes y nos distanciamos aún más de nuestras redes sociales y del sistema alimentario general, perdemos mucho más que el sabor. Perdemos una manera de conectar con los amigos, con la familia y con el mundo que nos rodea. Perdemos la capacidad de conectar con nosotros mismos. En mi opinión, reflexionar acerca de los nutrientes que pueden nutrir de verdad nuestro cerebro nos debería inspirar a buscar lugares donde obtener los alimentos integrales y frescos que tienen la capacidad de saciarnos en cuerpo y alma en lugar de llevarnos al estante de vitaminas de la farmacia.

¿De verdad es tan mala la comida basura?

Darse un capricho ocasional nunca es malo y, por ejemplo, yo soy muy goloso. El problema aparece cuando la gran mayoría de la dieta se basa en alimentos procesados. Tenemos que comer, sea lo que sea, y, si no comemos alimentos nutricionalmente densos, nos llenamos de comida que muy probablemente ejerza un impacto negativo sobre la salud. Comer una bolsa de patatas o unas cuantas galletas de chocolate de vez en cuando no interferirá con su misión para comer para prevenir la depresión y la ansiedad. Por el contrario, si la mayoría de lo que come es comida preparada o comida basura, dará lugar a un vacío de nutrientes imposible de llenar.

¿Elegir alimentos de estas categorías cerebrosaludables me ayudará a adelgazar o me engordará?

Los problemas de depresión y de ansiedad y los problemas de peso van de la mano con demasiada frecuencia. Hay personas que experimentan un aumento de peso significativo, mientras que otras pierden tanto peso que su salud corre peligro. Los antidepresivos y los ansiolíticos pueden provocar aumento de peso, al igual que los hábitos de alimentación derivados de usar la comida como consuelo. Por lo tanto, como podrá suponer, muchos de mis pacientes me preguntan si modificar sus hábitos de alimentación puede afectar al número que ven en la báscula.

Las fluctuaciones de peso asociadas a la depresión pueden suceder por varios motivos y dependen mucho de las pautas de alimentación actuales y del nivel de actividad física de cada persona. El plan de seis semanas que presento en el capítulo nueve no es una dieta para perder peso sino un protocolo cuyo objetivo es ayudarlo a desarrollar un cerebro más resistente y fuerte. Aun así, muchas de las personas que adoptan el plan acaban perdiendo algo de peso como consecuencia de sustituir alimentos procesados por alimentos frescos y enteros como el pescado o la verdura.

¿Y si tengo alergias o intolerancias alimentarias?

Muchos de los protagonistas de las categorías de alimentos que nutren el cerebro, como el marisco, los huevos y los frutos secos, también ocupan los primeros puestos de las listas de alérgenos alimentarios habituales. Cuando se exponen a ellos, algunas personas sufren desde erupciones leves en la piel o molestias estomacales a problemas intestinales severos o incluso un shock anafiláctico.

Las alergias alimentarias son otro de los motivos por los que me quise alejar de las recomendaciones de alimentos específicos y centrarme en categorías de alimentos más amplias. Por ejemplo, alguien podría ser alérgico a los anacardos, pero no a las pipas de calabaza. Sea como sea, si tiene alguna alergia alimentaria, tenga cuidado. En la mayoría de las ocasiones podrá elegir otro alimento de la misma categoría y con un perfil nutricional parecido al del alimento que ha de evitar, pero le recomiendo encarecidamente que, antes de hacerlo, hable con su médico para que le indique cuáles son las opciones más seguras.

También puede suceder que no sea alérgico a ningún alimento concreto, pero que sea especialmente sensible a alguno. Quizá se haya dado cuenta de que después de comer algo se hincha o tiene gases o quizá se siente más nervioso o fatigado de lo habitual. Sea lo que sea, ese alimento no le sienta bien. La buena noticia es que no tiene por qué comerlo. Por eso defiendo las categorías de alimentos. Si hay alguno que le sienta mal por el motivo que sea, hay muchas otras opciones que contienen los nutrientes que necesita. Cuando repase las categorías, tome nota de lo que le gusta y luego elija los alimentos que le sienten mejor.

¿Y si no me gustan las verduras de hoja verde?

¡No es el único! De hecho, casi un 15% de las personas son lo que se conoce como «superdegustadores» y tienen papilas gustativas especialmente sensibles al sabor amargo de las verduras de hoja verde. Por eso no les gustan. Hay varias maneras de contrarrestar ese sabor amargo y muchos de mis pacientes han encontrado maneras de añadir a su dieta esta categoría de alimentos.

Intente usar verduras *baby* en lugar de las variedades adultas; compre las verduras a finales de otoño, después de las primeras heladas de la temporada, porque tienden a endulzarlas, y pruebe verduras de distintos tipos. Quizá descubra que los berros, la col lombarda o las lechugas rojas le resultan más tolerables que el kale o la rúcula. Si le siguen desagradando, añadir algunas especias o saltearlas con cebolla o ajo puede cambiar su sabor de manera sustancial. También puede añadir las verduras de hoja verde (y de cualquier otro tipo) a sopas y guisos para templar el sabor. Hay una verdura de hoja verde para usted. Solo tiene que experimentar un poco y encontrar la que le resulte más afín a sus gustos.

Hay quien tiene problemas con la textura no solo de las verduras de hoja verde, sino con la de las verduras en general. No les gusta la sensación que les deja en la boca. Si este es su caso, la estrategia de añadirlas a sopas y guisos también le será útil, igual que añadirlas a batidos o purés. Es una manera excelente de hacer que verduras de todo tipo y de gran densidad nutricional resulten más apetitosas incluso a los paladares más exigentes.

¿Comer pescado y marisco no era problemático?

Comer más pescado y marisco (o, sencillamente, comer pescado y marisco) puede ser complicado por varios motivos. Para mí lo fue. Me crie en una granja de Indiana, por lo que el único pescado que comía con regularidad eran los palitos procesados que servían en el comedor de la escuela. Dado que mi principal experiencia con el pescado era el olor de esos palitos, no es de extrañar que, durante la mayor parte de mi vida, estuviera convencido de que detestaba el pescado.

Cuando se empezaron a acumular las evidencias que apuntaban a la relación entre los ácidos grasos omega-3 y la salud del cerebro, además de los estudios que demostraban que las personas que consumían pescado y marisco con regularidad eran menos susceptibles a la depresión y a la ansiedad, supe que tenía que encontrar la manera de superar mi aversión. Tuve que aprender a comer pescado y marisco, porque son las únicas fuentes de los extraordinarios ácidos grasos omega-3 de cadena larga. Lo conseguí a base de probar distintos tipos de pescado preparados de varias maneras distintas. Me costó, pero lo conseguí.

Es posible que a usted tampoco le guste el pescado, aunque no lo persiga el recuerdo de esos palitos de pescado reblandecidos. Hay personas que tienen dificultades para asimilar la intensidad de su sabor. El pescado y el marisco contienen niveles muy elevados de ácidos grasos poliinsaturados, por lo que se echan a perder mucho antes que la ternera o el pollo. Lo mejor es comprar pescado y marisco recién pescados, si es posible. El pescado y el marisco de calidad debe oler y saber a mar, pero no «apestar a pescado». Por otro lado, el pescado blanco es más suave y tiende a absorber el sabor de las salsas y los condimentos que se le añadan.

Incluso si adora el salmón o las ostras, es posible que tenga cierta dificultad con pescados más intensos como la caballa. (Consejo: añada jengibre.) La creencia popular de que los moluscos son los «basureros» del mar es errónea: se alimentan por filtración, lo que significa que absorben los nutrientes del agua de mar que hacen pasar por sus conchas. Esta manera de alimentarse no es sucia ni hace que comerlos sea peligroso.

Luego están las consideraciones religiosas. Por ejemplo, las personas que siguen una alimentación *kosher* no pueden comer pescado o marisco que carezca de aletas y de escamas. Eso elimina de la lista a las gambas, las ostras y la langosta, por nombrar solo tres.

Para terminar, muchos de mis pacientes expresan preocupación por los contaminantes que se acumulan en el pescado y el marisco, como los metales pesados, el mercurio o los microplásticos. Hace casi veinte años, los científicos empezaron a ver que tanto los peces de agua salada como los de agua dulce contenían niveles alarmantemente elevados de mercurio y de contaminantes orgánicos persistentes, como los retardantes de llama o los plásticos. La fisiología de los peces y de los crustáceos y moluscos hace que absorban y concentren los metales pesados de las aguas contaminadas. Y eso constituye un motivo legítimo de preocupación, porque los niveles elevados de mercurio son peligrosos. Del mismo modo, el aumento de la contaminación del agua significa que muchos peces ingieren partículas diminutas de plástico, o microplásticos, que permanecen en su cuerpo durante largos periodos de tiempo y, en consecuencia, acaban en nuestro plato. Por lo general, es posible evitar tanto el mercurio como los microplásticos consumiendo pescados pequeños, como las anchoas o las sardinas, o moluscos bivalvos como las almejas y los mejillones.

El pescado y el marisco constituyen una categoría muy amplia. Si busca ideas para expandir su paladar, apele a su espíritu aventurero y pruebe el pescado que le recomiende el chef de su restaurante preferido o pida a su pescadero que le recomiende el pescado más fresco y sabroso del mostrador.

¿La carne roja no era mala para el corazón?

Durante los últimos dos años, la multitud de estudios que se han llevado a cabo sobre el efecto que la carne roja (ternera, cordero y carne procesada) ejerce sobre la salud han llegado una y otra vez a la misma conclusión: la carne roja se asocia a las enfermedades cardiovasculares y a la inflamación. Ha habido estudios que sugieren incluso que el consumo elevado de carne roja se podría asociar al cáncer.[1] Históricamente, se ha atribuido este efecto perjudicial a las grasas saturadas y al colesterol que contiene la carne, además de a la elevada cantidad de carne de ternera que el estadounidense promedio consume semanalmente.

Por otra parte, el efecto del consumo de carne sobre el medio ambiente también es un motivo de preocupación para muchas personas. Las explotaciones ganaderas a gran escala no son en absoluto la actividad más humanitaria del mundo y la manera en que fabrican los productos derivados de la carne plantea graves problemas de sostenibilidad. Y, además, estos métodos de producción de carne también elevan su contenido en grasas saturadas. No es sorprendente que tanta gente valore la posibilidad de adoptar dietas vegetarianas o veganas o de, al menos, limitar la ingesta de carne.

Como exvegetariano, estoy aquí para decirle que se puede comer carne de forma saludable, ética y responsable y que hacerlo puede ofrecerle una gran ventaja a la hora de comer para prevenir la depresión y la ansiedad. Varios estudios han encontrado relación entre las dietas vegetarianas y la sintomatología depresiva, sobre todo en varones. Y un estudio publicado en el *European Journal of Clinical Nutrition* halló que los veganos tienden a presentar déficits significativos de vitamina B12. Como la B12 es uno de los nutrientes clave de la EAA (y no se encuentra en plantas), su déficit es preocupante.

Dicho esto, no se trata de sacrificar la salud del corazón en aras de la del cerebro. Tampoco ha de renunciar a sus principios éticos en relación con el medio ambiente. Es posible encontrar un punto medio a la hora de integrar la carne roja en la alimentación. Para empezar, cuando elija la carne, opte por carne de ganado de pasto, que tiende a contar con un perfil de grasas muy distinto al del ganado alimentado con cereales: menos grasa en general y más ácidos grasos monoinsaturados omega-3 y ACL (ácido linoleico conjugado), que se asocian a la salud. Compre en granjas familiares más pequeñas que den prioridad a la calidad, porque garantizará la calidad de la carne que consumirán su familia y usted y ejercerá menos impacto sobre el medio ambiente.

También es importante dejar de pensar en la carne como en la parte principal de la comida. Felice Jacka, la investigadora que dirigió el estudio SMILES, concluyó que la cantidad de carne roja que se consume importa, y mucho, en lo que se refiere a la salud cardiovascular y cerebral. En 2012, ella y sus colegas estudiaron la relación entre el consumo de carne roja y la depresión en mil mujeres adultas y descubrieron una tendencia interesante. Las mujeres que acostumbraban a comer más que la cantidad diaria recomendada tenían más probabilidades de estar deprimidas. Quizá no nos debería sorprender demasiado. Sin embargo, Jacka y sus colegas también descubrieron que las mujeres que acostumbraban a comer menos de la cantidad diaria recomendada también tenían más probabilidades de estar deprimidas (eso fue después de haber controlado todos los demás factores en los que tanto ella como su equipo pudieron pensar). Una vez analizados los datos del estudio, Jacka concluyó que consumir una cantidad moderada de carne roja magra (no más de novecientos gramos semanales) podría beneficiar a la salud del cerebro. Por lo tanto, si consume carne con moderación, como manera de añadir sabor a las verduras y los cereales que deberían constituir la mayor parte del plato, puede estar seguro de que tanto su corazón como su cerebro se lo agradecerán.

No quiero renunciar a mi estilo de vida vegetariano o vegano

¡Pues no lo haga! Como ya he dicho en varias ocasiones, hay numerosas maneras de comer para mejorar la salud del cerebro. Sé que muchas personas están comprometidas con un estilo de vida vegetariano o vegano y, si usted es una de ellas, también puede comer para prevenir la depresión y la ansiedad. Lo único que ha de hacer es examinar de cerca las distintas opciones que le ofrecen cada una de las categorías de alimentos para asegurarse de que obtiene los nutrientes esenciales para el cerebro, como los ácidos grasos poliinsaturados y la vitamina B12. Le seré sincero: es más complicado cuando no se come carne, pescado o marisco, pero no es imposible.

Una de las maneras de aumentar la ingesta de B12 es consumiendo alga nori morada, que es el motivo por el que he incluido las algas entre los alimentos protagonistas. Esta alga de color morado, que se suele vender deshidratada en las tiendas de alimentación asiáticas, contiene varios tipos de compuestos de B12 biológicamente activos. Cuando los investigadores del Instituto Hagoromo Gakuen, en Japón, administraron este superalimento a ratas con déficit de B12, mejoraron significativamente su estado.[2] Y los efectos beneficiosos de esta alga no se limitan a los roedores. Investigadores de la Universidad Tottori (también en Japón) llevaron a cabo una revisión de estudios que concluyó que la nori morada es una fuente fantástica de nutrientes vitales, desde la vitamina B12 al hierro, para quienes no quieren incluir carne en su dieta.[3]

¿Y no puedo obtener del pollo todos los nutrientes que necesito?

Muchas personas recurren al pollo como fuente principal de proteínas. Lo entiendo: es versátil, sabroso y más ligero que la ternera. Sin embargo, aunque una pechuga de pollo contiene aproximadamente la mitad de la cantidad diaria recomendada de B6 y selenio, su densidad nutricional es inferior a la de la carne roja.

¿Y qué hay de los huevos?

Dependiendo del año en que nacieran, muchos estadounidenses recuerdan el anuncio sobre el «increíble huevo comestible». Por el contrario, otros han crecido con la idea de que si se quiere seguir una dieta saludable hay que limitar, o incluso eliminar, el consumo de huevo porque contiene mucho colesterol. Lo cierto es que los huevos son un alimento ideal para el cerebro, porque rebosan de vitaminas del grupo B, como la B6, la B12 y el ácido fólico. También son muy ricos en vitamina D y contienen magnesio, zinc y hierro. Los huevos son una fuente de proteínas excelente y también contienen los importantes ácidos grasos omega-3 que el cerebro necesita. Son una verdadera bomba nutricional y un elemento clave en la estrategia para prevenir la depresión y la ansiedad.

Los huevos también contienen colina, una prima hermana de las vitaminas del grupo B a la que se ha asociado con la prevención y el manejo de los síntomas de ansiedad. Refuerza los procesos de aprendizaje y de memoria porque proporciona los bloques de construcción de la mielina, el crucial aislamiento de las neuronas, además de varios neurotransmisores importantes.

En cuanto al colesterol alimentario, los huevos no son el enemigo número uno de la salud como se nos había hecho creer. Por un lado, aunque es cierto que contienen una cantidad elevada de colesterol, el cuerpo lo absorbe poco. Por lo tanto, a no ser que añada una docena de huevos fritos diarios a su dieta, desayunar o merendar uno no debería afectar negativamente a su perfil de lípidos.

Al igual que sucede con la carne roja, hay personas que no comen huevos por cuestiones éticas. Creo que es posible comer huevos de una forma sana y sostenible. Las tiendas ofrecen múltiples variedades de huevos: de gallinas criadas en libertad o criadas en el suelo, orgánicos, ecológicos… Cuesta saber cuáles son los más saludables. Desde el punto de vista nutricional, no hay mucha diferencia entre unos y otros. En la medida de lo posible, cómprelos a un agricultor local que las deje moverse en libertad porque, además, es muy probable que sean los que contengan una mayor densidad de nutrientes y niveles superiores de omega-3. Si esa opción no está a su alcance, elegir una docena de huevos orgánicos, de gallinas criadas con pasto o en libertad garantizará que accede a una fuente extraordinaria de nutrientes saludables para el cerebro.

Me han dicho lo mismo de los productos lácteos

La leche, el queso y la mantequilla también suelen ser objeto de debate en los círculos nutricionales. Y, durante los últimos años, el mensaje predominante ha sido que estos alimentos están repletos de grasas saturadas «malas» que pueden promover la aparición de enfermedades cardiovasculares.

Como ya he dicho en más de una ocasión, la grasa no es el enemigo. Lo repetiré de nuevo: la grasa no es el enemigo y, de hecho, desempeña un papel vital para la salud del cerebro. Los productos lácteos son muy ricos en nutrientes y contienen varios tipos de grasas que ayudan a las células nerviosas a mantenerse en plena forma, sobre todo cuando se trata de productos obtenidos de rumiantes de pasto.

Muchas personas gravitan hacia «productos de queso» procesados que recuerdan de su infancia pero que están repletos de grasas hidrogenadas y de colorantes y aromatizantes artificiales. Para serle sincero, estos productos son cualquier cosa menos queso de verdad. La categoría de los productos lácteos es muy diversa y hay muchas opciones distintas además de los que se obtienen de las vacas. Por ejemplo, ¿por qué no prueba algunos de los maravillosos quesos de cabra o de oveja que existen? Le recomiendo encarecidamente que visite el mercado de productores locales más próximo y que hable con los vendedores de queso acerca de las distintas opciones que se adapten mejor a sus gustos.

Una de las principales ventajas de la categoría de los productos lácteos es que contiene múltiples opciones fermentadas. El yogur y el kéfir son alimentos magníficos para el microbioma y ahora sabemos que promueven la salud del cerebro. El proceso de fermentación elimina la mayoría de la lactosa de los lácteos, por lo que las personas intolerantes a este azúcar los pueden digerir mejor... y disfrutarlos. De todos modos, antes de llevarse a casa ninguno de los productos que encuentre en el pasillo de productos refrigerados, lea bien las etiquetas. Muchas marcas de yogur populares no son más que bombas de azúcar glorificadas e incluso el kéfir de sabores puede contener edulcorantes añadidos. Las variedades naturales de leche entera son la apuesta más segura y podrá añadir frutos del bosque, miel o un poco de chocolate negro si quiere endulzarlos.

Ahora que hablamos del azúcar...

En los medios de comunicación se ha hablado mucho acerca de los peligros del consumo de azúcar. Y con razón. El estadounidense promedio consume una cantidad de azúcar alarmante. Según la Asociación Americana del Corazón, la cantidad máxima recomendada de azúcares añadidos debería ser de entre seis y nueve cucharaditas diarias. El estadounidense promedio consume veintidós cucharaditas diarias de azúcares añadidos.[4] Sí, ha leído bien. La mayoría de nosotros consumimos mucho más que eso sin ni siquiera darnos cuenta de ello. De hecho, hay personas que lo consiguen con solo un par de tazas de café. Es increíble la cantidad de azúcar que puede haber en un refresco o en un café elaborado.

Estudios recientes, como el Whitehall II, han demostrado que quienes consumen cantidades más elevadas de azúcar tienen más probabilidades de ser diagnosticados de un trastorno del estado de ánimo u otro trastorno mental.[5] Por eso es tan importante fijarse bien en la comida que ingerimos. Mucha comida preparada está cargada de azúcar e incluso muchos de los productos etiquetados como «saludables» u «orgánicos» contienen una proporción elevada de azúcares refinados. Si quiere pensar en cómo comer para prevenir la depresión y la ansiedad, es imprescindible que recuerde que el consumo excesivo de azúcar es perjudicial.

Hay muchos sustitutos del azúcar en el mercado y mucha gente recurre a edulcorantes artificiales como el aspartamo o la sacarina para intensificar el sabor del café, los productos horneados, etc. Una advertencia: el uso prolongado de edulcorantes altera el paladar. En pocas palabras, aunque engañan a las papilas gustativas y las hace creer que ha ingerido un poco de azúcar, el cerebro no se deja engañar tan fácilmente. El uso repetido de edulcorantes artificiales, como beber un par o tres de refrescos *light* diarios, puede llevar a consumir más productos azucarados (y, por lo tanto, muchas más calorías vacías) de los que se consumirían de otra manera.

El antojo de azúcar y de hidratos de carbono es una de las preocupaciones más habituales entre las personas con las que hablo acerca de estas cuestiones. Es importante recordar que no todos los hidratos de carbono fueron creados iguales. Dé prioridad a los hidratos de carbono de liberación lenta de las plantas y los cereales integrales. Más adelante encontrará algunas sustituciones saludables a las que puede recurrir la próxima vez que tenga antojo de dulce.

¿Debería ayunar? ¿Y qué hay de las dietas keto?

Algunas pruebas anecdóticas sugieren que estas dietas modernas podrían ofrecer algún beneficio para la salud mental y, de hecho, hay algunos estudios que lo corroboran. Muchos estudios en animales han

YOGUR NATURAL
con frutos del bosque, frutos secos, jarabe de arce o miel

YOGUR NATURAL

INFUSIONES
con miel

ALIMENTAR AL CEREBRO
ANTE EL ANTOJO DE HIDRATOS

ARROZ INTEGRAL
con cebolla caramelizada y verduras

PLÁTANOS

ÑOQUIS
con aceite de oliva y sal

BATIDO DE KÉFIR

BURRITO
o tacos de pescado

examinado el ayuno intermitente, o la restricción de alimentos durante dieciséis horas diarias, y han descubierto que puede ayudar al cerebro a protegerse de estresores como el estrés oxidativo y el ictus. Del mismo modo, las dietas cetogénicas, con un régimen de alimentación rico en proteínas y en grasas, activan el metabolismo para que queme grasas en lugar de hidratos de carbono, lo que también puede ayudar a optimizar la función cerebral. Aunque ambas pautas alimentarias son cada vez más populares y yo mismo he tenido pacientes que las han probado con éxito, los estudios con humanos aún son muy limitados tanto por su alcance como por el tiempo que ha transcurrido. En conclusión, aún no hay datos certeros al respecto.

También añadiría que son dietas muy difíciles de mantener en el tiempo. Encontrar la proporción adecuada entre proteínas e hidratos de carbono para inducir el estado de cetosis es complicado. Y para muchas personas, sobre todo las que ya tienen síntomas depresivos o ansiosos, el ayuno intermitente es igualmente complejo. Si quiere iniciar un ayuno intermitente o una dieta cetogénica, le aconsejo encarecidamente que antes hable con su médico para determinar una manera segura y saludable de hacerlo.

¿También me va a quitar el café?

Sé que muchos de nosotros necesitamos ese chute de cafeína a primera hora de la mañana para activarnos y ponernos en marcha. De la misma manera que me gustaría que empezara a consumir más variedad de verduras multicolores, también convendría que pensara en otras maneras de obtener ese «empujón» matutino. Hay muchísimos tipos de té verde y negro y es más que probable que encuentre uno que le guste tanto o más que el café. Así que, ¿por qué no variar un poco? El té también ofrece muchos beneficios para la salud, porque es rico en antioxidantes y polifenoles. Y, aunque muchas variedades contienen mucha teína (la cafeína del té), tienden a tener menos que el café.

Las personas con problemas de ansiedad deberían reflexionar largo y tendido acerca de la ingesta de cafeína. Si el café nos ayuda tanto a activarnos por la mañana es porque es un estimulante y, en consecuencia, se sabe que un exceso de cafeína puede inducir sensación de ansiedad y, en algunos casos, incluso ataques de ansiedad. Sustituir el café por infusiones u otras bebidas sin cafeína lo ayudará a combatir la ansiedad.

¿Debería eliminar los cereales o el gluten de mi dieta?

Me lo preguntan muchas veces. Aproximadamente un 1% de la población es celíaca. La celiaquía es un trastorno autoinmune que hace que el sistema inmunitario ataque al intestino delgado cuando este intenta digerir el gluten, una proteína que contienen el trigo, el centeno y la cebada. Se trata de una enfermedad desconocida hasta hace poco y que aún se infradiagnostica significativamente, por lo que ha recibido mucha atención durante los últimos años. De todos modos, lo repetiré: es un trastorno relativamente raro.

También hay personas que no son celíacas, pero sí intolerantes o sensibles al gluten. Unas doscientas mil personas son diagnosticadas de intolerancia al gluten cada año. No presentan una reacción del sistema inmunitario tan severa como la de los celíacos, pero sí que les provoca inflamación intestinal que, a su vez, puede causar diarrea, hinchazón, gases o fatiga. Las personas con intolerancia o sensibilidad al gluten o a otros alimentos sufren erupciones cutáneas, dolores de cabeza, dolores articulares y cambios de humor frecuentes. Son síntomas muy variables y que pueden ser sencillamente muy molestos o llegar a provocar problemas de salud graves con el tiempo.

Aunque eliminar el gluten u otros cereales puede irle bien, ni el gluten ni los cereales son el origen de la depresión o la ansiedad para la mayoría de las personas. Hay quien se encuentran mejor después de haber eliminado los cereales de su dieta, pero no tanto por el gluten en sí, sino por las calorías vacías de la pasta, el pan, las galletas y las tostas. Nadie conoce su cuerpo mejor que usted y, tal vez, el trigo no le siente bien. No pasa nada, porque hay muchos cereales fantásticos entre los que elegir y muchos de ellos no tienen gluten. El arroz, la quinoa, el amaranto, la avena o el trigo sarraceno son opciones magníficas. Y, además, tienen el beneficio añadido de que aportan una densidad nutricional increíble. Le recomiendo que los añada a su despensa, aunque no sea intolerante al gluten.

Por supuesto, a algunos de nosotros nos encanta una buena rebanada de pan. Ahora es fácil encontrar panes artesanales elaborados con cereales integrales, frutos secos y semillas que nos ayudan a ingerir alimentos de distintas categorías a la vez. Incluso hay panes de masa madre y con un sabor único gracias al proceso de fermentación de la masa que, además, lo ayudará a alimentar a los microbios beneficiosos del microbioma. Cuando empiece a ver más allá del pan blanco de molde, descubrirá todo un mundo de cereales que se convertirán en los acompañantes ideales de sus alimentos cerebrosaludables preferidos.

¿Comer así no es muy caro?

Es fácil pensar que sí, sobre todo porque la mayoría de los productos con la etiqueta «saludable» en las estanterías del supermercado son más caros que los que no la tienen. Sin embargo, comer para promover la salud del cerebro no tiene por qué equivaler a la ruina. ¿Recuerda el estudio SMILES? Muchas de las categorías de alimentos recomendados, como las verduras de hoja verde y multicolores, son muy baratas: puede comprar un gran manojo de verduras por poco dinero. Si las mete en la nevera le durarán una semana y, si quiere, también las puede congelar. Mucha comida preparada acaba siendo mucho más cara. Quizá eso explique por qué, cuando Felice Jacka y sus colegas examinaron el coste de pasarse a una dieta saludable para el cerebro durante el estudio SMILES, descubrieron que los participantes en el estudio ahorraron un promedio de veinticinco dólares semanales al hacer la compra.

«Muchos de los alimentos que benefician al cerebro son bastante asequibles», explica Jacka. «Cuando hicimos un análisis de costes y estudiamos con detalle cuánto se gastaba la gente en comida cada mes, el promedio de lo que se gastaban antes de iniciar el estudio era superior al coste de la dieta que promovíamos. Nuestra dieta no solo era más saludable, sino también más barata.»

Entiendo muy bien que el coste sea una preocupación, sobre todo porque los alimentos frescos se estropean mucho antes que la comida procesada o las verduras en conserva. Sin embargo, muchos alimentos, como los cereales, el queso, los frutos secos o las legumbres, son más baratos cuando se compran enteros y a granel. Si puede acceder a tiendas de alimentación al por mayor, verá que su dinero da más de sí al comprar los alimentos básicos que han de integrar su despensa.

Un poco de preparación previa también lo ayudará a ahorrar. Si planifica la comida con antelación y aprovecha el fin de semana para cocinar los platos de la semana, podrá usar los productos frescos antes de que se pasen y sacar el máximo partido a las frutas y verduras frescas.

También podrá ahorrar si acude a tiendas fuera del circuito habitual de los supermercados. Muchos agricultores ofrecen cajas semanales de fruta y verdura fresca a precios razonables. Si ya las compra, sabrá cuantísima fruta y verdura pueden llegar a contener esas cajas. Muchas personas las compran junto con un amigo o familiar, de modo que la inversión resulta aún más asequible. Por otro lado, también hay empresas o supermercados que ofrecen a precios reducidos productos «imperfectos» o con una fecha de caducidad próxima. Por un 20 a 30 % menos que el precio de venta habitual, encontrará frutas y verduras que no ganarían ningún concurso de belleza pero que son tan frescas, saludables y deliciosas como sus compañeras más agradables a la vista.

Aunque es cierto que puede exigir cierto esfuerzo adicional, es posible comer para prevenir la depresión y la ansiedad sin arruinarse. Estoy convencido de que, una vez empiece a hacer sustituciones y cambios, verá que la cesta de la compra le cuesta más o menos lo mismo que ahora.

PREPARADOS PARA EMPEZAR

Lo diré de nuevo: la comida es complicada; comer es complicado. No es el único que ha de afrontar desafíos para modificar su alimentación en beneficio de su salud mental.

Antes de pasar al capítulo siguiente, reflexione acerca de los obstáculos a que se enfrenta en relación con las distintas categorías de alimentos. Piense en las decisiones que toma en la actualidad respecto a su alimentación y en por qué elige la comida que elige. Tanto la depresión como la ansiedad pueden cambiar la forma en la que pensamos sobre nosotros mismos y sobre nuestro entorno y, en consecuencia, sobre cómo nos alimentamos. Sin embargo, pensar en la comida no ha de generar miedo ni vergüenza; eso solo le complica la tarea de aplicar cambios en su alimentación.

Cuando reflexione acerca de las mejores maneras de incluir en su dieta alimentos de las distintas categorías para prevenir la depresión y la ansiedad, es esencial que evalúe detenidamente la situación de partida y, sobre todo, que piense a dónde quiere llegar. A continuación, hablaremos de su relación con la comida y de qué motiva sus decisiones acerca de la alimentación. Trabajar desde ese espacio de comprensión lo ayudará a decidir cómo hacer cambios saludables y sostenibles que promuevan una salud cerebral óptima en el futuro. Empecemos.

Capítulo 6: Recapitulemos

- La comida es complicada. Día tras día, a los consumidores se nos bombardea con información confusa, contradictoria y errónea acerca de qué deberíamos comer y qué no. Sin embargo, si el objetivo es comer para promover la salud mental, no hay una sola manera correcta de alimentarse.
- A medida que se acerca al plan de seis semanas del capítulo nueve, es importante que empiece a reflexionar acerca de algunas de las dificultades que deberá superar para añadir más alimentos cerebrosaludables a su dieta.

• Algunas de las preguntas más frecuentes acerca de comer para alimentar al cerebro son sobre los suplementos, las alergias alimentarias, los contaminantes en el pescado y el marisco, la carne y la salud cardiovascular, el azúcar, el ayuno, la cafeína y el coste económico de esta manera de comer.

Capítulo 7
COMER PARA CURARSE

LA NUTRICIÓN MÁS ALLÁ DE LOS NUTRIENTES: LECCIONES APRENDIDAS EN LA BRAIN FOOD CLINIC

La manera en que trato la depresión en mi consulta ha cambiado profundamente a lo largo de los últimos diez años. Todo se inició cuando se empezaron a acumular pruebas de que la comida es medicina y de que ayuda de verdad a promover la salud del cerebro y, por lo tanto, a prevenir y a tratar mejor los trastornos mentales. El modo en que usaba esta información fue evolucionando a medida que mis pacientes me explicaban las dificultades a las que se enfrentaban cuando intentaban modificar sus dietas. Eran bastantes y, si no las resolvían, no podían seguir avanzando.

Mi objetivo como psiquiatra es ayudar a las personas a desarrollar una actitud más alegre y nutritiva ante la comida. No me quiero limitar a pedirle que coma «mejor» o que añada unas hojas de kale al bocadillo del desayuno. No me puedo contentar con pedirle que haga algo, sino que es fundamental que invirtamos tiempo en reflexionar detenidamente acerca de los obstáculos que le podrían impedir alcanzar el objetivo de ser capaz de elegir alimentos saludables y de gran densidad nutricional. Por el camino, adquirirá también los conocimientos, las habilidades y la seguridad en sí mismo que necesita para prevenir la depresión y la ansiedad. Ese es el motivo por el que fundé la Brain Food Clinic en Nueva York. Quería añadir a los tratamientos más tradicionales pautas nutricionales basadas en la evidencia y tratamientos de psiquiatría integrativos para ayudar a mis pacientes a vivir vidas más dichosas y plenas.

En el capítulo anterior, hemos repasado algunas de las preguntas más habituales que me formulan tanto mis pacientes como el público ante el que hablo acerca de la importancia de elegir los alimentos adecuados para nutrir al cerebro. Tal y como he dicho ya en más de una ocasión, la comida es complicada y, lamentablemente, diversos factores provocan que muchos de nosotros la acabemos complicando aún más de lo necesario. Quizá comparta algunas de las dificultades que hemos abordado en las páginas anteriores o, quizá, se enfrente a sus propios obstáculos a la hora de modificar sus pautas de alimentación. Sea como sea, el siguiente paso para entender mejor la relación entre su alimentación y su salud mental, así como para identificar cómo, dónde y cuándo establecer objetivos específicos, asumibles y sostenibles para corregirlos, es invertir tiempo en evaluar cuidadosamente su relación personal con la comida. Cambiar está en su mano, en la de nadie más.

En mi consulta, los pacientes trabajan estrechamente conmigo o con mi compañera, Samantha Elkrief (psicoterapeuta, *coach* de salud y chef), para evaluar sus pautas de alimentación. Entonces, y a partir de lo que descubrimos juntos, diseñamos un plan de acción adecuado. El proceso de evaluación es una etapa crucial en el desarrollo de los planes de acción. Indagamos hasta el último detalle de lo que come el paciente, identificamos los alimentos que le gustan más y lo que ya hace bien e identificamos oportunidades para aplicar pequeños cambios positivos.

«Con frecuencia, el paciente ya dispone de la información que necesita para comer de un modo saludable para el cerebro, pero se queda atascado cuando llega el momento de la verdad y ha de cambiar las comidas o los tentempiés», explica Elkrief. «En muchos casos, el obstáculo no siempre es evidente, por lo que tenemos que formular las preguntas adecuadas y ayudarlo a llegar al punto en que dice: "Oh, ahora veo el patrón" o "No me había dado cuenta de que eso era un problema para mí". Para eso sirven las evaluaciones de este tipo.»

No es necesario que pida cita con nosotros para acceder a los beneficios de la evaluación nutricional. La puede llevar a cabo usted mismo, en casa, respondiendo a unas preguntas muy sencillas.

Cuando responda, recuerde que el objetivo del ejercicio no es ni juzgarlo ni hacer que se sienta avergonzado. El objetivo del cuestionario no es que se sienta mal ni, aún peor, que llegue a la conclusión de que está intentando algo imposible. De hecho, es justo lo contrario. El objetivo de la evaluación es explorar la relación que mantiene con la comida para ayudarlo a dar pequeños pasos en la dirección adecuada. El objetivo es avanzar, no alcanzar la perfección, y, aunque es importante tomar conciencia de las dificultades en relación con la comida y el cambio, lo fundamental es encontrar las herramientas y la motivación necesarias para hacer cambios inteligentes y mantenerlos a largo plazo.

Como ya he mencionado, con mucha frecuencia, los pacientes ya tienen una idea bastante acertada de los cambios que tendrían que hacer para mejorar su alimentación. Confíe en su instinto. Sin embargo, también hay veces en que las dificultades no son tan evidentes. Este capítulo lo ayudará a reflexionar acerca de lo que se podría estar interponiendo en su camino y también a poner nombre a los obstáculos. De este modo, se asegurará de haberlos corregido antes de comenzar el plan de seis semanas del capítulo nueve.

La comida es complicada, pero la evaluación nutricional no tiene por qué serlo. Responda a las preguntas con honestidad y luego repase qué come cada día. Es muy posible que su manera de pensar respecto a la comida cambie una vez se acostumbre a tomar nota de todo lo que come. Entonces, le será más fácil identificar las pautas de alimentación que ya funcionan bien en sus hábitos actuales, así como las que merecería la pena cambiar. A continuación, adquiera las habilidades que necesite y defina objetivos pequeños y específicos que lo ayuden a llegar a donde quiere ir. Recuerde: el objetivo es avanzar, no alcanzar la perfección. Comer para prevenir la depresión y la ansiedad es algo que se hace plato a plato, alimento a alimento, bocado a bocado.

¿POR QUÉ ESTÁ AQUÍ?

Si ha elegido este libro es por algo. Eso es lo primero sobre lo que quiero que reflexione para empezar a prepararse para el plan de seis semanas. En el ámbito de la psiquiatría, hablamos de determinar el «motivo de consulta» del paciente. Responda a las siguientes preguntas:

- ¿Usted o alguno de sus seres queridos ha sido diagnosticado de depresión o ansiedad?
- De ser así, ¿cuáles son los síntomas principales?
- ¿Qué es lo que más le preocupa acerca de la prevención o el manejo de los síntomas asociados a esos trastornos?
- ¿Qué es lo que más le preocupa acerca de su salud mental y cuándo se empezó a preocupar por ella?
- ¿Qué le provoca más malestar y lo ha motivado a querer cambiar las cosas?
- Si la comida lo pudiera ayudar a combatir la depresión y la ansiedad, ¿cómo cree que sería?

¿Recuerda a Pete, el joven de veintitantos años que vino a mi consulta por su depresión recurrente? Es posible que, desde fuera, muchas personas hubieran pensado que lo que más malestar le causaba era haber tenido que volver a casa de sus padres o estar en paro. Desde fuera, podría parecer que no haber podido arrancar en la vida es una causa importante de frustración. Sin embargo, el motivo principal que trajo a Pete a mi consulta fue cómo se sentía por dentro («decaído y pesimista» la mayor parte del tiempo). Su objetivo principal era recuperar los niveles de energía, encontrar placer en las actividades con las que antes disfrutaba y, en pocas palabras, encontrarse mejor.

«Es que apenas tengo energía para hacer nada», dijo. «A veces me da la sensación de que nada de lo que antes me gustaba merece la pena ya. Me gustaría que eso cambiase.»

Tanto si, como Pete, quiere aumentar sus niveles de energía como si su objetivo es alimentar mejor a su familia, entender por qué quiere cambiar lo ayudará a identificar las mejores maneras de conseguirlo. También lo ayudará a identificar los posibles obstáculos a los que se puede enfrentar a la hora de incluir más categorías de alimentos en la planificación de sus comidas.

¿CÓMO ES SU RELACIÓN CON LA COMIDA?

Es posible que, si de niño lo apuntaron a la fuerza al club de «hay que dejar el plato limpio», ahora tenga la sensación de que no ha terminado de comer hasta que no está completamente lleno. También es posible que la comida sea un elemento muy importante en la cultura en la que creció. O tal vez asocie un gran plato de pasta o un bizcocho recién hecho a una sensación de bienestar. Puede ser que haya crecido en una familia donde se cocina desde cero y que la mera idea de comer algo salido de una caja le produzca náuseas. También podría ser que, por el contrario, creciera en una familia donde se esperaba que se preparara la comida usted mismo mientras sus padres trabajaban y que, ahora, su mayor habilidad culinaria sea la de pulsar el botón del microondas. Todos y cada uno de nosotros mantenemos una relación personal con la comida, una relación que desempeña un papel crucial en cómo nos alimentamos.

Como recordará, Susan creció comiendo ensaladas muy básicas elaboradas con lechuga iceberg. Le dijeron que eran saludables y que la ayudarían a mantener el peso bajo control. Cuando reflexionó sobre la relación que mantenía con la comida, se dio cuenta de que mucho de lo que hacía tenía que ver con privaciones de algún tipo y que eso había afectado a la ansiedad y las preocupaciones que sufría. La idea de que había una manera «correcta» de comer también le causaba dificultades, porque creía que, en general, lo estaba haciendo mal. A medida que hablamos acerca de su relación con la comida, descubrí otra cosa acerca de Susan. Su madre no cocinaba y, por tanto, ella tampoco había dedicado demasiado tiempo a aprender a cocinar. Se sentía muy insegura en todo lo relacionado con la cocina, incluso respecto a las habilidades más básicas.

«Si le soy sincera, pedimos mucha comida para llevar. Soy capaz de calentar comida, claro. Y también sé cortar verduras, pero mis habilidades terminan ahí», confesó.

Entender este aspecto de su relación con la comida ayudó a Susan a dar sus primeros pasos con cambios sencillos que no le generaron estrés adicional. No hay que ser especialmente habilidoso para poner algo de fruta, hojas verdes y kéfir en un robot de cocina y preparar un batido rico en nutrientes. Cocer huevos también estaba al alcance de sus habilidades. Y, como ya estaba acostumbrada a cortar verduras, también era más que capaz de preparar un pesto rico en ácido fólico que tanto ella como su familia encontraron delicioso.

Responder a las siguientes preguntas lo ayudará a reflexionar acerca de su relación con la comida. (Nota: nuestros pacientes responden mejor a las preguntas cuando invierten tiempo en escribir sobre ellas.)

- ¿Cómo era la comida durante su infancia?
- ¿Comía en familia? ¿Qué significaba eso para usted?
- ¿Qué tipo de platos se preparaban en su familia? ¿Los preparaban juntos?
- ¿Dónde come ahora? ¿En el trabajo? ¿En la escuela? ¿Se prepara usted mismo la comida o lo hace su pareja u otra persona?
- ¿Le gusta cocinar?
- ¿Le gusta comer en restaurantes?
- ¿Qué porcentaje de todo lo que come es comida casera? ¿Con cuánta frecuencia sale a comer o a cenar fuera?
- ¿Cuáles son sus platos de referencia? ¿Qué platos y alimentos lo satisfacen más? ¿Qué platos o alimentos lo consuelan más?
- ¿Qué le parece comprar alimentos saludables en el supermercado?
- ¿Cómo se le da cocinar?
- ¿Por dónde le gustaría empezar a mejorar su relación con la comida? ¿Qué habilidad culinaria le gustaría adquirir o mejorar?

Responder a estas preguntas lo ayudará a entender su historia y sus hábitos de alimentación y a identificar áreas por las que empezar a cambiar su relación con la comida. De este modo, podrá identificar dificultades asociadas a sus hábitos de alimentación que, quizá, le han pasado desapercibidas hasta ahora. Sin embargo, lo más importante es que podrá identificar oportunidades de cambio.

Con frecuencia, nuestra historia identifica nuestras zonas de confort. Por ejemplo, si de niño le ofrecieron comida muy variada, es probable que ahora le resulte más fácil probar cosas nuevas. Si ha crecido comiendo siempre lo mismo, tal vez no sea consciente de que hay otras maneras mejores de preparar la comida. Es posible que la verdura congelada que preparaba su madre no le gustara mucho pero que, al probar unas maravillosas coles de Bruselas asadas, descubra que, en realidad, la verdura le encanta. Si entiende de dónde viene, identificará y creará oportunidades de cambio y se sentirá más seguro a la hora de dar los pequeños pasos necesarios para ponerlas en práctica.

¿CUÁL ES SU PAUTA DE ALIMENTACIÓN?

El objetivo de entender su pauta de alimentación actual es que tome conciencia de lo que come de forma habitual. Responda a las siguientes preguntas:

- ¿Cómo es su desayuno típico?
- ¿Cómo es su almuerzo típico?
- ¿Cómo es su cena típica?
- ¿Picotea durante el día? De ser así, ¿qué suele picar?
- ¿Hace varias comidas pequeñas a lo largo del día o tres comidas principales y ya está?
- ¿Cuál es su comida preferida?
- ¿Qué comida no le gusta?
- ¿Qué suele beber? ¿Qué bebe cada día?

- ¿Tiene alguna alergia o intolerancia alimentaria?
- ¿Y alguna aversión intensa?
- ¿Qué categorías de alimentos protagonizan su dieta? ¿En qué áreas ya ha tenido éxito?

Aunque tal vez crea que puede responder de memoria a todas estas preguntas, la experiencia nos dice que, cuando recurrimos exclusivamente a la memoria, es muy fácil que pasemos por alto pautas u obstáculos importantes. Le recomiendo encarecidamente que, antes de responder, registre en un diario todo lo que coma durante al menos una semana. Hágase con una libreta donde anotar todo lo que come y añadir observaciones. Piense en ello durante el viaje de ida y vuelta al trabajo o use una de las múltiples aplicaciones diseñadas para registrar lo que se come y que puede descargar en el móvil o en el dispositivo electrónico que prefiera. En nuestra clínica, recomendamos a nuestros pacientes que identifiquen el método que les resulte más fácil para llevar un registro completo y preciso de lo que comen. Es importante no darle demasiadas vueltas.

Después de cada comida o tentempié, escriba exactamente qué y cómo ha comido. Sea honesto: recuerde que el objetivo del ejercicio es entender cuándo y qué come, porque esta información lo ayudará a identificar áreas de mejora. No se trata de juzgarle ni de hacer que se sienta mal. Se trata de que sepa dónde está ahora. En la práctica clínica vemos que, con mucha frecuencia, este registro de alimentación inicial ayuda a los pacientes a tomar conciencia de sus hábitos. Esta información, sumada a unas cuantas notas acerca de la calidad del sueño y de una puntuación del uno al diez del estado de ánimo y del nivel de ansiedad durante el día, le será muy útil. A continuación, tiene un ejemplo muy sencillo de registro de alimentación para ayudarlo a comenzar.

Los patrones se harán más evidentes si invierte el tiempo necesario para documentar todo lo que come durante una semana. Es posible que se dé cuenta de que a media tarde se queda sin energía y recurre automáticamente a las bolsas de patatas fritas o los tentempiés azuca-

REGISTRO DE ALIMENTACIÓN

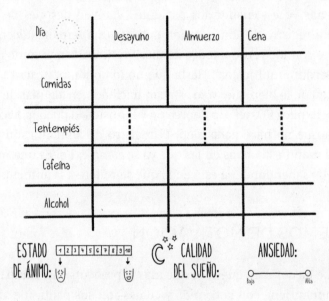

Día	Desayuno	Almuerzo	Cena
Comidas			
Tentempiés			
Cafeína			
Alcohol			

ESTADO DE ÁNIMO: 1 2 3 4 5 6 7 8 9 10

CALIDAD DEL SUEÑO:

ANSIEDAD: Baja — Alta

rados que le ofrece la máquina de comida del trabajo. Es una oportunidad magnífica para aplicar una sustitución. Si detecta este desplome de energía a media tarde, asegúrese de llevar consigo un puñado de frutos secos o una pieza de fruta. También puede ser que se dé cuenta de que, cuando se le hace tarde por la mañana, acaba comprando un dónut de camino al trabajo. Tener huevos duros en el frigorífico le permitirá acceder a un desayuno rico en proteínas por mucha prisa que tenga.

Quizá detecte que la lasaña lo llama a gritos hacia el final de la semana. Tal vez sea una comida de consuelo y no pasa nada. Es un plato que le gusta y está bien. Sin embargo, también es una oportunidad de cambio. Le encanta la lasaña. De acuerdo. ¿Puede añadirle verduras? ¿Puede añadir más nutrientes beneficiosos para el cerebro? Tomar conciencia de que se trata de un plato importante para usted le da algo sobre lo que pensar y con lo que trabajar.

Escribir sirve para mucho más que para buscar áreas de mejora. También le ofrece la posibilidad de documentar y celebrar todo lo que ya está haciendo bien para prevenir la depresión y la ansiedad.

«Muchas veces, cuando los pacientes vuelven después de haber llevado un registro de alimentación durante una semana, dicen cosas como "¡He comido verdura todos los días!" o "Resulta que como mucha fruta y verdura multicolor". Hasta que no lo ponen por escrito, no se dan cuenta de lo bien que ya lo estaban haciendo en algunas de las categorías», explica Elkrief. «La depresión y la ansiedad pueden hacer que uno crea que no hace nada bien. El registro de alimentación puede poner de manifiesto áreas en las que ya se tiene éxito. Es una manera tangible de saber dónde se está en lo que se refiere a la alimentación.»

HABLEMOS DE MOTIVACIÓN

Ahora que ha definido qué es lo que más le preocupa, así como la relación que mantiene con la comida y cuáles son sus pautas de alimentación, ha llegado la hora de reflexionar acerca de sus motivaciones para el cambio. ¿Qué lo motiva en realidad?

Los psicólogos acostumbran a hablar de motivación intrínseca y extrínseca. La motivación intrínseca consiste en hacer cambios porque nos recompensan directamente de una manera u otra. La motivación extrínseca consiste en hacer cambios por un motivo externo a nosotros, como evitar un castigo o conseguir un premio.

Pregúntese qué lo motiva a comer para prevenir la depresión y la ansiedad. ¿Cuál es su objetivo último?

Modificar las pautas de alimentación no es tarea fácil. Creo que hemos hablado lo suficiente acerca de las dificultades que entraña para que no quepa duda de ello. Sin embargo, también hemos dejado muy clara otra cosa: es absolutamente factible. Dicho esto, es mucho más fácil hacerlo cuando la motivación es intrínseca, es decir, cuando los motivos que nos llevan a querer cambiar tienen que ver con nosotros mismos.

«Es muy habitual desanimarse cuando se empiezan a hacer cambios en la dieta», dice Elkrief. «Por eso es tan importante conectar de verdad con lo que queremos hacer y con los motivos por los que queremos hacerlo. Hacer algo porque realmente creemos en ello, porque nos sentimos conectados con ello y porque nos parece valioso de verdad promueve un cambio duradero y sostenible. Por lo tanto, entender por qué queremos cambiar (asumir lo que nos arrebatan la depresión y la ansiedad) nos ayuda a no cejar en el empeño.»

Es importante que la motivación sea más potente que los obstáculos a los que nos enfrentamos, porque eso nos ayudará a seguir adelante a pesar de los tropiezos. Y puede estar seguro de que tropezará, como siempre que se acomete una empresa nueva.

Nuestro objetivo es ayudar a las personas a avanzar. Hay quien acude a nosotros dispuesto a cambiar por completo su alimentación, pero ese no es un objetivo realista para la mayoría de las personas. Es más efectivo avanzar poco a poco, paso a paso, desde la conciencia de que se trata de ascender por una curva de aprendizaje. La motivación ha de ser lo bastante fuerte para no rendirse ante los inevitables obstáculos y tropiezos, para aprender de la experiencia y para volver a intentarlo.

Acepte que se trata de un proceso de aprendizaje. Los errores no son fracasos, son lecciones. Le podría contar mil y una historias acerca de los errores que yo mismo he cometido con la comida. Cuando empecé a añadir pescado y marisco a mi dieta, hubo más de uno (y de dos) platos con un sabor muy raro y pasado de cocción. De hecho, aún los hay. La primera vez que me atreví con los buñuelos de bacalao, el olor a pescado frito me resultó tan intenso que me teletransportó a la cafetería del instituto. Sin embargo, los errores me ayudaron a adquirir conocimiento y seguridad en mí mismo. Descubrí cómo me gusta preparar el pescado (y cómo conseguir que mis hijos se lo coman). Y, a medida que iba aprendiendo lo que no debía hacer, me fui sintiendo cada vez más seguro a la hora de incluir el pescado y el marisco en la planificación de los menús de la semana. Me hubiera sido imposible conseguirlo sin la ayuda de la multitud de errores que cometí. Muy pronto, usted también se dará cuenta de que los errores están ahí para guiarlo.

OBJETIVOS PARA EL ÉXITO

Tal y como dice Elkrief, comer para prevenir la depresión y la ansiedad no consiste en cambiar su dieta de arriba abajo. No sería un objetivo factible para la mayoría de las personas. De lo que se trata es de aplicar cambios pequeños y sostenidos que permitan añadir más de los alimentos densos en nutrientes que integran las distintas categorías que ayudan al cerebro a activar la plasticidad y el modo de crecimiento. Recuerde que todos los viajes comienzan por un primer paso. Del mismo modo, aprender a cambiar la dieta comienza por un primer bocado.

Los expertos en gestión de empresas hablan de plantear objetivos SMART (inteligentes) para ayudar a las empresas a crecer y a mantenerse. Nos enseñan que, a la hora de plantear objetivos, es fundamental que se trate de objetivos específicos (S), medibles (M), alcanzables (A), realistas (R) y con un tiempo delimitado (T).[1] Lo mismo sucede cuando hablamos de hábitos de alimentación. Completar la autoevaluación lo ayudará a determinar cuáles deberían ser sus objetivos SMART y lo preparará para el éxito.

Por ejemplo, es posible que la autoevaluación lo haya ayudado a tomar conciencia de que ha de aumentar el consumo de verduras de hoja verde y que también le haya señalado algunos aspectos que podría mejorar para conseguir tomar un desayuno saludable. Tiene ante usted una oportunidad fantástica para comenzar a hacer cambios. Ahora que dispone de esta información, se puede plantear el objetivo de añadir su verdura preferida a los desayunos durante la semana de verduras de hoja verde del plan de seis semanas. El lunes, las añadirá a un batido usando la fórmula del batido cerebrosaludable de la página 265. El miércoles, las usará en una tortilla o una quiche. El viernes, se hará con un cuchillo con el que trocear las verduras y añadirlas a su pasta preferida. Son objetivos específicos, medibles, alcanzables, realistas y delimitados en el tiempo. Son objetivos fáciles de instaurar y de cumplir. Y, de paso, acumulará el conocimiento, la habilidad y la seguridad que necesita para seguir añadiendo cada vez más verduras a sus platos.

Una vez haya identificado las oportunidades de cambio, plantéese objetivos pequeños y específicos. Luego, cuando los alcance, celébrelo. Aunque es fácil pasar por alto las pequeñas victorias cuando se sufre de depresión o de ansiedad, se ha de asegurar de celebrar todos los objetivos a medida que los vaya alcanzando; es una manera de entrenar al cerebro para que preste atención a los éxitos y de reforzar la motivación para seguir haciendo cambios positivos.

Aunque la comida puede ser complicada, comer para prevenir la depresión y la ansiedad no tiene por qué serlo. No es necesario que deje de comer lo que le gusta. No es necesario que se aprenda todo un libro de recetas saludables para el cerebro. Solo ha de identificar dónde, cuándo y cómo puede añadir más alimentos de alta densidad nutricional a los platos que ya disfruta con regularidad. Plantéese objetivos asequibles y, a medida que vaya sumando pequeñas victorias, muy pronto se dará cuenta de que ha construido una base sólida sobre la que realizar cambios duraderos y amplios que refuercen significativamente su estado de ánimo y su nivel de ansiedad.

EL PODER SOLO RESIDE EN USTED

Elkrief y yo hemos aprendido que, para instaurar cambios saludables y sostenidos en las pautas de alimentación, hace falta algo más que tener una lista de alimentos o de nutrientes cerebrosaludables. También hay que examinar a fondo la relación de la persona con la comida, sus pautas de alimentación, sus dificultades específicas y su motivación. Sin esa información, no solo será más difícil determinar los cambios pequeños y sostenibles que pueden ayudarlo a establecer una conexión mejor y más nutritiva con la comida, sino que también tendrá más dificultades para desarrollar las habilidades necesarias para traducir los pequeños logros en victorias más importantes y a largo plazo.

Recuerde que no hay una sola manera de conseguirlo. No hay planes de alimentación ni protocolos estrictos. La clave reside en tomar conciencia de sus hábitos de alimentación, en entenderlos de verdad y en tratarse con compasión mientras se esfuerza para encontrarse mejor.

Hay personas que se preocupan porque creen que en seis semanas no se puede cambiar. Otras intentan hacer demasiados cambios en una misma semana y se acaban quemando. Por lo tanto, permítame que le recuerde que el poder para curarse solo reside en usted. Decida como decida abordar el plan (y cometa los errores que cometa por el camino), lo que haga estará bien. Y siempre tiene la posibilidad de volver a la casilla de salida y volver a empezar. De todos modos, invertir tiempo en reflexionar sobre cuáles son sus rasgos como comensal (y los obstáculos a los que se enfrenta) lo ayudará a conseguir sus objetivos. Ser consciente de la relación que mantiene con la comida le permitirá sentirse más competente y seguro de sí mismo y, al mismo tiempo, estará alimentando a su cerebro con los nutrientes que necesita para funcionar a su máximo nivel. De este modo, pondrá los cimientos para empezar a comer para prevenir la depresión y la ansiedad.

Capítulo 7: Recapitulemos

- Para prepararse para el plan de seis semanas que encontrará en el capítulo 9, reflexione acerca de por qué quiere modificar sus hábitos de alimentación. ¿Qué es lo que más le preocupa de su salud mental o de la de sus seres queridos?
- Reflexione acerca de la relación que mantiene con la comida. ¿Cómo era la comida durante su infancia? ¿Le gusta cocinar? ¿Cuáles son sus alimentos de referencia?
- Durante una semana, lleve un registro como el que ha visto en este capítulo para entender mejor sus pautas de alimentación actuales. ¿Cómo son sus menús típicos? ¿Cómo y cuándo picotea? ¿Cuáles

son las emociones más fuertes que le suscita la comida? ¿Cómo puntuaría su estado de ánimo y su nivel de ansiedad?

- Antes de comenzar con el plan, es importante que defina objetivos SMART (objetivos específicos, medibles, alcanzables, realistas y delimitados en el tiempo). ¿Qué objetivos se puede fijar semana a semana para ir acumulando pequeños logros que lo conduzcan al éxito a largo plazo?

- Recuerde que el poder de cambiar su alimentación reside en su interior. No hay planes de comidas estrictos ni protocolos específicos. Si invierte el tiempo necesario en entender su historia y sus hábitos, partirá con ventaja y podrá acometer el plan de las seis semanas con competencia y seguridad en sí mismo.

Capítulo 8
LA COCINA

LLENE LA DESPENSA Y PREPARE EL ESPACIO DE TRABAJO PARA EMPEZAR A ALIMENTAR SU SALUD MENTAL

Yogi Berra, el célebre jugador de béisbol de los New York Yankees, dijo una vez: «El 90 % del juego es un 50 % mental». Aunque se refería al béisbol, esa misma fórmula es aplicable a cualquier objetivo que uno se plantee y quiera lograr en la vida. En los dos capítulos anteriores, ha leído sobre cómo prepararse para afrontar los aspectos mentales del proceso de cambiar sus pautas de alimentación. Reflexionar acerca de los obstáculos más habituales que plantea la alimentación actual y llevar a cabo una autoevaluación sobre hábitos de alimentación le habrá ayudado a identificar lo que, hasta ahora, le ha impedido añadir más alimentos saludables para el cerebro a su dieta, así como las áreas donde puede empezar a hacer sustituciones sencillas y añadir opciones con mayor densidad nutricional.

El siguiente paso (convertir la cocina en un espacio de trabajo positivo y facilitador) es muy sencillo. Con demasiada frecuencia, permitimos que el tiempo que nos lleva hacer la compra y preparar la comida se convierta en una barrera en el camino hacia la salud mental. A veces, también nos dejamos intimidar por la falta de experiencia o de habilidades en la cocina. He perdido la cuenta de las personas a las que he conocido y que estaban convencidas de que eran incapaces de cocinar y que, con un poco de tiempo y algo de práctica, se han convertido en verdaderas expertas de la nutrición cerebrosaludable. En pocas palabras: basta con adoptar la actitud adecuada y tener algunos utensilios básicos e ingredientes funda-mentales en la despensa para planificar y elaborar las comidas de forma consciente y con mayor eficiencia. Una parte importante del camino que debe recorrer consiste en organizar un lugar de trabajo en el que le resulte fácil preparar sus platos preferidos con alimentos de distintas categorías.

En este capítulo, le presentaré los utensilios, las especias y las téc-nicas básicas que pueden ayudarlo a ser más eficiente en la cocina para abordar después con mayor seguridad el plan de seis semanas. Ejercitar sus habilidades culinarias le permitirá disfrutar de la cocina sin preocupaciones, lo cual lo ayudará a mantener un estilo de vida y una alimentación nutritiva para la salud mental a largo plazo. Tam-bién es muy posible que a medida que vaya acumulando experiencia se anime a probar recetas y alimentos nuevos.

Hay muchos motivos que explican por qué hay tanta gente que no come de una forma beneficiosa para la salud mental. Seguramente, usted mismo habrá descubierto algunos de ellos mientras respondía a las preguntas de la autoevaluación. Quizá lleve una vida muy ajetrea-da y le parece que no tiene tiempo para cocinar. Quizá le intimide la idea de tener que pensar en elaborar un plato. O, quizá, por dónde y cómo vive, le resulte especialmente difícil acceder a la fruta y la ver-dura fresca que necesita. Por supuesto, el coste es otro de los factores que hay que tener en cuenta.

Comer de un modo saludable y económico puede parecer más complicado de lo que es en realidad. Es posible que, debido a sus sín-tomas, hasta ahora haya carecido de la motivación o la energía nece-sarias para empezar. Sean cuales sean sus motivos, organizar un espa-cio adecuado en la cocina (abordar la parte física de la fórmula del éxito de Yogi Berra) lo ayudará a comenzar y a perseverar en el plan de seis semanas. Comencemos.

¿QUÉ HAY EN SU COCINA?

Lo primero es evaluar la situación actual. Observe bien su cocina y haga un inventario mental de lo que contienen los armarios, los cajones y la despensa. ¿Qué tipos de alimentos tiene más a mano? (Por ejemplo, ¿cuáles son los tentempiés a los que acude con más frecuencia y dónde están?) ¿Qué hay en los rincones más ocultos del congelador? ¿Y en la puerta del frigorífico? ¿Qué utensilios y aparatos habitan en los cajones y armarios de su cocina? ¿Cuáles usa con más frecuencia? ¿Qué otros no han visto la luz del día desde hace bastante tiempo? ¿Con qué aparatos cuenta? ¿Qué comida tiene almacenada? ¿Tiene hierbas aromáticas y especias? ¿Están cerca de la encimera?

Ha de hacerse una composición de lugar de con qué puede empezar a trabajar y que elimine lo que ya no necesite. Aunque es posible que la idea de reorganizar la cocina le atraiga tanto como hacer la declaración de la renta, puede ser una manera fantástica de empezar a preparar el espacio de trabajo que necesita para lograr el éxito. ¿Esa carne misteriosa escondida en el fondo del cajón del congelador? Seguramente ya está estropeada y lo único que hace es robar espacio vital a los frutos del bosque, las verduras o el pescado que podría congelar en su lugar. ¿Esas bolsas de patatas o de tentempiés salados que ocupan el espacio más accesible en el armario? Parece un lugar ideal donde guardar frutos secos, semillas y otros alimentos cerebrosaludables y transformarlos en sus tentempiés de referencia cuando le entre el gusanillo. Si se hace cargo de la situación actual, podrá decidir cómo reconfigurar su cocina y generar la eficiencia funcional que lo ayudará a aplicar el plan de seis semanas.

No permita que la idea de tener que organizar la cocina lo estrese. No es necesario que lo haga todo de golpe y tampoco ha de ser un motivo de preocupación. Por ejemplo, cuando comience con el plan, dedique diez minutos diarios a organizar la cocina. El primer día, tire toda la comida que lleve demasiado tiempo en el frigorífico. El segundo día, repase los cajones, deshágase de los trastos que ya no use y ponga los utensilios más habituales en el mismo sitio. Puede dedicar el tercer día a revisar la despensa y el cuarto a organizar las especias. En una semana o dos y sin apenas darse cuenta, habrá hecho todo lo necesario para optimizar el espacio de trabajo y facilitarse la tarea de comer para prevenir la depresión y la ansiedad.

Recuerde que cualquier viaje comienza por un primer paso. Al contrario de lo que se suele creer, no necesita ni mucho espacio ni multitud de aparatos para tener una cocina práctica y útil. La clave reside en organizarse para poder encontrar con facilidad lo que sea

UTENSILIOS DE COCINA

PELADOR DE VERDURAS

PINZAS

RALLADOR

OLLA A PRESIÓN

CUCHILLO AFILADO

COLADOR DE ACERO INOXIDABLE

TIJERAS DE COCINA

TABLAS DE CORTAR

TETERA

BATIDORA

RECIPIENTES DE VIDRIO

SARTENES DE ACERO INOXIDABLE

BANDEJA DE HORNO

que necesite cuando quiera que lo necesite. Una vez cuente con un espacio más funcional, verá que sentar las bases para comer para prevenir la ansiedad y la depresión solo requiere unos cuantos utensilios básicos, algunas especias y hierbas aromáticas interesantes y la voluntad de añadir a su dieta más alimentos con mayor densidad nutricional.

REÚNA LOS UTENSILIOS ESENCIALES

Reunir los utensilios adecuados que le faciliten la tarea de comer para prevenir la depresión y la ansiedad es más fácil de lo que seguramente piense. A continuación, voy a enumerar algunos de los que puede utilizar para elaborar las recetas que encontrará en el capítulo siguiente. De todos modos, no los necesita todos, y ni siquiera la mayoría, para tener éxito en su empresa. Los utensilios más básicos se reducen a un cuchillo de calidad, un colador metálico, una tabla de cortar, una cazuela, una sartén y el deseo de comer comida más saludable para el cerebro.

A medida que avance, tal vez quiera invertir en algunos artículos adicionales para preparar más recetas de las que componen el plan de seis semanas.

He aquí los utensilios de cocina que le recomiendo para empezar:

- **Pinzas.** Tener unas pinzas de cocina que se abran y cierren con facilidad le resultará útil para preparar desde ensaladas básicas a salteados deliciosos. Elija pinzas aptas para lavavajillas para que le resulte más fácil limpiarlas después de haberlas usado.
- **Tablas de cortar.** Es prácticamente imposible equivocarse con una tabla de cortar. Aunque, personalmente, prefiero la sensación y la imagen de las tablas de madera, las de plástico son asequibles, aptas para lavavajillas y mantienen limpias las superficies de trabajo. Contar con varias tablas de cortar le facilitará la tarea de preparar la comida sea cual sea el menú. De to-

dos modos, si ya tiene una de madera, no le hace falta más. Le basta y le sobra para lo que ha de hacer.

- **Pelador de verduras.** Un buen pelador hace más que pelar patatas y zanahorias: también puede ayudarlo a preparar tallarines de calabacín; pelar frutas con cáscaras más duras, como los cítricos o el mango; y lascar mantequilla fría o queso. Lávelo a mano con agua templada y jabón para proteger las cuchillas y que siga cortando lo mejor posible.

- **Cuchillos.** Encontrará muchos tipos de cuchillos distintos y de todos los precios en la mayoría de las tiendas. La clave reside en encontrar un cuchillo con el que se sienta cómodo, porque lo usará a diario, y en mantenerlo siempre bien afilado. Hágase con un cuchillo de mondar resistente (o dos), un cuchillo de chef de veinte centímetros y un cuchillo con sierra de veinticinco centímetros para el pan. Contar con los cuchillos adecuados le facilitará muchísimo la tarea de trocear, picar y cortar en dados o en láminas como un verdadero profesional. Si los lava siempre a mano, se mantendrán afilados durante más tiempo.

- **Abridor de ostras.** Se trata de un cuchillo especial para abrir ostras y otros moluscos. Elija uno con un mango sólido y que le proporcione un buen agarre, para que pueda acceder a sus moluscos preferidos con facilidad y sin poner en peligro sus manos.

- **Rallador.** Tanto si se trata de un rallador de caja clásico como de un sencillo rallador Microplane, le permitirá rallar lo que se proponga, desde ajo o queso pasando por la piel de los cítricos. La mayoría de los ralladores son aptos para lavavajillas, lo que facilita mucho su limpieza.

- **Colador de acero inoxidable.** Este es uno de los utensilios que más uso en la cocina. Un colador básico le resultará útil tanto para lavar sus frutas y verduras preferidas como para colar pasta. Créame. Cuando tenga uno, se preguntará cómo ha podido vivir sin él hasta ahora.

- **Tijeras de cocina.** Con unas tijeras de cocina bien afiladas podrá cortar desde hierbas aromáticas frescas a pechugas de pollo.

Elíjalas con cuchillas de acero inoxidable aptas para lavavajillas. Algunas incluso se pueden desmontar para limpiarlas con más facilidad.

- **Batidora o robot de cocina.** Si quiere abreviar la tarea de trocear, cortar en dados o triturar, no hay nada mejor que una batidora de vaso potente. Aunque es innegable que las minipicadoras (para raciones únicas), las batidoras de mano (para triturar sopas o batidos directamente en el recipiente) o los robots de cocina (los expertos en laminar y cortar en dados o en juliana) tienen su utilidad, las batidoras de vaso más grandes pueden asumir muchas de las tareas que los aparatos anteriores adoptan por separado. Aunque algunas, como la Vitamix o la Blendtec, pueden ser caras, también hay opciones más asequibles. Invierta en la más potente y robusta que se pueda permitir para cambiar la manera en que prepara sopas, batidos, pestos y salsas.

- **Sartenes de acero inoxidable.** Aunque puede comprar uno de los múltiples juegos de sartenes que hay en el mercado, solo necesita una grande y otra pequeña para elaborar sus platos preferidos, ya sean salteados, fritos o guisados. Si quiere ir más lejos, añada una sartén de hierro fundido a sus utensilios. Aunque limpiarlas y secarlas exige algo más de trabajo, las podrá usar tanto sobre los fogones como en el horno y son una manera fantástica de que los vegetarianos obtengan un poco más de hierro.

- **Bandeja de horno.** ¡Las bandejas de horno sirven para mucho más que para hornear galletas! Además de ser extraordinariamente asequible, una bandeja de horno con borde alto lo ayudará a preparar comida para toda la semana. Si es de acero inoxidable, limpiarla le resultará mucho más fácil, porque la puede meter directamente en el lavavajillas.

- **Olla de cocción lenta, olla arrocera u olla multifunción programable.** ¿Se ha fijado ya en que todos sus amigos se han hecho con una olla multifunción programable durante los últimos años? Esta olla multifuncional sustituye a la olla de cocción lenta, la vaporera, la olla arrocera y a la freidora por aire. Solo hay que meter unos cuantos ingredientes y confiar en que la olla haga el resto. Si no se quiere subir al carro de las ollas multifunción, le recomiendo encarecidamente que, al menos, se haga con una olla arrocera o con una olla de cocción lenta. Son dos de mis utensilios de cocina preferidos. Con la olla arrocera, el arroz y otros granos quedarán siempre al punto y las ollas de cocción lenta son fantásticas para platos sencillos y preparados en un solo recipiente, como el caldo de pollo y verduras o el chile, tan apetecibles en los fríos días de invierno.

- **Recipientes de vidrio.** Aunque son muchos los que utilizan recipientes de plástico, yo recomiendo los de vidrio, por varios motivos. En primer lugar, es más fácil ver qué hay en el frigorífico o el congelador. ¡Basta de misteriosos restos opacos! Además, los recipientes de vidrio son más respetuosos con el medio ambiente, conservan el calor mejor que los de plástico y no desprenden sustancias tóxicas que acaban en la comida como hacen los de plástico.

CONDIMENTOS Y ALIMENTOS BÁSICOS SALUDABLES

Ahora que ya ha puesto orden en sus utensilios, ha llegado el momento de hacer lo mismo con la despensa. Muchas personas tienen los armarios de la cocina llenos de productos procesados y ricos en azúcar. Si esos son los productos que hay en su despensa, no tiene dónde poner los alimentos nutricionalmente densos que ayudarán a su cerebro a entrar en modo de crecimiento. Sustituya toda esa comida basura por cereales, legumbres y otros ingredientes frescos y congelados para asegurarse de tener siempre a su alcance una amplia variedad de alimentos saludables para el cerebro entre los que elegir.

Cereales

Entiendo que hay veces en las que solo apetece una buena tostada. Sin embargo, si mira más allá de los productos horneados de siempre descubrirá todo un mundo de cereales con los que enriquecer sus platos y aumentar la diversidad de fitonutrientes de su dieta. Si sustituye la harina de trigo refinada de blanco níveo que se usa habitualmente en el pan blanco y las pastas básicas por los hidratos de carbono más complejos que encontrará en los cereales integrales, satisfará el anhelo de hidratos al tiempo que obtiene más de los nutrientes cerebrosaludables que tanto necesita. A continuación, encontrará unos cuantos cereales entre los que elegir.

- **Arroz.** Si hay tantas culturas que dependen de estos granos para elaborar los platos básicos de su gastronomía, es por algo: el arroz es un ingrediente sencillo, versátil y sabroso. Aunque es muy posible que conozca sobre todo el arroz blanco, que se produce «puliendo» o eliminando la capa exterior de la semilla, el arroz integral, el arroz salvaje y el arroz negro (todos ellos con la capa exterior intacta) ofrecen más densidad nutricional y contienen tiamina, la vitamina B1 esencial para el cerebro. Use la olla multifunción o la arrocera y añada este grano a verduras de hoja verde o multicolores y a un filete de salmón y tendrá un plato nutritivo sin la menor complicación. Lea la receta del kimchi multicolor con arroz frito de la página 237.
- **Quinoa y amaranto.** Estos dos cereales han adquirido mucha popularidad durante los últimos años. Y con razón. Eran dos de los alimentos básicos de los antiguos aztecas y son muy ricos tanto en proteínas como en grasas poliinsaturadas. También contienen varios de los minerales, vitaminas y fitonutrientes que aparecen en la EAA. ¿No le parece suficiente? Pues sepa que, además, ambos son rápidos y fáciles de preparar.
- **Avena cortada.** La avena se ha ganado el merecido apodo de «cereal para el cerebro». Es un hidrato de carbono de liberación

lenta ideal para el desayuno y que aporta mucha energía. La avena cortada también contiene fitonutrientes importantes, como la colina (la prima de las vitaminas del grupo B asociada a la reducción de los síntomas de ansiedad), que le dan un plus adicional. Una advertencia: no compre los paquetes de avena instantánea que suele haber en las estanterías de los supermercados. Acostumbran a estar cargadísimos de azúcar. Cueza avena cortada y luego endúlcela con miel, frutos del bosque o chocolate negro. También puede usar avena en platos salados. Pruébela con queso cheddar, cebollino y un huevo frito.

- **Mijo.** Si buscaba un cereal con proteínas y fibra a espuertas, ya puede dejar de buscar. Además de en proteínas y en fibra, el mijo es rico en magnesio y en polifenoles y la variedad conocida como mijo menor también contiene calcio. Aunque en Estados Unidos y Europa apenas se consume, el mijo es el sexto cereal más consumido en el mundo. Al igual que el arroz, es muy fácil añadirlo a verduras de hoja verde o multicolores para preparar platos sencillos y cerebrosaludables.

Legumbres

Una de las mejores (y más económicas) maneras de añadir más densidad nutricional a cualquier plato es incluir un puñado de legumbres. Algunas de las más populares, como los garbanzos, las lentejas o las alubias ofrecen una proteína de origen vegetal única a la que se suman fitonutrientes, minerales y vitaminas B esenciales. Además, son muy económicas. Por muy poco dinero, puede comprar un kilo de legumbres en cualquier supermercado y asegurarse así de aumentar drásticamente la cantidad de nutrientes esenciales que ayudan a su cerebro a trabajar a un nivel óptimo.

Hierbas aromáticas

Puede mejorar el sabor de cualquier plato con solo añadir unas cuantas hierbas aromáticas bien escogidas. Si opta por las variedades frescas, tendrá el beneficio añadido de que le ofrecen más fitonutrientes vitales que sumar a los de los platos que condimentan. Aunque las recetas del capítulo siguiente le sugerirán cómo usar distintas hierbas en platos específicos, experimentar un poco siempre viene bien. A continuación, descubrirá cómo usar hierbas aromáticas en la elaboración de platos que, además de ser bueno para su cerebro, cautivarán su paladar.

- **Albahaca.** Hay distintas variedades de albahaca, como la italiana o la tailandesa, y todas ellas son deliciosas. Pruebe unas cuantas para ver cuál le gusta más. Elija la que elija, no tardará en darse cuenta de lo bien que esta hierba aromática acompaña a verduras y a frutas ricas en agua, como el tomate o el calabacín, además de a algunos de sus quesos preferidos. También da un fantástico toque fresco al pescado blanco, al pollo y a las gambas. Experimente con esta hierba aromática a medida que vaya añadiendo categorías de alimentos a sus menús semanales.
- **Cebollino.** Como su nombre indica, el cebollino es una variedad de cebolla, lo que explica su versatilidad. Añade sabor adicional al pescado y a las verduras de todos los colores. También aporta chispa a sopas, salsas y aliños. Sin lugar a dudas, es un ingrediente fantástico para tener a mano cuando quiera añadir un pequeño extra a sus platos
- **Cilantro.** Debo advertirle que hay un porcentaje de la población para la que el cilantro sabe a detergente. Sin embargo, el resto podemos disfrutar de su aroma cítrico y floral si lo añadimos a verduras, pollo o pescado. Si aún no lo ha probado nunca, estrénese con un plato mexicano o tailandés, donde le resultará más suave. Una vez disfrute del cilantro añadido a esos platos, siga explorando y añádalo a legumbres, patatas o setas. Pruebe a añadirlo a la fórmula de pesto de la página 223.

- **Perejil.** ¿Se ha fijado en que muchos de los platos que pide en los restaurantes llegan a la mesa aderezados con perejil fresco? ¿Sabe por qué? Porque está disponible todo el año y aporta un sabor fresco y primaveral. Puede añadirlo a sus sopas y salsas preferidas, al igual que a platos de carne y pescado. Es una verdadera hierba «multifunción».
- **Salvia.** Esta hierba aromática de sabor potente es fantástica para cocinar al grill y para marinadas o adobos. También resulta muy sabrosa añadida a aceite de oliva y a ajo para aliñar verduras y pasta. Si no la ha probado nunca y como es muy potente, le recomiendo que comience añadiendo solo una hoja y vaya sumando a partir de ahí. De todos modos, estoy seguro de que, con el tiempo, la añadirá a varios platos e ingredientes, como la calabaza violín, las patatas, el pollo o su pasta preferida.
- **Romero.** Esta hierba aromática funciona de maravilla con los adobos. No solo aporta un sabor único, sino que añade fitonutrientes adicionales como el ácido rosmarínico y el rosmanol, que tienen propiedades antiinflamatorias y que se estudian por sus impresionantes atributos neuroprotectores. Trocee un par de ramitas frescas o añada una pizca de romero seco a algunos de sus platos preferidos.
- **Estragón.** Quizá le sorprenda saber que el estragón es pariente del alegre girasol. El sabor a regaliz de esta hierba aromática es un clásico de la gastronomía francesa y casa bien con la mayoría de alimentos, desde el pomelo a los espárragos. Una de mis maneras preferidas de usar estragón es combinándolo con ralladura de piel de limón para aliñar pescado a la plancha.
- **Tomillo.** El tomillo pertenece a la familia de la menta. Es un ingrediente habitual de sopas, guisos, asados y pescados al horno. Tiene un sabor bastante intenso, por lo que con poca cantidad conseguirá mucho. Es una buena manera de intensificar los sabores naturales que se suelen encontrar en mezclas de hierbas populares, como las hierbas provenzales o los sazonadores italianos.

Especias

Tal vez haya oído que la clave para cocinar un buen plato consiste en usar los condimentos adecuados. A medida que vaya encontrando maneras de incluir más alimentos de las distintas categorías, añadir algunas de sus especias preferidas lo ayudará a conseguir que sus platos pasen de ser «pasables» a estar «deliciosos». A continuación, encontrará algunas de las especias que debería tener siempre a mano, para añadir no solo más sabor a sus platos, sino también más vitaminas y fitonutrientes.

- **Pimienta negra.** La pimienta negra recién molida aporta un toque terroso a todos los platos. Es rica en moléculas antioxidantes, por lo que tiene propiedades antiinflamatorias.
- **Guindilla.** Si le gusta el picante, la guindilla en escamas es un condimento fantástico para la carne y la verdura. Es muy rica en vitamina C, en potasio y en vitamina B6, por lo que es ideal para los aficionados al picante. La guindilla en polvo (sin sal ni azúcar) también es una buena opción.
- **Comino.** Es una especia universal, aunque con frecuencia olvidada. Enriquece con sutileza todo tipo de platos populares, como el gumbo, las lentejas o el hummus. Su sabor terroso único no solo aporta calidez, sino también fitonutrientes y hierro.
- **Curri.** Esta combinación de especias es básica en la cocina india y proporciona más que un sabor especiado característico: se sabe que refuerza el sistema inmunitario y que ayuda al sistema circulatorio a mantenerse en forma. Puede usar curri en polvo en multitud de sopas y de guisos, además de para condimentar verdura, pescado y pollo.
- **Ajo en polvo.** He conocido a varias personas que tienen dificultades para digerir el ajo crudo y, además, uno no siempre tiene tiempo o ganas de picar ajo fresco. Si este es su caso, no se preocupe, porque el ajo en polvo aporta el mismo sabor a los platos, sin ninguna de las molestias. Un inciso: la sal de ajo es ajo en

polvo mezclado con sal de mesa. Si la usa, acuérdese de ajustar la cantidad de sal para no excederse con el sodio.

- **Cúrcuma.** El sabor amargo e intenso de la cúrcuma añade un *je ne se quoi* tanto a los platos occidentales como a los orientales. Por otro lado, además de ser una especia en la cocina, la cúrcuma también es un ingrediente importante de la medicina ayurvédica. Es un sabor que funciona bien tanto en platos principales como en postres, siempre que se use con moderación. Si quiere aportar aún más elementos cerebrosaludables a sus platos, combínela con pimienta negra, que puede aumentar la absorción de la curcumina, uno de los ingredientes activos de la especia asociados a una mayor expresión del BDNF.

Grasas para cocinar

La mayoría de los conductores que quieren mantener en buen estado el motor de su automóvil están dispuestos a invertir un poco más en un aceite de motor de buena calidad. Lo mismo pasa con los aceites que usamos para cocinar. No eche por tierra todo el trabajo que ha hecho para mejorar su dieta usando grasas artificiales o ultrasaturadas para elaborar los platos. Opte siempre por grasas orgánicas monoinsaturadas que promueven la salud del cerebro. Compre botellas pequeñas y guárdelas al abrigo de la luz del sol para evitar que se oxiden. Por otro lado, use el mínimo calor necesario para reforzar la absorción de los nutrientes de sus verduras multicolores preferidas. Aunque hay muchos aceites y grasas para cocinar, le recomiendo que se ciña a tres: aceite de oliva, mantequilla de ganado de pasto y aceite de coco.

- **Aceite de oliva.** Se dice que lo que es bueno para el corazón es bueno para el cerebro y el aceite de oliva, que contiene un fitonutriente especial llamado hidroxitirosol, protege los vasos sanguíneos y ayuda a mantener en plena forma al sistema cardiovascular y al sistema nervioso. Los expertos coinciden en que el aceite de oliva debería formar parte de toda dieta saludable; no solo es la piedra angular de la dieta mediterránea, sino que se ha demostrado que ayuda a prevenir y tratar los síntomas depresivos y que, además, combate la inflamación. Hágase con una botella de aceite de oliva virgen extra (AOVE), que es el más rico en los fitonutrientes que aquí nos interesan. Si la receta exige más calor, use aceite de oliva refinado con un punto de humeo más alto.

- **Mantequilla de pasto.** Deje la margarina u otras grasas alimentarias untables de origen vegetal en la estantería del supermercado. La mantequilla procedente de animales alimentados con pasto no solo tiene un sabor más intenso y cremoso, sino que también contiene las grasas saludables que contribuyen a la formación de las células musculares y nerviosas. Además, la mantequilla de pasto contiene otras vitaminas y minerales que desempeñan un papel crucial en el desarrollo y el mantenimiento del cerebro. Si tiene espíritu aventurero, pruebe el *ghee*, que es la mantequilla clarificada que se usa en las recetas tradicionales indias. Tiene un punto de humeo superior al de la mantequilla y aporta unas maravillosas notas a frutos secos que dan un toque especial a los platos de pescado o de verduras.

- **Aceite de coco.** El aceite de coco tampoco contiene las indeseables grasas trans y es una opción fantástica para los platos salteados. Aunque su estatus como superalimento sigue siendo objeto de controversia, se ha demostrado que tiene ciertas propiedades antiinflamatorias y contiene triglicéridos de cadena media (TCM). En la actualidad, se investiga este tipo de grasa en relación con el consumo de energía por parte del cerebro en personas con alzhéimer. Las personas que adoptan dietas keto también usan el aceite de coco, porque las ayuda a mantener el estado de cetosis.

Alimentos congelados

Aunque, por lo general, la fruta, la verdura y las proteínas frescas y de temporada son la mejor opción a la hora de conseguir la cantidad máxima de nutrientes por bocado, entiendo que no siempre es posible comprar alimentos frescos. Las opciones congeladas aún conservan muchos nutrientes y, además, están disponibles durante todo el año en la sección de congelados del supermercado. Si quiere preparar un batido de desayuno o un salteado cerebrosaludable, solo tiene que abrir el congelador.

- **Frutos del bosque y fruta.** ¿Quiere un desayuno fácil? Los arándanos, las fresas y los melocotones congelados son una opción ideal. A veces hay incluso frutas más exóticas, como mango o granada. Por la mañana, agarre un puñado de la fruta congelada que más le guste y añádala al batido de la misma forma que añadiría fruta fresca. Podrá saborear el verano durante todo el año.
- **Verduras de hoja verde.** Las espinacas, el brócoli, el kale y las coles de Bruselas también se congelan bien. Tenga siempre varios tipos de verduras congeladas para añadirlas rápidamente a salteados o a platos preparados en la olla de cocción lenta o la bandeja del horno.
- **Pescado y marisco.** No todos tenemos una pescadería a la vuelta de la esquina para ir a comprar la pesca del día. Por suerte, muchos pescados se congelan muy bien. La lubina, el salmón y las gambas son ideales para tenerlos en el congelador y sacarlos las noches en que apetece una buena cena.

Estos no son en absoluto los únicos tipos de comida congelada que pueden ayudarlo en su misión de comer para prevenir la depresión y la ansiedad, y es muy probable que ya tenga pollo o ternera en el congelador. De todos modos, piense más allá de la típica comida congelada para calentar y comer mirando la televisión, y asegúrese de que siempre cuenta con opciones saludables y de alta densidad nutricional a las que recurrir.

CONSEJOS PARA HACER LA COMPRA

El supermercado está lleno de tentaciones de todo tipo. Si hace la compra recorriendo el zigzag de los pasillos del supermercado, lo más probable es que acabe metiendo en el carro mucha comida que en realidad no necesita y, sobre todo, mucha de la comida procesada y rica en azúcar y sal que tanto le conviene evitar. Para ayudarlo a asegurarse de que tiene a su alcance los ingredientes adecuados para comer para prevenir la depresión y la ansiedad, intente ceñirse al perímetro de la tienda. Ahí es donde suelen estar la fruta y la verdura fresca, la carne, el pescado y la mayoría de los ingredientes que necesitará para el plan de seis semanas. Luego, haga una visita rápida a las secciones de cereales y de congelados para acabar de comprar lo que necesite.

PLANIFICAR

Cuando uno no está en su mejor momento, la idea de preparar la cena (o cualquier otra comida) puede ser abrumadora. Me pasa incluso a mí, que no estoy deprimido. Por eso es fundamental planificar con antelación. Si cocina por tandas y prepara varias comidas con antelación, puede tener desayunos, almuerzos y cenas para varios días y podrá recurrir a ellos cuando no le apetezca cocinar.

Del mismo modo, si la idea de tener que fregar platos le echa para atrás, la bandeja de horno puede ser su mejor aliada. Solo tiene que disponer algunos alimentos saludables sobre la bandeja y meterla en el horno. Hay recetas de todo tipo, por lo que puede tener la seguridad de que no se aburrirá. Y, una vez haya terminado, solo tendrá que limpiar un par de cuchillos y la bandeja. Las ollas de cocción lenta y multifunción también son fantásticas para preparar recetas «echar-y-listo» que apenas requieren lavar nada luego.

Planificar también facilita significativamente la tarea de calcular las raciones adecuadas. Con demasiada frecuencia, y sobre todo cuando tenemos problemas de salud mental, comemos demasiado o demasiado poco. Si invertimos el tiempo necesario en distribuir en raciones individuales lo que hemos preparado, nos aseguraremos de que tanto nosotros como nuestra familia comemos ni más ni menos lo que necesitamos, y así es mucho más fácil.

NO TEMA LOS ATAJOS

Como he mencionado, el objetivo de este capítulo es presentar los utensilios y las técnicas que pueden aumentar su eficiencia en la cocina y prepararlo para el éxito antes de acometer el plan de seis semanas del capítulo nueve. Aunque son muchos los motivos por los que alguien puede no comer de un modo que promueva la salud óptima del cerebro, dedicar tiempo a prepararse (tanto mental como físicamente) puede ayudarlo a aprovechar el plan al máximo. Antes de que se haya dado cuenta, habrá emprendido su propio camino hacia una manera de comer que nutra su cerebro.

Sin embargo, si no tiene mucha experiencia en la cocina o si tiene problemas de salud mental, sería comprensible que todo este trabajo de preparación le resulte un poco abrumador. Por eso quiero insistir en la norma más importante de todas: tomar atajos no es hacer trampas. No es necesario tener una cocina perfectamente preparada y una despensa a rebosar para poder comer para prevenir la depresión y la ansiedad. El único ingrediente esencial es su voluntad de aplicar algunos cambios a su dieta. Si aún no le apetece probar con recetas nuevas, piense en cómo podría añadir un alimento o dos de las distintas categorías a los platos que ya cocina. Identifique un par o tres de áreas donde podría hacer cambios o sustituciones fáciles.

Si la idea de hacer la compra es demasiado para usted en estos momentos, no hay motivos para no usar algunos de los kits que reúnen los ingredientes necesarios para elaborar un plato. Ahora, incluso hay servicios que traen a casa los ingredientes de recetas específicas o que hacen la compra por nosotros. Si esa es la mejor manera para que en sus platos haya más verduras de hoja verde y multicolores y más pescado, perfecto.

¿Y si no quiere cocinar en absoluto? Tampoco es un problema. No hay ningún motivo por el que no pueda acceder a los nutrientes que necesita en sus restaurantes preferidos de comida para llevar. Pídales que añadan espinacas o rúcula a sus platos favoritos. Salga de su zona de confort y pida el pescado del día o un salteado de verduras picante. Válgase de lo que ha aprendido acerca de la EAA y de las categorías de alimentos para elegir los platos que más lo puedan ayudar a aumentar la densidad de nutrientes de su comida.

Como he dicho antes, comer para prevenir la depresión y la ansiedad es un proceso que avanza bocado a bocado. Cómo llegue ese primer bocado a su boca depende solo de usted. No tiene por qué sentirse culpable o avergonzado por las estrategias que lo ayuden a llegar ahí.

De la misma manera que les digo a mis pacientes que no voy a juzgar qué o cómo comen, usted tampoco debería juzgarse a sí mismo. Sus gustos, valores y actitudes ante la comida son suyos y solo suyos. Si su estrategia lo ayuda a cambiar hábitos antiguos y consolidados y a añadir a su dieta alimentos con mayor densidad nutricional, ya ha emprendido el camino. Me he encontrado muchas veces con que cuando mis pacientes mejoran la calidad de su alimentación y se empiezan a encontrar mejor, también se muestran más dispuestos a ser más aventureros en la cocina. Al final, adquieren la seguridad y la experiencia que necesitan para comprar y preparar platos por sí mismos. No hace falta ser un chef para hacer lo que hay que hacer.

En el capítulo siguiente, expondremos el plan de seis semanas paso a paso y hablaremos de lo que hemos visto que beneficia más a las personas que quieren modificar sus hábitos de alimentación. Si ha completado la autoevaluación y ya tiene a punto su cocina y su despensa, ya ha hecho la parte más difícil. Ya ha emprendido el camino hacia el éxito. Ahora ha llegado el momento de repasar el plan de juego y emprender la senda que conseguirá que se convierta en un experto en comer para prevenir la depresión y la ansiedad. Vamos a ello.

Capítulo 8: Recapitulemos

- Poner orden en la cocina es una parte importante de comer para prevenir la depresión y la ansiedad, porque lo ayudará a ser más reflexivo y eficiente a la hora de planificar y elaborar la comida.
- Reflexione acerca del estado actual de su cocina. ¿De qué utensilios dispone? ¿Qué alimentos básicos tiene siempre a mano? ¿Hay algo que ya no use y que pueda ser un estorbo?
- El equipo de cocina más básico consiste únicamente en un cuchillo de calidad, un colador metálico, una tabla de cortar, una cazuela, una sartén y el deseo de comer más alimentos cerebrosaludables. A medida que vaya adquiriendo seguridad, quizá quiera invertir en otros utensilios como pinzas, un pelador de verduras, un rallador, un abridor de ostras, unas tijeras de cocina o recipientes de vidrio.
- Tener legumbres y cereales en la despensa puede ayudarlo a garantizar que siempre tenga ingredientes saludables para incorporar a las sopas y las ensaladas. Las especias y las hierbas aromáticas añadirán sabor a sus platos cerebrosaludables preferidos.
- Planificar con antelación puede resultarle muy práctico, sobre todo si intenta comer para prevenir la depresión y la ansiedad cuando no está en su mejor momento. Si cocina por tandas uno o dos días a la semana, siempre tendrá opciones de alta densidad nutricional disponibles a la hora de comer.
- ¡No tema los atajos! No es necesario contar con una cocina plenamente equipada para alcanzar el éxito. En lugar de intentar renovar todo el espacio de trabajo y la despensa, comience por aplicar algunos cambios y sustituciones sencillos.

Capítulo 9
EL PLAN DE SEIS SEMANAS Y ALGUNAS RECETAS

Ha aprendido mucho acerca del impacto que la alimentación ejerce sobre el cerebro, así como de las categorías de alimentos y de los alimentos específicos que pueden ayudarlo a comer para prevenir la depresión y la ansiedad. Ahora ha llegado el momento de poner en práctica todo ese conocimiento. Concebí el plan de seis semanas como una especie de trampolín para las personas que sufren síntomas de ansiedad o de depresión, pero que no saben muy bien por dónde empezar. En la Brain Food Clinic uso planes como este de forma habitual, porque son una forma fantástica de ayudar a mis pacientes a encontrar una manera sencilla, personalizada y sostenible de modificar su dieta incluyendo más nutrientes saludables para el cerebro.[1]

No le pido que cambie radicalmente su alimentación; eso no sería realista. Tampoco pretendo obligarlo a comer nada que no le guste, porque a largo plazo no serviría de nada. Este plan de seis semanas lo único que ofrece son sencillas pautas semanales que destacan las áreas que Samantha Elkrief y yo hemos identificado como aquellas donde nuestros pacientes suelen tener más éxito. Nuestro objetivo es proporcionarle una base sólida de alimentación saludable para el cerebro sobre la que usted pueda trabajar a lo largo del tiempo. Con toda probabilidad, el modo en que coma hoy para prevenir la depresión y la ansiedad será distinto a cómo lo hará dentro de seis semanas, tres meses o incluso un año. A medida que vaya probando platos nuevos, mejore sus habilidades culinarias y adquiera mayor seguridad en lo que se refiere a nutrir su cerebro, se dará cuenta de que sus pautas de alimentación evolucionan de forma lenta pero segura. Esa es la mejor manera de hacerlo.

En cada sección semanal, abordaremos una categoría de alimentos e incluiremos información acerca de objetivos, sustituciones y cambios sencillos; también abordaremos las dificultades que pueden surgir y le ofreceremos recetas fáciles y deliciosas. Al final de cada semana, encontrará una evaluación para celebrar sus éxitos a medida que consiga sus objetivos SMART (recuerde, los objetivos específicos, medibles, asequibles, realistas y delimitados en el tiempo que usted instaurará). La evaluación también lo ayudará a reflexionar sobre lo que quizá no ha ido tan bien como esperaba y a identificar áreas de mejora para la semana siguiente.

A medida que avance, semana a semana, se dará cuenta de que cada categoría de alimentos se suma a la anterior y de que los alimentos de una semana aparecen también en las recetas y en la planificación de menús de las siguientes. Una vez consolidadas las cuatro categorías de alimentos básicas, el plan añadirá alimentos que lo ayuden a mantener un microbioma saludable y diverso. Para terminar, durante la última semana del plan, le pediremos que reflexione acerca de sus orígenes alimentarios y de cómo podría conectar mejor con su cultura de la alimentación, con el sistema de alimentación local y con una comunidad alimentaria más amplia que lo ayude a seguir alimentando su cerebro de la mejor manera posible una vez haya terminado el plan.

No hay una sola manera de comer para prevenir la depresión y la ansiedad. Repítaselo y conviértalo en su nuevo mantra. Aunque he incluido recetas para que las pruebe, no forman parte de un plan de menús obligatorio. Son puntos de partida cuyo objetivo no es otro que ayudarlo a añadir a su dieta más alimentos de una densidad nutricional elevada; sin embargo, no son en absoluto la única manera de hacerlo. A medida que avance a lo largo de las seis semanas del plan, averigüe qué encaja mejor con usted. En lugar de preparar shakshuka verde para desayunar, tal vez prefiera añadir un puñado de kale o de berros a unos huevos revueltos. Quizá aún no se sienta lo suficientemente seguro para cocinar platos de pescado en casa, pero, como Pete, esté dispuesto a pedir tacos de pescado en su restaurante de comida para llevar preferido. Son muchos los caminos que llevan al éxito. Lo único de lo que se ha de preocupar es de emprender alguno de ellos. Le garantizo que, sea cual sea su pauta de alimentación actual o sean cuales sean las dificultades a que se enfrente, hay un camino para usted.

Su cerebro es su mayor activo y le conviene mantenerlo en la mejor forma posible, tanto por usted mismo como por sus seres queridos. Si usa este plan basado en la evidencia como punto de partida, adquirirá las habilidades y la experiencia necesarias para comer para prevenir la depresión y la ansiedad y para reforzar la salud del cerebro a largo plazo.

Un último apunte antes de comenzar: aunque el plan está diseñado para que los conocimientos se vayan acumulando semana a semana a lo largo de seis semanas, no hay motivo por el que no pueda ser un plan de ocho, doce o incluso treinta semanas. Modificar la dieta puede ser complicado, sobre todo si, además, se enfrenta a problemas de salud mental. El objetivo es avanzar, no alcanzar la perfección, y cada uno tiene su propio ritmo. Si alguna semana no satisface los objetivos que se ha fijado o no le apetece seguir, no pasa nada. Puede repetir las categorías de alimentos tantas veces como quiera si eso lo ayuda a llegar a donde quiere llegar. Si ha de interrumpir el plan durante una semana o dos, hágalo y luego retómelo donde lo haya dejado. No permita que la vergüenza o la culpabilidad le impidan adquirir las habilidades que le permitirán alimentar mejor a su cerebro. Cómo coma para prevenir la depresión y la ansiedad depende únicamente de usted. Le aseguro que el hecho de necesitar más tiempo no merma en absoluto el éxito que acabará obteniendo.

SEMANA 1: VERDURAS DE HOJA VERDE (Y DE OTROS COLORES)

¿Se ha fijado en que todo el mundo, defienda la dieta que defienda, incluye siempre las verduras de hoja verde? El kale, la mostaza china, las espinacas y los berros constituyen la base de la cadena de alimentación que nos ofrece el planeta. Si le sigue la pista a casi cualquier alimento que le guste para llegar al origen de su existencia, es muy probable que descubra que todo empezó con una fuente de energía y una hoja verde. Ese es uno de los principales motivos por los que la mayoría de los platos que prepare deberían contener verduras de hoja verde (o roja o morada, no discriminamos ningún color).

Cuando incluye raciones generosas de verduras de hoja en su dieta, se asegura de estar añadiendo más hidratación, saciedad y densidad nutricional en todos y cada uno de los platos. También obtiene la fibra vital que su microbioma adora, además de una miríada de fitonutrientes, vitaminas y minerales que mantienen a su cuerpo y a su cerebro en plena forma.

Piense, por ejemplo, en el kale. Una ración de 70 gramos solo contiene 33 calorías, pero aporta más del 600 % de la cantidad diaria recomendada de vitamina K, el 200 % de vitamina A y el 134 % de vitamina C, por no mencionar el hierro, el ácido fólico, el calcio y multitud de fitonutrientes con capacidades antiinflamatorias. Es muchísima nutrición.

El objetivo de esta primera semana es comer al menos entre **55 gramos y 110 gramos diarios de verduras de hoja verde troceadas.** Y si puede, más. (Si le parece mucha verdura, saltearla o pocharla en una sopa reducirá la cantidad a solo unos cuantos bocados. Como ejemplo, vea la lasaña de pavo y calabacín de la página 238.)

Cómo empezar

Revise la autoevaluación que ha llevado a cabo en el capítulo 7. ¿En qué punto está ahora en lo que se refiere a la verdura? ¿Ya come entre 55 gramos y 110 gramos diarios? De ser así, el objetivo de la semana podría ser aumentar la variedad de los tipos de verdura que come. Pruebe las pipas de girasol germinadas o la mostaza china en lugar de lo que suela comer.

Si la verdura supone un problema para usted, una de las maneras más fáciles de añadir estos tesoros de nutrientes a la dieta para energizar al cerebro es en forma de batido. Ponga medio plátano, un puñado de frutos del bosque, un puñado de nueces, sesenta y cinco gramos de kale y un poco de hielo y de kéfir en el vaso de la batidora y descubrirá un desayuno sabroso y saciante que alimentará de verdad a su cerebro. También puede recurrir a su comida preferida para vehicular la verdura. Muchos de mis pacientes añaden berros a los huevos revueltos con queso o espinacas a la lasaña o la enchilada. Cuando reflexione acerca de los objetivos SMART que se quiere plantear para esta semana, identifique cambios y sustituciones sencillas o mejoras fáciles que lo ayuden a obtener la cantidad necesaria de esta categoría de alimentos tan rica en nutrientes.

Consejos y trucos

Una de las cosas que más me gustan de las verduras de hoja es su extraordinaria versatilidad. La ensalada de lechuga iceberg es lo primero que mencionan muchos pacientes cuando les pregunto cómo podrían añadir más verdura a su dieta. ¡Menudo aburrimiento! Hay muchas otras maneras de añadir verduras de hoja a la comida, aunque también es cierto que la ensalada es una buena manera de empezar. Por ejemplo, Susan consiguió mucho con solo sustituir la lechuga iceberg por rúcula y lechuga de hoja roja y usted también puede aumentar la calidad de su ensalada con solo añadir algunas de sus hojas verdes preferidas. Sin embargo, también las puede usar trituradas en un sabroso pesto, añadirlas a su salteado de siempre o brasearlas. El único límite es su imaginación.

Una de las preguntas que me plantean con más frecuencia mis pacientes es si hay que comer las verduras crudas o cocidas. Y mi respuesta es siempre un rotundo sí a las dos cosas. Cómalas de las dos maneras. Si bien es cierto que pierden parte del ácido fólico y de los fitonutrientes sensibles al calor durante la cocción, también lo es que conservan una cantidad increíble de vitaminas y minerales saludables en cada bocado. Y si la idea de comer verdura cruda le da cierto reparo, debe saber que usar el aliño o la salsa adecuada (como el cremoso aliño de ajo del Kale César de la página 217) marca una grandísima diferencia.

Vivimos en una época maravillosa para explorar cosas nuevas. La mayoría de los supermercados cuentan con multitud de opciones frescas, variadas, congeladas y embolsadas que facilitan añadir verduras a cualquier plato. Cuando empiece a pensar más allá de la ensalada, no tardará en darse cuenta de que la verdura puede ser un ingrediente básico del desayuno, el almuerzo y la cena. Puede empezar el día con un shakshuka verde que le hará la boca agua, prepararse un plato de caldo verde para almorzar y cerrar el día cenando su plato preferido aderezado con pesto. ¡Delicioso!

Dificultades

La principal dificultad para la mayoría de las personas es encontrar maneras nuevas de comer verdura. Sin embargo, una vez prueban platos nuevos y maneras distintas de prepararlas, descubren lo mucho que les gusta comer hojas. En cualquier caso, les gusta mucho más de lo que pensaban. Sin embargo, recuerde: las verduras de hoja verde sin lavar son un vector frecuente para agentes patógenos como el *E. coli*, la salmonella o la listeria. Asegúrese de lavarlas siempre bien para evitar enfermedades: basta con llenar un cuenco de agua y enjuagar la verdura dentro. La suciedad se acumulará en el fondo. Si no, en el supermercado puede comprar bolsas de hojas lavadas por partida triple.

VERDURAS DE HOJA VERDE

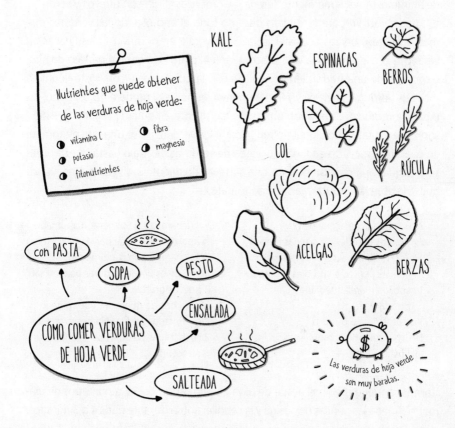

Nutrientes que puede obtener de las verduras de hoja verde:
- vitamina C
- potasio
- fitonutrientes
- fibra
- magnesio

KALE

ESPINACAS

BERROS

COL

RÚCULA

ACELGAS

BERZAS

con PASTA

SOPA

PESTO

ENSALADA

CÓMO COMER VERDURAS DE HOJA VERDE

SALTEADA

Las verduras de hoja verde son muy baratas.

Shakshuka verde

4 RACIONES

Este plato es rico en colina y en vitaminas del grupo B, esenciales para un estado de ánimo estable y una mente serena: ¿Comenzar el día con huevos y verdura? ¡Sí, por favor! Prepare este plato durante todo el año usando las verduras que más le gusten: berzas en invierno, acelgas y kale en primavera y espinacas en verano… o use varias a la vez. Si acompaña el plato con pan de barra o de pita, dispondrá de una herramienta fabulosa con la que hacerse con hasta la última mota de verduras en salsa y yema de huevo, aunque, si prefiere no usar pan, las pipas de calabaza ya aportan una textura crujiente. Si quiere preparar un shakshuka de tomate tradicional sin renunciar a las verduras, use una lata de tomate en conserva troceado en lugar del caldo de verduras. Sofríalo hasta que se espese y adquiera la consistencia de una salsa y salpimiéntelo al gusto. Casque los huevos sobre la verdura y la salsa de tomate.

2 cucharadas de aceite de oliva
2 manojos grandes de acelgas (unos
   700 gramos), en trozos grandes y
   con las pencas y las hojas separadas
1 cebolla amarilla mediana
   picada
3 dientes de ajo picados
1 cucharadita de comino en polvo
sal kosher

½ cucharadita de pimentón ahumado
¼ cucharadita de guindilla en escamas
¼ cucharadita de cúrcuma molida
80 ml de caldo de verduras bajo en sal
8 huevos grandes
85 gramos de queso feta desmigado
2 cucharadas de cilantro fresco picado
2 cucharadas de pipas de calabaza
   troceadas

Caliente a fuego medio el aceite de oliva en una sartén de 30 centímetros de diámetro. Añada las pencas de acelga y la cebolla. Sofría durante unos 4 o 5 minutos, removiendo con frecuencia y hasta que las pencas y la cebolla se pochen.

Añada el ajo, el comino, ¾ partes de una cucharadita de sal, el pimentón, la guindilla en escamas y la cúrcuma y sofría durante un minuto más o hasta que la sartén empiece a emitir aromas intensos. Añada ahora las hojas de acelga y el caldo de verduras y hierva a fuego alto durante 2 o 3 minutos o hasta que las hojas se hayan pochado y la mayor parte del caldo se haya evaporado.

Reduzca a fuego medio-bajo. Forme ocho hendiduras en la verdura con el reverso de una cuchara de madera y casque un huevo en cada hendidura. Sazone los huevos con una pizca de sal. Mantenga la sartén en el fuego durante entre 5 o 7 minutos o hasta que las claras hayan cuajado casi por completo. Espolvoree el queso feta por encima, tape la sartén y manténgala al fuego hasta que las claras hayan cuajado del todo y las yemas estén a su gusto (entre 2 y 4 minutos más).

Sirva los huevos y la verdura en platos hondos y aderécelos con el cilantro y las pipas de calabaza.

Información nutricional por ración: 348 calorías; 21 g proteína; 17 g hidratos de carbono; 22 g grasa (7 g saturadas); 369 mg colesterol; 6 g azúcares; 5 g fibra; 744 mg sodio

Nutrientes principales: vitamina A = 130 %; vitamina B12 = 125 %; vitamina C = 80 %; colina = 69 %; magnesio = 57 %.

Kale César

4 RACIONES

Esta es mi manera preferida de comer kale, además de la base de mi mejor chiste sobre esta verdura de hoja verde.* Aunque cualquier variedad de kale funcionará bien, las hojas oscuras y largas del kale negro son las mejores para esta receta. Cuantas más anchoas use, más beneficiado saldrá su cerebro, porque cada una contiene 85 miligramos de ácidos grasos omega-3 de cadena larga. El aliño tradicional de las ensaladas César contiene huevo crudo, al que nosotros hemos añadido anacardos en remojo para aportar cremosidad de origen vegetal. La textura crujiente que hallará en cada bocado procede del crujiente de pipas de calabaza y parmesano, no de picatostes de pan frito.

Aliño César con anacardos

4 anchoas en conserva escurridas

25 gramos de queso parmesano rallado

2 cucharadas de anacardos crudos, preferiblemente en remojo desde la noche anterior

3 nueces de Brasil

1 yema de huevo grande a temperatura ambiente

el jugo de 1 limón grande (unas 3 cucharadas)

1 cucharadita de mostaza de Dijon

½ cucharadita de ajo en polvo

120 ml de aceite de oliva

sal kosher

---

* ¿Sabías que, aunque mucha gente cree que el kale es una moda moderna, en realidad ya se consumía en la Roma antigua? ¡Por eso se saludaban a la voz de «¡Kale, César!»!

Crujiente de pipas de calabaza y parmesano

1 ½ cucharadas de aceite de oliva

½ de panko (pan rallado japonés)

60 g de pipas de calabaza troceadas finas

2 cucharadas de semillas de cáñamo

25 g de queso parmesano rallado

¼ cucharadita de ajo en polvo

1/8 de sal kosher

Ensalada

2 manojos grandes de kale negro

¼ cucharadita de sal kosher

Elaboración del aliño César con anacardos:

Introduzca las anchoas, el parmesano, los anacardos, las nueces de Brasil, la yema de huevo, el jugo de limón, la mostaza y el ajo en polvo en el vaso de un robot de cocina y triture hasta que todo quede bien integrado. Si no queda absolutamente liso, no se preocupe. Con el motor a potencia mínima, añada muy lentamente el aceite de oliva y siga batiendo hasta que el aliño emulsione. Debería tardar un minuto. Pruébelo y añada la sal que crea necesaria. El aliño debería tener la consistencia de la mayonesa; si es necesario, aclárelo de cucharadita de agua en cucharadita de agua.

Elaboración del crujiente de pipas de calabaza y parmesano:

Caliente a fuego medio el aceite de oliva en una sartén grande. Añada el panko, las pipas de calabaza y las semillas de cáñamo y remueva bien para que todo quede bien impregnado de aceite. Tueste el pan rallado y las semillas, removiendo con frecuencia, durante 4 o 5 minutos o hasta que todo adquiera un tono dorado. Añada el parmesano, el ajo en polvo y la sal y remueva hasta que el queso se funda, se aferre al pan rallado y se tueste (entre 15 y 20 segundos). Retire la sartén del fuego y deje enfriar del todo.

Elaboración de la ensalada:

Retire el nervio central de las hojas de kale, apile las hojas y enróllelas como un burrito. A continuación, córtelas en láminas tan finas como sea posible (está técnica para cortar verduras de hoja grande se llama corte en *chiffonade*). Ponga el kale en un cuenco grande y sazónelo. Masajee el kale durante unos 10 segundos con ambas manos, hasta que se humedezca un poco.

Aliñe al gusto, espolvoree el crujiente de pipas de calabaza y parmesano por encima y disfrute.

Ensalada Cobb cerebrosaludable

4 RACIONES

Esta ensalada tan nutritiva como deliciosa es una verdadera explosión de cítricos y aguacate, y contiene dos fuentes magníficas de proteínas: salmón y huevos. No se preocupe de qué fue primero. El cerebro se beneficia de los dos.

Sírvala en hojas de lechuga romana enteras (necesitará cuchillo y tenedor) o, para facilitar la tarea de comérsela, corte la lechuga en juliana antes de montar la ensalada. El salmón salvaje lleva esta ensalada Cobb a otro nivel, al igual que si decide experimentar con otros tipos de pescado. También puede añadir pollo a la plancha o gambas salvajes. Si quiere inspiración para aún más opciones, revise la fórmula de la Ensalada saludable para el cerebro (pág. 220).

Vinagreta de cítricos

80 ml de jugo de pomelo (de 1 pomelo mediano)

60 ml de jugo de naranja (de 1 naranja grande)

3 cucharadas de jugo de limón recién exprimido (de 1 limón grande)

2 cucharadas de mostaza de Dijon

2 cucharadas de chalota picada

½ cucharadita de sal kosher y un poco más al gusto

80 ml de aceite de oliva virgen extra

Ensalada

225 g de lechuga romana, con las hojas separadas

sal kosher y pimienta negra recién molida

1 naranja grande, pelada y cortada en rodajas finas

1 pomelo grande, pelado y cortado en rodajas finas

1 aguacate grande, en dados

2 huevos duros, pelados y troceados

225 g de tomates Cherry cortados en cuartos

4 filetes (170 g) de salmón salvaje a la plancha

50 g de anacardos crudos troceados

20 g de hojas de perejil picadas finas

Ensalada saludable para el cerebro

VERDURAS DE HOJA VERDE

(rúcula, kale, lechuga romana, lechuga mantecosa, mézclum, hierbas frescas)

VERDURAS MULTICOLORES

(pimiento, zanahoria, frutos del bosque, tomate, remolacha)

ALIMENTOS FERMENTADOS

(kimchi, chucrut, aliño de miso,
aliño de kéfir)

PESCADO Y MARISCO

(salmón ahumado, atún,
gambas, anchoas, sardinas)

FRUTOS SECOS Y SEMILLAS

(almendras, pipas de calabaza, anacardos,
pipas de girasol, nueces)

LEGUMBRES

(alubias rojas, garbanzos, frijoles negros,
judías pintas)

GRASAS

(aceite de oliva, aguacate, queso feta,
queso de cabra, huevo duro)

Elaboración de la vinagreta de cítricos:

Ponga en un cuenco grande el jugo de pomelo, el jugo de naranja, el jugo de limón, la mostaza, la chalota y la sal. Sin dejar de remover, añada el aceite de oliva hasta que el aliño se emulsione. Pruébelo y corrija de sazón si es necesario.

Elaboración de la ensalada:

Disponga las hojas de lechuga transversalmente sobre una fuente de servir grande o en un cuenco. Salpimiente. Disponga la naranja, el pomelo, el aguacate, el huevo duro y los tomates cherry sobre las secciones de lechuga para que cada comensal se sirva la cantidad que prefiera de cada ingrediente. Disponga los filetes de salmón encima y espolvoréelo todo con los anacardos y el perejil.

Sirva la vinagreta de cítricos aparte.

INFORMACIÓN NUTRICIONAL POR RACIÓN: 578 calorías; 50 g proteínas; 27 g hidratos de carbono; 30 g de grasas (4,5 g saturadas); 203 mg colesterol; 15 g azúcares; 8 g fibra; 510 mg sodio

NUTRIENTES PRINCIPALES: vitamina C = 128 %; vitamina B6 = 120 %; ácido fólico = 50 %; vitamina A = 43 5; potasio = 40 %; omega-3 (DHA+EPA) = 513 % (2556 mg)

Pesto de kale y albahaca

4 RACIONES

El pesto amplía el universo del consumo de verduras y lo lleva más allá de las ensaladas, los salteados y las planchas. Use la fórmula para encontrar su combinación preferida. Aunque la albahaca y los piñones son la base del pesto clásico, hay muchísimos otros frutos secos y verduras que también son alternativas nutritivas. En casa, comenzamos con esta versión añadiendo 70 gramos de kale y sustituyendo los piñones por anacardos y pipas de calabaza, que son más ricos en hierro y en magnesio. Para una frescura óptima y para evitar el exceso de sal y de grasas añadidas, use frutos secos y semillas crudas. Si quiere intensificar el sabor, puede tostarlos en seco y dejar que se enfríen antes de añadirlos al pesto: colóquelos sobre una bandeja de horno y métalos en el horno precalentado a 180 °C durante entre 7 y 10 minutos, removiendo y comprobando con frecuencia, hasta que se tuesten.

Como es una base tan versátil, le aconsejo que prepare el pesto en grandes cantidades y lo congele. Si quiere acompañar las verduras y las carnes a la plancha con una salsa cremosa y para chuparse los dedos, sustituya el aceite de oliva por 125 gramos de yogur natural o crema agria. También puede hacer una versión vegana sustituyendo el parmesano por 20 gramos de levadura nutricional o miso.

Pesto de kale

2 hojas grandes de kale negro (aproximadamente 70 gramos)
sal kosher
20 g de hojas de albahaca fresca
45 g de queso parmesano rallado
60 ml de aceite de oliva virgen extra
30 g de anacardos crudos y sin sal (o tostados en seco, lea la nota introductoria)
30 g de pipas de calabaza crudas y sin sal (lea la nota introductoria)
2 nueces de Brasil
2 dientes de ajo, pelados y majados
el jugo de 1 limón grande (unas 3 cucharadas), o más si es necesario
½ cucharadita de sal kosher

Retire los nervios más gruesos de las hojas de kale y deséchelos. Trocee el kale, espolvoréelo con sal y masajee las hojas con las manos hasta que se ablanden y se humedezcan (entre 15 y 20 segundos). Introdúzcalas en el vaso de una batidora o robot de cocina.

Añada el resto de los ingredientes y triture hasta obtener una mezcla homogénea. Es posible que tenga que raspar las paredes del vaso un par de veces. Pruébelo y rectifique de sal y de jugo de limón si cree que es necesario.

INFORMACIÓN NUTRICIONAL POR RACIÓN: 153 calorías; 6 g proteína; 9 g hidratos de carbono; 10,5 g grasas (3,1 saturadas); 10 mg colesterol; 1 g azúcar; 2 g fibra; 473 mg sodio

NUTRIENTES PRINCIPALES: selenio = 149 %; vitamina C = 36 %; vitamina A = 28 %; zinc = 13 %; magnesio = 7 %

Fórmula para el pesto
4 RACIONES

Cada vez que creo que lo sé todo del pesto, alguien me habla de alguna combinación que ni siquiera se me había pasado por la cabeza: pistachos y pipas de girasol o cilantro y achicoria roja. Este es uno de los motivos por los que el pesto es un aliado tan fantástico en la lucha por la salud mental: ofrece variaciones y sabores infinitos. Use la fórmula para ayudarlo a encontrar múltiples combinaciones.

Pesto

Ingredientes

- 210 g de verduras de hoja verde o hierbas aromáticas frescas
- 45 g de queso parmesano rallado
- 60 ml de aceite de oliva virgen extra
- 30 g de frutos secos
- 2 dientes de ajo
- 1-2 cucharadas de ácido
- ½ cucharadita de sal kosher

VERDURAS

(rúcula, kale, acelgas, hojas de diente de león, hojas de remolacha, espinacas, albahaca, cilantro, perejil)

1. Introduzca todos los ingredientes en el vaso de un robot de cocina y triture hasta obtener una mezcla homogénea.

2. Pruébelo y rectifique de sazón y de ácido si fuese necesario.

ÁCIDO

(jugo de limón, jugo de lima, cualquier vinagre de color claro)

vinagre

GRASA

(aceite de oliva virgen extra, aceite de aguacate,
mayonesa, crema agria, yogur griego)

QUESO

(parmesano, Asiago, pecorino romano,
cheddar o gouda maduro, manchego
vegano: levadura nutricional, 2 cucharadas de miso,
100 g de crema de coco)

Pesto

FRUTOS SECOS
Y SEMILLAS

(anacardos, nueces, almendras, piñones, cacahuetes,
pipas de calabaza/girasol, semillas de sésamo,
nueces de macadamia, nueces pacanas,
pistachos)

210 g de albahaca fresca y verduras de hoja verde

45 g de queso parmesano rallado

60 ml de aceite de oliva virgen extra

30 g de frutos secos sin sal (crudos o tostados en seco)

2 dientes de ajo pelados y majados

1 o 2 cucharadas de un ácido (jugo de lima o de limón o cualquier vinagre claro), o más si es necesario

½ cucharadita de sal kosher, y un poco más si es necesario

Introduzca todos los ingredientes en el vaso de un robot de cocina y tritúrelos hasta que se hayan convertido en una masa homogénea. Raspe las paredes del vaso de robot un par de veces si es necesario. Pruebe el pesto y rectifique de sal y ácido.

Caldo verde

4 RACIONES

Esta sopa clásica y sencilla reconforta y sacia a partes iguales. Enriquecer las sopas con verduras de hoja verde troceadas es una de las estrategias más simples para hacerlas versátiles y accesibles. También se pueden usar berzas, acelgas, espinacas… Los garbanzos añaden fibra, proteínas y hierro. Compre longaniza sin conservantes e, idealmente, de animales alimentados con pasto. ¿No tiene batidora de mano? Transfiera con una rasera las patatas y los garbanzos a un robot de cocina, añada 475 mililitros de caldo y tritúrelo todo hasta que obtenga un líquido homogéneo. Acuérdese de dejar que se enfríe un poco antes de triturarlo, para evitar explosiones.

2 cucharadas de aceite de oliva

1 cebolla amarilla mediana picada

6 dientes de ajo picados

1 litro de caldo de pollo bajo en sal

225 gramos de patatas Yukon Gold cortadas en dados de 2,5 cm

1 bote (450 g) de garbanzos en conserva escurridos

1 hoja de laurel

sal kosher

1 manojo grande de kale (aprox. 500 g), sin el nervio central y con las hojas cortadas en juliana

350 g de longaniza de pollo precocida en rodajas de 0,5 cm de grosor y cortadas al bies

el jugo de 1 limón grande (unas 3 cucharadas)

pimienta negra recién molida

Caliente a fuego medio-alto el aceite de oliva en una cazuela grande de fondo grueso. Añada la cebolla y sofríala durante unos 5 o 7 minutos, hasta que se poche. Añada el ajo y sofría durante un minuto más.

Añada el caldo de pollo, las patatas, los garbanzos, la hoja de laurel y una cucharadita y media de sal. Remueva, lleve a ebullición a fuego alto y reduzca a medio-bajo. Tape la cazuela y manténgala en el fuego durante unos 20 minutos más o hasta que al pinchar las patatas con un tenedor vea que ya están blandas.

Retire la hoja de laurel y, con una batidora de mano, triture la sopa hasta convertirla en una crema homogénea.

Suba a fuego alto, añada el kale y la longaniza de pollo, remueva y mantenga al fuego durante entre 3 y 5 minutos, hasta que el kale se haya pochado, pero sin que se llegue a reblandecer.

Retire la cazuela del fuego. Añada el jugo de limón y salpimiente.

INFORMACIÓN NUTRICIONAL POR RACIÓN: 438 calorías; 27,5 g proteína; 43 g hidratos de carbono; 19 g grasas (4 g saturadas); 70 mg colesterol; 3 g azúcares; 9 g fibra; 827 mg sodio

NUTRIENTES PRINCIPALES: vitamina C = 207 %; vitamina A = 126 %; vitamina B6 = 46 %; hierro = 50 %; potasio = 20 %; zinc = 11 %

Pollo con jamón, verduras salteadas y hierbas aromáticas

4 RACIONES

Despídase de las verduras aburridas y dele la bienvenida al saltimbocca de pollo. Esta versión del clásico plato italiano no incluye harina y se vale del jamón curado para añadir un sabor intenso y una textura crujiente. Use las verduras que más le gusten: las acelgas, el kale, las hojas de remolacha, las espinacas y el bok choy son opciones fantásticas para este plato delicioso y de preparación rápida. Las pechugas de pollo pueden variar mucho en tamaño y peso. Si es necesario, corte un par de pechugas grandes por la mitad para obtener cuatro trozos de unos 175 gramos cada uno. Si quiere ahorrar tiempo, pídale al carnicero que se las corte él.

5 dientes de ajo separados
1 limón grande
15 g de perejil fresco picado
5 g de hojas de albahaca fresca
   picadas
sal kosher

¼ cucharadita de pimienta negra
   recién molida
4 lonchas de jamón curado
2 cucharadas de aceite de oliva virgen
   extra, separadas, y un poco más si
   es necesario

4 pechugas de pollo (175 g cada una)
sin piel y deshuesadas y espalmadas
(golpeadas con una maza de carne)
2 manojos de acelgas (unos 550

gramos), con las pencas cortadas y
laminadas finas, por un lado, y las
hojas troceadas, por el otro

Con un rallador Microplane o con los agujeros más pequeños de un rallador de caja, ralle 3 dientes de ajo y la piel del limón y ponga las ralladuras en un cuenco. Añada el perejil, la albahaca, 1 cucharadita de sal, la pimienta negra recién molida y 1 cucharada de aceite de oliva.

Lamine finos los otros dos dientes de ajo, corte el limón por la mitad y reserve.

Frote las pechugas de pollo con el aliño de hierbas. Coloque una loncha de jamón sobre la cara lisa de cada pechuga y presione para que se adhiera.

Caliente la otra cucharada de aceite de oliva en una sartén grande a fuego medio-alto. Añada el pollo, con la cara del jamón hacia abajo y en tandas si es necesario. Sofría durante 4 o 5 minutos o hasta que el jamón esté crujiente. Gire las pechugas y sofríalas durante unos 3 minutos más o hasta que estén hechas del todo.

Ponga las pechugas en los platos. Mantenga la sartén a fuego medio-alto. Añada más aceite si es necesario para tener el equivalente de 1 cucharada en la sartén y añada el ajo laminado y la mitad de las acelgas. Sofría y remueva de vez en cuando durante unos 2 minutos, o hasta que las acelgas se empiecen a pochar. Añada el resto de las acelgas, el jugo de limón y un poco de sal. Mantenga al fuego durante 2 o 3 minutos más o hasta que las acelgas se hayan pochado.

Reparta la verdura entre los cuatro platos.

INFORMACIÓN NUTRICIONAL POR RACIÓN: 308 calorías; 47 g proteína; 6 g hidratos de carbono; 11,5 g grasas (1,5 g saturadas); 112 mg colesterol; 1 g azúcares; 2 g fibra; 880 mg sodio

NUTRIENTES PRINCIPALES: vitamina C = 48 %; vitamina A = 43 %; magnesio = 26 %; potasio = 19 %; hierro = 17 %

SEMANA 2: VERDURAS MULTICOLORES

Cuando les pido a mis pacientes que me describan sus platos típicos, con demasiada frecuencia pintan una imagen llena de aburridos colores parduzcos. La madre naturaleza creó un mundo repleto de frutas y verduras multicolores, cada una con su propia combinación de fitonutrientes beneficiosos para la salud. Estos arcoíris vegetales están repletos de fibra y de fitonutrientes. Las frutas y las verduras moradas, como las berenjenas y los arándanos, son muy ricas en unos fitonutrientes llamados antocianinas, que tienen unas propiedades antiinflamatorias extraordinarias. Las opciones de color naranja, como las zanahorias y los boniatos, obtienen el color de los carotenoides, que se transforman en la vitamina A que el cerebro necesita para funcionar a pleno rendimiento. El color rojo (como el de las fresas o los tomates) denota la presencia de licopeno, un nutriente antioxidante al que podríamos calificar de dinamo. Con tantos colores y sabores increíbles a nuestro alcance, ¿por qué conformarse con el beis?

Las verduras multicolores deberían ocupar la mayoría de su plato, junto a las de hoja verde. El objetivo de la segunda semana es añadir **30 gramos o más de frutas y verduras multicolores** en cada comida.

Cómo empezar

Relea la autoevaluación que ha completado en el capítulo 7. ¿Qué frutas y verduras multicolores aparecen ya con regularidad en su dieta? ¿Dónde podría añadir más?

Hay quien tiene dificultades a la hora de comer verdura porque no le gusta el sabor o la textura y tiende a gravitar hacia opciones básicas como las zanahorias o el brócoli. Por eso, una de las mejores maneras de aumentar el consumo de verduras multicolores es hacer un ejercicio al que llamamos «construir el arcoíris».

Piense en los colores del arcoíris (morado, azul, verde, amarillo, naranja y rojo) y haga una lista con las frutas y las verduras que le gustan clasificadas por colores. Luego, piense en cómo podría construir con ellas un arcoíris en la próxima ensalada o macedonia de frutas que prepare. ¿Podría incluir los seis colores? ¿Y si prueba un plato como el kimchi multicolor con arroz frito (pág. 237)? El objetivo último es encontrar el modo de construir un arcoíris, o al menos incluir frutas y verduras de varios colores, en todos y cada uno de los platos que prepare.

Consejos y trucos

Una manera de garantizar que consume la cantidad suficiente de colores del arcoíris es hacer la compra de forma consciente. La próxima vez que vaya al supermercado, fíjese bien en la sección de frutas y verduras. Hay muchísimas opciones de colores vibrantes y llamativos. ¡No se limite! ¿Por qué no se aventura y prueba a usar boniatos morados en la receta de boniatos crujientes (pág. 234)? ¿Ha probado alguna vez el rábano sandía? ¿Y la achicoria roja? ¿Y si se hace con un aguacate para preparar una crujiente tostada de aguacate con semillas? Hay multitud de opciones y todas son deliciosas.

También le recomiendo que tenga siempre verdura congelada, opciones básicas como cebolla, guisantes, pimientos o brócoli. Así, la tarea de añadir un puñado al plato que esté preparando le será mucho más fácil.

VERDURAS MULTICOLORES

Las frutas y las verduras multicolores aportan

FITONUTRIENTES
(flavonoides y carotenoides)

▷ Tienen potentes propiedades antioxidantes y de refuerzo del ADN

▷ Ayudan a combatir la inflamación.

FIBRA

▷ Alimenta los «microbios buenos» que habitan en el intestino.

TOMATES

ZANAHORIAS

BRÓCOLI

BONIATOS

FRUTOS DEL BOSQUE

BERENJENAS

PIMIENTOS

¡ ...Y MUCHO MÁS !

Dificultades

La mayor dificultad a la que se enfrentan la mayoría de las personas cuando se proponen aumentar la ingesta de frutas y verduras multicolores es aprender a conseguir que estén deliciosas. Muchos de nosotros crecimos con verduras hervidas o en conserva reblandecidas. Sin embargo, no tiene por qué seguir comiendo guisantes hervidos si no quiere. Aprender a cocinar la verdura de maneras que minimicen la pérdida de nutrientes y aumenten el perfil de su sabor lo ayudará

muchísimo a la hora de comer para prevenir la depresión y la ansiedad. Pruebe a saltear verduras de tantos colores como le sea posible en
una sartén o en un wok. Saboree platos enriquecidos con coles de
Bruselas asadas o con coliflor a la plancha. Y no se olvide de acompa-
ñarlo todo con salsas deliciosas que harán de su arcoíris un objeto de
devoción, no de obligación.

Tostada crujiente de aguacate y semillas

2 RACIONES

Las tostadas, como la pasta, son uno de los alimentos que se les antojan con frecuencia a las personas con ansiedad o depresión. Para transformar hidratos de carbono cargados de culpabilidad en una tostada cerebrosaludable, solo tiene que añadir un arcoíris de fitonutrientes y los múltiples beneficios adicionales del aguacate, que es una fuente maravillosa de grasas monoinsaturadas. Para un desayuno rápido, añada un huevo escalfado o salmón ahumado (¡o las dos cosas!). Prepare con antelación un tarro con semillas tostadas para tenerlas siempre a mano y poder esparcirlas por encima. También puede comprar bolsas de semillas variadas en el supermercado.

2 rebanadas grandes de pan de masa madre
2 cucharadas de mayonesa elaborada con aceite de oliva o de mantequilla sin sal a temperatura ambiente
1 cucharadita de semillas de amapola
1 cucharadita de semillas de sésamo
2 cucharaditas de pipas de calabaza
1 aguacate Hass en láminas finas

½ chile serrano en láminas finas (o una pizca de guindilla en escamas)
1 rábano grande en láminas finas
2 cucharadas de brotes, microverdes o hierbas frescas picadas muy finas
½ limón grande
2 cucharaditas de pipas de girasol
sal marina

Unte con mayonesa las rebanadas de pan por las dos caras. Espolvoree ambas caras con las semillas de amapola y de sésamo y las pipas de calabaza y péguelas a la mayonesa con los dedos o el reverso de una cuchara.

Caliente una sartén grande a fuego medio. Ponga las rebanadas de pan rebozadas de semillas en la sartén caliente y tuéstelas durante entre 3 y 5 minutos o hasta que se empiecen a dorar. Deles la vuelta y tuéstelas hasta que se doren también por la otra cara.

Reparta las láminas de aguacate, chile y rábano y los brotes entre las dos rebanadas. Exprima el limón sobre el pan. Espolvoree las pipas de girasol por encima y añada una pizca de sal.

INFORMACIÓN NUTRICIONAL POR RACIÓN: 408 calorías; 9 g proteína; 34 g hidratos de carbono; 28 g grasas (3,5 g saturadas); 6 mg colesterol; 3 g azúcares; 8 g fibra; 416 mg sodio

NUTRIENTES PRINCIPALES: tiamina = 41 %; ácido fólico = 39 %; vitamina B6 = 24 %; zinc = 245 %; selenio = 23 %

Boniatos crujientes

6 RACIONES

La depresión acostumbra a provocar antojos de hidratos de carbono, y encontrar la manera de satisfacerlos al tiempo que se ofrecen al cerebro los nutrientes que necesita es uno de los trucos básicos para comer para prevenir la depresión y la ansiedad. Además de los fitonutrientes antiinflamatorios que las caracterizan, las plantas multicolores tienden a contener hidratos de carbono de liberación lenta, que son más sanos. La textura crujiente de los boniatos y las semillas; la cremosidad del tahini y el queso feta, y el estallido de sabores de las hierbas aromáticas se alían en este delicioso bufet multicolor. Los boniatos morados son una de mis verduras preferidas y hacen que este plato sea maravilloso. Pruébelos la próxima vez que los vea en el supermercado.

1,5 kg de boniatos (4 boniatos medianos, de un máximo de entre 5 y 6,5 cm de grosor)
120 ml de aceite de oliva, y un poco más si es necesario
sal kosher
120 g de tahini
2 cucharadas de jugo de limón recién exprimido
2 cucharadas de agua templada, y un poco más si es necesario
1 diente de ajo rallado
15 g de hierbas aromáticas frescas suaves, como cilantro, perejil y albahaca
3 cucharadas de semillas, como sésamo y pipas de calabaza y de girasol
1/8 de guindilla en escamas
Opcional: 85 g-115 g de queso feta desmigado

Precaliente el horno a 220 °C.

Disponga los boniatos en una bandeja de horno con borde y pínchelos con un tenedor por toda la superficie. Úntelos con 60 ml de aceite de oliva y espolvoréelos con sal.

Áselos durante entre 45 minutos y una hora, o hasta que los pueda pinchar con facilidad. Si los boniatos son de distintos tamaños, compruebe el punto de cocción de todos.

Mientras, en un cuenco mediano, bata el tahini, el jugo de limón, el agua templada, media cucharadita de sal y el ajo hasta que obtenga una masa homogénea. Al principio será una masa muy espesa, pero siga removiendo. Si es necesario, añada más agua templada, cucharada a cucharada, hasta que obtenga una consistencia de crema de leche espesa.

Deje enfriar los boniatos durante al menos 20 minutos. Córtelos por la mitad longitudinalmente y luego haga incisiones profundas en la pulpa con un tenedor. No se preocupe si la piel se rompe un poco.

Caliente los 60 ml de aceite de oliva restantes a fuego medio en una sartén de 30 centímetros de diámetro (preferiblemente de hierro fundido). Ponga en la sartén los boniatos con la pulpa hacia abajo y por tandas, para disponer del espacio suficiente. Resista la tentación de aplastarlos sobre la sartén, porque las superficies rugosas que ha creado con el tenedor se han de tostar.

Manténgalos al fuego durante 3 o 4 minutos o hasta que se doren. Deles la vuelta con cuidado con una espátula y manténgalos al fuego durante 1 o 2 minutos más con la cara de la piel hacia abajo.

Transfiera los boniatos a una fuente de servir y repita el proceso con todos los boniatos. Tendrá que añadir un poco de aceite en cada tanda.

Riegue los boniatos con la salsa de tahini y luego espolvoree por encima las hierbas, las semillas y la guindilla en escamas. Remate con el queso, si ha decidido usarlo.

INFORMACIÓN NUTRICIONAL POR RACIÓN: 550 calorías; 12 g proteína; 53 g hidratos de carbono; 34,5 g grasas (7 g saturadas); 15 mg colesterol; 16 g azúcares; 9 g fibra; 241 mg sodio

NUTRIENTES PRINCIPALES: vitamina A: 315 %; vitamina C = 64 %; vitamina B6 = 58 %; tiamina = 54 %; potasio = 26 %

Ensalada de cereales, espinacas y setas chinas asadas

4 RACIONES

Las ensaladas de cereales y otros platos saludables a base de hidratos de carbono de liberación lenta son una manera fantástica de comer muchas plantas, y añadir hierbas frescas a los platos suma fibra y fitonutrientes de un modo muy sencillo. En esta receta, coceremos los cereales como la pasta. En lugar de buscar la proporción perfecta entre los cereales y el agua, limítese a llevar a ebullición una olla grande llena de agua y, una vez terminada la cocción, cuele los cereales. Este método le permite cocer todos los cereales a la vez. Eso sí, ¡respete los tiempos!

Este plato es ideal si quiere cocinar con antelación, porque se conserva hasta cinco días en el frigorífico.

450 g de setas chinas, sin los pies y en
    láminas de 0,5 cm
2 dientes de ajo picados
5 cucharadas de aceite de oliva virgen
    extra
sal kosher y pimienta negra recién
    molida
140 g de farro semiperlado enjuagado
90 g de quinoa enjuagada

el jugo de 1 limón grande (unas 3
    cucharadas)
1 cucharada de vinagre balsámico
60 g de espinacas frescas troceadas
20 g de hojas de albahaca fresca
    troceadas
85 g de pipas de calabaza tostadas
Opcional: queso parmesano en lascas

Precaliente el horno a 160 °C y forre con papel de horno una bandeja de horno con borde.

Aliñe las setas y el ajo con 2 cucharadas de aceite de oliva, media cucharadita de sal y un poco de pimienta negra recién molida. Disponga uniformemente las setas sobre la bandeja de horno y áselas durante unos 30 minutos o hasta que se ablanden. Remuévelas un poco con cuidado cuando lleven 20 minutos en el horno.

Mientras, cueza el farro y la quinoa. Lleve a ebullición una olla grande de agua con sal a fuego alto. Añada el farro y deje hervir durante 5 minutos. Añada la quinoa y cueza entre 10 y 12 minutos más o hasta que el farro y la quinoa estén tiernos.

Escurra los cereales y elimine toda el agua que le sea posible. Para que se enfríen rápidamente, dispóngalos en una capa uniforme sobre una bandeja de horno y métalos en el frigorífico. Si no, déjelos en el colador para que se enfríen mientras se siguen escurriendo.

Mientras tanto, bata 3 cucharadas de aceite de oliva, el jugo de limón y el vinagre. Salpimiente.

Junte las setas, los cereales, la vinagreta de limón, las espinacas y la albahaca en una ensaladera grande. Salpimiente.

Añada la mitad de las pipas de calabaza y remueva la ensalada. Espolvoree por encima la otra mitad de las pipas y el parmesano, si ha decidido usarlo.

INFORMACIÓN NUTRICIONAL POR RACIÓN: 490 calorías; 17 g proteína; 48 g hidratos de carbono; 29 g grasas (4,3 g saturadas); 0 mg colesterol; 4 g azúcares; 8 g fibra; 100 mg sodio

NUTRIENTES PRINCIPALES: vitamina B6 = 33 %; zinc = 25 %; hierro = 23 %; magnesio = 18 %; ácido fólico = 16 %

Kimchi multicolor con arroz frito y salsa de cacahuete

4 RACIONES

El arcoíris mejora la categoría de sus platos. Este es uno de los mensajes básicos de la psiquiatría nutricional y, en este plato, esta estrategia transforma un arroz frito en un magnífico alimento cerebrosaludable. Es un plato fantástico para todo el que crea que la verdura es aburrida. Además de diversas verduras multicolores y de bok choy, contiene kimchi, un plato de col fermentada tradicional que añade el poder de los probióticos a la receta. Personalice el plato con una amplia variedad de verduras multicolores o de hoja verde: las zanahorias, el apio, el hinojo, los espárragos o cualquier otra verdura densa pueden ocupar el lugar del pimiento y del bok choy, y las espinacas y las acelgas pueden sustituir al bok choy. La receta también funciona con distintos cereales integrales, como la cebada y el farro, en lugar de arroz. ¿Y quién se puede negar a un aliño de salsa picante de cacahuete?

80 ml de salsa de soja baja en sal
80 ml de vinagre de arroz
2 cucharadas de sriracha
2 cucharadas de manteca de cacahuete cremosa y sin edulcorar
3 cucharadas de agua
2 cucharaditas de miel
2 cucharadas de aceite de oliva
1 pimiento rojo grande picado fino
1 zanahoria grande picada fina
225 g de bok choy con las hojas troceadas y el tallo picado fino

1 cebolla amarilla mediana picada fina
3 dientes de ajo picados
1 trozo de jengibre (2,5 cm) rallado o picado
425 g de arroz integral o de otro grano (preferiblemente abierto un día antes)
2 huevos grandes
75 g de kimchi troceado
Aderezo opcional: sriracha, semillas de sésamo, cilantro, cebollino, cuñas de lima

Bata la salsa de soja, el vinagre, la sriracha, la manteca de cacahuete, 2 cucharadas de agua y la miel en un cuenco pequeño. Reserve.

Caliente el aceite de oliva a fuego medio-alto en una sartén de 30 centímetros. Añada el pimiento, la zanahoria, los tallos de bok choy, la cebolla y 1 cucharada de agua y déjelo en el fuego durante 4 o 5 minutos, hasta que la verdura casi se haya pochado, sin dejar de remover con una cuchara de madera. Añada el ajo y el jengibre y cueza durante 30 segundos más.

Añada el arroz, las hojas de bok choy y la salsa de cacahuete, y remueva hasta que la verdura se haya pochado del todo y esté bien impregnada de salsa.

Aparte el arroz a un lado para dejar un espacio en la sartén. Casque los huevos en el espacio abierto y bátalos rápidamente con la cuchara de madera. Cuando se hayan hecho, mézclelos con el arroz.

Añada el kimchi en el último momento para preservar las bacterias probióticas vivas. Sirva inmediatamente.

---

información nutricional por ración: 421 calorías; 13 g proteína; 60 g hidratos de carbono; 15,5 g grasas (3 g saturadas); 108 mg colesterol; 12 g azúcares; 7 g fibra; 1.145 mg sodio

nutrientes principales: vitamina C = 107 %; vitamina B6 = 56 %; vitamina A = 73 %; vitamina B1 = 37 %; magnesio = 37 %.

Lasaña de pavo y calabacín
8 RACIONES

La lasaña es otro de los platos a los que acudimos con mucha frecuencia cuando nuestro estado de ánimo no es el ideal. En este caso, multiplicamos la densidad nutricional sustituyendo las placas de lasaña por láminas de calabacín. Sazonar el calabacín impedirá que suelte demasiada agua, pero si prefiere saltarse este paso, puede servir el plato con una rasera.

1 kg de calabacín
sal kosher
1 cucharada de aceite de oliva
1 cebolla amarilla pequeña picada
500 g de carne de pavo oscura picada
4 dientes de ajo picados
2 latas (de 800 g) de tomate en
	conserva troceado
1 cucharadita de orégano seco

1 cucharadita de tomillo seco
pimienta negra recién molida
60 gramos de espinacas frescas
175 g de queso fresco escurrido
45 g de mozzarella deshilada
45 g de queso parmesano rallado
1 huevo
10 g de albahaca fresca picada fina,
	y un poco más para aderezar

Corte los calabacines transversalmente por la mitad y luego corte cada mitad en láminas finas longitudinales. Disponga las láminas de calabacín sobre varios paños de cocina limpios o sobre papel de cocina y espolvoréelos con sal por ambas caras. Déjelos reposar hasta que los necesite y séquelos completamente a toquecitos suaves antes de usarlos.

Precaliente el horno a 190 °C.

Caliente el aceite de oliva a fuego medio-alto en una sartén apta para horno de 30 centímetros de diámetro. Sofría la cebolla durante 3 o 4 minutos, hasta que se empiece a volver translúcida. Añada la carne de pavo picada y el ajo, y remueva con una cuchara de madera para romper la carne en trocitos, durante 4 o 5 minutos o hasta que pierda por completo el color rosado.

Añada el tomate en conserva, el orégano y el tomillo. Salpimiente con media cucharadita de sal y un cuarto de pimienta negra recién molida. Baje el fuego y deje hervir a fuego lento removiendo con frecuencia durante 10 o 15 minutos o hasta que la salsa se haya espesado y no quede líquido acuoso por encima. Añada las espinacas por tandas.

Mientras, en un cuenco grande, mezcle el queso fresco, la mitad de la mozzarella, la mitad del parmesano, el huevo, la albahaca y un poco de pimienta negra recién molida.

Para montar la lasaña, saque de la sartén toda la salsa excepto una capa muy fina y pásela a un cuenco. Disponga una capa de láminas de calabacín sobre la salsa y solápelas cuando sea necesario para cubrir por completo la superficie de la sartén.

Extienda sobre el calabacín una tercera parte de la salsa de queso y una cuarta parte de la salsa de tomate que ha pasado al cuenco. A continuación, monte otra capa de láminas de calabacín y solápelas cuando sea necesario para que no queden espacios. Repita el proceso dos veces más.

Cubra por completo la última capa de calabacín con toda la salsa de tomate que le quede.

Meta la sartén sin tapar en el horno durante 40 minutos y luego ponga el horno en la función de gratinar. Esparza por encima la mozzarella y el parmesano sobrantes y gratine durante 3 o 4 minutos más o hasta que el queso se empiece a tostar.

Aderece con la albahaca y la pimienta negra recién molida.

---

información nutricional por ración: 379 calorías; 28 g proteína; 21 g hidratos de carbono; 20 g grasas (8 g saturadas); 96 mg colesterol; 5 g azúcares; 9 g fibra; 781 mg sodio
nutrientes principales: vitamina C = 67 %; vitamina B6 = 23 %; potasio = 21 %; selenio = 20 %; vitamina B12 = 18 %

Evaluación

Responda a las siguientes preguntas antes de pasar a la tercera semana:

1. ¿Ha alcanzado el objetivo de añadir 30 g o más de verduras multicolores en cada comida?
2. ¡Celebre lo que ha conseguido! ¿Qué le ha resultado más útil a la hora de alcanzar su objetivo? ¿Qué estrategias cree que podrían ayudarlo con vistas a la próxima semana?
3. ¿Ha probado alguna de las recetas que le hemos propuesto? ¿Qué habilidades podría desarrollar para que elaborar platos multicolores le resulte más fácil?
4. ¿Cómo puede seguir añadiendo frutas y verduras multicolores a sus platos mientras sigue avanzando?

SEMANA 3: PESCADO Y MARISCO

Sé que el pescado y el marisco constituyen una categoría de alimentos complicada para muchas personas. ¡Si lo fue hasta para mí! Sin embargo, también constituyen una de las únicas maneras de conseguir ácidos grasos omega-3 tan extraordinarios como el ácido eicosapentaenoico (EPA) o el ácido docosahexaenoico (DHA), por lo que, si no lo ha hecho ya, ha de encontrar la manera de integrar esta categoría de alimentos en su dieta. Los ácidos grasos poliinsaturados (PUFA) de cadena larga son un alimento extraordinario para el cerebro y contribuyen a estimular la producción de importantes factores de crecimiento nervioso como el factor neurotrófico derivado del cerebro (BDNF), además de aliviar la inflamación en todo el cuerpo, incluido el cerebro. El pescado y el marisco también son muy ricos en otros nutrientes cerebrosaludables, como el hierro, la vitamina B12, el zinc y el selenio. Si realmente quiere comer de un modo que maximice la densidad nutricional, no puede dejar pasar un buen plato de pescado fresco o de mejillones.

Los palitos de pescado ultracongelados fueron el único pescado que conocí durante mi infancia, por lo que entiendo que añadir de 2 a

5 raciones de pescado y marisco semanales le pueda parecer mucho. Sin embargo, una vez haya encontrado la manera de incluir deliciosos frutos del mar en la planificación de sus menús semanales, no tardará en preguntarse por qué se había preocupado tanto. Disfrute de las explosiones de sabor que le proporcionarán un bol de mejillones picantes sobre un plato de pasta o una sencilla tortita de patata con salmón ahumado y un poco de crema fresca.

Cómo empezar

Revise su autoevaluación y determine cuál es su situación actual en lo que se refiere al pescado y al marisco. ¿Se siente cómodo comiendo pescado? ¿Y cocinándolo? Quizá podría comenzar pidiendo el pescado del día en su restaurante preferido o añadiendo un puñado de gambas a su ensalada cerebrosaludable favorita. La manera más sencilla de empezar es cambiar el pollo o la ternera por algún tipo de pescado o marisco un par o tres de veces a la semana.

Consejos y trucos

La mejor manera de comer pescado es comprarlo fresco y cocinarlo el mismo día o al día siguiente. El pescado congelado también es una opción fantástica, además de ser más barato que el fresco, pero es posible que tenga un sabor o un olor más intenso que el fresco. Para descongelarlo, póngalo en la nevera por la noche. Si tiene una pescadería de confianza cerca, pida que le recomienden opciones de pescado salvaje fresco que se adapte a sus gustos.

Recuerde que hay mil y una maneras de disfrutar del pescado y del marisco. No es necesario que cocine un gran trozo de pescado blanco al horno como hacía su abuela. Pruebe los tacos de pescado o los fideos con dashi, un sabroso caldo de pescado que se usa en la cocina japonesa tradicional. Estoy convencido de que, cuando comience a experimentar, se dará cuenta de que añadir esta fenomenal categoría de alimentos saludables para el cerebro es mucho más fácil de lo que pensaba.

Dificultades

Aún hay mucha gente preocupada por el mercurio y los microplásticos. Y con razón. Sin embargo, el riesgo de ingerir estos contaminantes es mucho menor cuando se opta por pescados pequeños, como las sardinas y las anchoas. Los mejillones, las almejas y las ostras son una manera fantástica de disfrutar del pescado y del marisco sin preocupaciones. Hay cientos de maneras deliciosas de preparar el pescado y el marisco, desde los ceviches clásicos a sencillos filetes de pescado a la plancha. Dedique algo de tiempo a investigar la manera de comer pescado que encaja mejor con usted.

Tortitas de patata con salmón ahumado y crema fresca
4 RACIONES

El salmón ahumado y otros pescados ahumados o en salazón son alimentos tradicionales que hoy se acostumbran a servir con panecillos como los *bagels* y que constituyen una manera muy sencilla de incluir más ácidos grasos omega-3 de cadena larga en la planificación de las comidas. Busque salmón ahumado sin colorantes. A pesar de su mala reputación, las patatas son una buena fuente de potasio y de acido fólico, y son una buena base con la que equilibrar el pescado. Son maravillosas para desayunar o como aperitivo.

2 cucharadas de harina de lino
5 cucharadas de agua
2 kg de patatas Yukon Gold
2 cucharadas de harina de trigo
2 cucharadas de cebollino fresco picado, y un poco más para aderezar
2 cucharaditas de hojas de tomillo

fresco
½ cucharadita de sal kosher
¼ cucharadita de pimienta negra recién molida
8 cucharadas de aceite de oliva
85 gramos de salmón ahumado (unas 8 lonchas)
4 cucharadas de crema fresca

Mezcle bien la harina de lino y el agua en un cuenco grande. Deje reposar la masa durante 5 minutos o más, para que espese.

Ralle las patatas con los agujeros más grandes de un rallador de caja sobre el centro de un paño de cocina fino. Estruje el paño todo lo fuerte que pueda sobre la pica de la cocina, para eliminar toda el agua que sea posible.

Añada las patatas, la harina de trigo, el cebollino, el tomillo, la sal y la pimienta recién molida al cuenco de harina de lino y remueva bien para mezclar todos los ingredientes.

Caliente a fuego medio 2 cucharaditas de aceite de oliva en una sartén de 22 centímetros de diámetro. Divida la masa en cuatro partes iguales y haga 4 tortitas de patata (de una en una) colocándolas en la sartén y aplanando la masa hasta que alcance unos 20 centímetros de diámetro. Déjelas cocer 5 o 6 minutos por cada cara, hasta que se doren. Repita el proceso y añada un poco más de aceite después de hacer cada tortita, hasta que haya terminado la masa.

Reparta las tortitas en cuatro platos y ponga unos 60 gramos de salmón sobre cada una. Riegue cada una con una cucharada de crema fresca y aderécelas con cebollino picado.

INFORMACIÓN NUTRICIONAL POR RACIÓN: 328 calorías; 10 g proteína; 35 g hidratos de carbono; 17 g grasas (5 g saturadas); 27 mg colesterol; 2 g azúcares; 5 g fibra; 407 mg sodio
NUTRIENTES PRINCIPALES: vitamina B6 = 77 %; vitamina C = 53 %; vitamina B12 = 42 %; potasio y omega-3 (DHA+EPA) = 30 %

Hamburguesas de salmón salvaje

Las hamburguesas de salmón son un alimento potentísimo, porque este pescado es una de las principales fuentes de ácidos grasos omega-3 de cadena larga, vitamina B12 y proteínas, nutrientes todos que benefician a nuestra mente y a nuestro estado de ánimo. Usar salmón salvaje en conserva nos libera de la presión de tener que comprar el pescado perfecto y de la preocupación por si es fresco o no; además, es mucho más barato. Usar el salmón de esta manera no solo es una deliciosa alternativa a la típica hamburguesa de ternera, sino que, además, es una sustitución ideal si el objetivo es comer para prevenir la depresión y la ansiedad. Añadir a las hamburguesas fitonutrientes mediante el eneldo, el cilantro, la cebolleta, el jengibre y el ajo multiplica su densidad nutricional. Una vez cocinadas, las hamburguesas durarán un par de días en el frigorífico, por lo que son perfectas también a la hora de planificar los menús de la semana.

Hamburguesas de salmón salvaje con eneldo

4 HAMBURGUESAS

2 huevos grandes
3 latas de (de 140 g) de salmón salvaje en conserva, escurridas
50 g de harina de almendra fina
1 limón orgánico con la piel rallada y exprimido
2,5 gramos de eneldo fresco picado fino y 2 cucharadas adicionales
2 cucharadas de cebollino fresco, picado fino

sal kosher y pimienta negra recién molida
¼ cucharadita de ajo en polvo
150 g yogur griego natural
2 cucharadas de aceite de oliva virgen extra, separadas
Para servir: 4 panes de hamburguesa, tomate en rodajas, hojas de lechuga, cebolla roja en rodajas finas

Bata los huevos en un cuenco grande. Añada el salmón y cháfelo con un tenedor hasta que no queden trozos grandes.

Añada la harina de almendra, la ralladura de limón, 2,5 g de eneldo, el cebollino, media cucharadita de sal, un poco de pimienta negra recién molida y el ajo en polvo y remueva bien hasta que obtenga una masa homogénea. Forme cuatro hamburguesas de poco más de 1 centímetro de grosor. Si no las va a cocinar inmediatamente, guárdelas en el frigorífico.

En otro cuenco, mezcle el yogur, el jugo de limón, las 2 cucharaditas de eneldo adicionales, 1 cucharada de aceite de oliva, un poco de sal y una pizca de pimienta negra recién molida.

Caliente la cucharada de aceite que queda a fuego medio-alto en una sartén de 30 centímetros de diámetro. Fría las hamburguesas durante unos 4 minutos por cada cara o hasta que estén doradas.

Esparza la salsa de eneldo sobre la mitad inferior de los bollos de hamburguesa, ponga una hamburguesa encima, más salsa de eneldo, tomate, lechuga y cebolla. Tape con la mitad superior del pan de hamburguesa y sirva inmediatamente.

INFORMACIÓN NUTRICIONAL POR RACIÓN: 354 calorías; 30 g proteína; 5 g hidratos de carbono; 24 g grasas (4,5 g saturadas); 180 mg colesterol; 1 g azúcares; 2 g fibra; 446 mg sodio

NUTRIENTES PRINCIPALES: selenio = 367 %; omega-3 (DHA+EPA) = 340 %; vitamina B12 = 122 %; vitamina B6 = 112 %; vitamina A = 59 %

Hamburguesas de salmón salvaje con soja y miel

4 HAMBURGUESAS

¡Ñam! Esta es la crítica oficial de esta hamburguesa de pescado, que también es pura dinamita cubierta con ensalada de col y mayonesa de wasabi o dispuesta sobre un plato de verduras y arroz integral.

2 huevos grandes
3 latas (de 140 g) de salmón salvaje en conserva, escurridas
45 g de panko
2 cucharadas de cilantro fresco picado fino
2 cebolletas picadas
1 trozo (de 2,5 cm) de jengibre fresco, pelado y rallado
3 dientes de ajo rallados

el jugo de 1 lima grande (unas 3 cucharadas)
2 cucharadas de salsa de soja baja en sal
1 cucharada de aceite de oliva virgen extra
Para servir: 4 panes de hamburguesa, mayonesa, 1 aguacate grande cortado en láminas finas, hojas de lechuga

Bata los huevos en un cuenco grande. Añada el salmón y cháfelo con un tenedor hasta que no queden trozos grandes.

Añada el panko, el cilantro, las cebolletas, el jengibre, el ajo, el jugo de lima y la salsa de soja y remueva bien hasta que obtenga una masa homogénea. Forme cuatro hamburguesas de poco más de 1 centímetro de grosor. Si no las va a cocinar inmediatamente, guárdelas en el frigorífico.

Caliente la cucharada de aceite que queda a fuego medio-alto en una sartén de 30 centímetros de diámetro. Fría las hamburguesas durante unos 4 minutos por cada cara o hasta que estén doradas.

Unte de mayonesa las caras internas de los panes de hamburguesa. Ponga una hamburguesa de salmón en cada mitad inferior y, encima, aguacate y lechuga. Tape con la parte superior del pan de hamburguesa y sirva.

INFORMACIÓN NUTRICIONAL POR RACIÓN: 235 calorías; 28 g proteína; 10 g hidratos de carbono; 8 g grasas (1,5 g saturadas); 174 mg colesterol; 1 g azúcares; 1 g fibra; 298 mg sodio

NUTRIENTES PRINCIPALES: selenio = 367 %; omega-3 (DHA+EPA) = 340 %; vitamina B12 = 122 %; vitamina B6 = 112 %; vitamina A = 59 %

Ceviche de gambas con mango y jengibre

4 RACIONES

¿Le preocupa no cocinar el pescado o el marisco correctamente? Este es el plato que necesita. El ceviche es un plato tradicional de América del Sur que usa el ácido del jugo de lima para «cocinar» el pescado y del que existen múltiples variaciones en países costeros de todo el mundo. Si cocinar un filete de pescado le intimida o si ha probado el ceviche pero nunca lo ha hecho en casa, añada esta receta a su plan para la semana. Las instrucciones son para gambas crudas, pero si quiere acelerar el proceso de preparación, también puede usar gambas salvajes cocidas. A los niños les encanta y es una manera de poner un plato de pescado en la mesa en cuestión de minutos.

180 ml de jugo de lima recién exprimido
60 ml de jugo de pomelo
500 g de gambas salvajes crudas, peladas y desvenadas
1 trozo (de 2,5 cm) de jengibre pelado y rallado
1 mango grande en dados

1 pimiento rojo pequeño picado
½ jalapeño en láminas muy finas
½ cebolla roja pequeña picada fina
5 g de cilantro fresco picado fino
sal kosher
1 aguacate grande, en dados
Para servir: hojas de lechuga mantecosa, nachos

Mezcle los jugos de lima y de pomelo, y reparta la mezcla en dos cuencos grandes.

Corte las gambas en trozos de 1 centímetro, deposítelas en uno de los cuencos, remueva bien para que se empapen del jugo y métalas en el frigorífico durante 20 minutos, no más. Si se pasan de «cocción», quedarán duras.

Añada en el otro cuenco el jengibre, el mango, el pimiento, el jalapeño, la cebolla, el cilantro y media cucharadita de sal. Remueva para que todo se mezcle bien.

Cuando las gambas se hayan marinado durante 20 minutos póngalas, junto al jugo, en el otro cuenco que ha preparado. Remueva para que todo se mezcle bien. Pruébelo y rectifique de sal.

Remate el ceviche con los dados de aguacate y el aceite de oliva. Añada una pizca de sal al aguacate. Sirva el ceviche acompañado de hojas de lechuga y nachos.

Tacos de pescado con crema de aguacate

4 RACIONES

El pescado y el marisco, las verduras multicolores y las verduras de hoja verde se suelen servir acompañadas de legumbres. Los tacos de pescado son el paquete completo y un catalizador del consumo de pescado. Al fin y al cabo, es su taco, por lo que los complementos solo dependen de usted. Esta receta actualiza la combinación habitual de pescado frito y col con una maravillosa crema de aguacate y lo acompaña con rúcula, maíz, cilantro y tomate para convertirlo en un delicioso arcoíris veraniego. Otras opciones rápidas: pimiento en rodajas, pico de gallo, jalapeños encurtidos y rábanos.

Tacos de pescado

- 240 ml de agua carbonatada
- 50 g de harina de yuca
- 2 cucharadas de harina de tapioca o de almidón de maíz
- 1 ½ cucharaditas de sal kosher
- 1 cucharadita de pimentón ahumado
- 1 cucharadita de cebolla en polvo
- ½ cucharadita de ajo en polvo
- 60 ml de un aceite de cocina neutro, como el de aguacate, de semilla de uva o de coco refinado
- 700 g de bacalao sin piel, cortado en trozos de 7,5 cm
- 8 tortillas de maíz
- 30 g de rúcula
- 2 mazorcas de maíz cocido desgranadas
- 1 tomate pera grande en dados
- ½ cebolla blanca pequeña en dados
- 10 g de cilantro fresco picado

Crema de aguacate

- 1 aguacate Hass grande
- 100 g de yogur griego natural o de crema agria
- el jugo de 1 lima grande (unas 2 cucharadas)
- ¼ cucharadita sal kosher
- 1/8 cucharadita de ajo en polvo

Elaboración de los tacos de pescado:

En un cuenco grande, bata el agua carbonatada, la harina de yuca, la harina de tapioca, la sal, el pimentón, la cebolla en polvo y el ajo en polvo hasta que obtenga una masa homogénea. Será muy líquida y fina, apenas más espesa que la nata líquida.

Caliente el aceite neutro a fuego medio-alto en una sartén grande. Estará listo cuando deje caer una gota de agua y crepite inmediatamente. Incorpore aproximadamente un tercio del bacalao en la masa y remuévalo con suavidad con un tenedor para rebozarlo bien.

Pinche un trozo de bacalao con un tenedor y levántelo para que deje caer la masa sobrante y páselo a la sartén. Repita con el resto del bacalao, pero sin llenar demasiado la sartén. Fríalo entre 2 y 3 minutos por cada cara o hasta que esté dorado. Transfiéralo a un plato cubierto con papel de cocina, sazone y fría el resto del bacalao.

Elaboración de la crema de aguacate:

Mezcle el aguacate, el yogur, el jugo de lima, la sal y el ajo en polvo en un cuenco y bata y remueva hasta que obtenga una masa homogénea. Si queda algún grumo tampoco pasa nada.

Para servir:

Para calentar las tortillas, o bien colóquelas directamente sobre la llama de la encimera de gas a fuego medio durante 20 segundos por cada cara o envuélvalas todas en papel de cocina húmedo y métalas en el microondas durante 25 segundos.

Ponga un poco de rúcula en el centro de cada tortilla y, encima, un trozo de bacalao rebozado, crema de aguacate, maíz, tomate, cebolla y cilantro. Disfrútelo inmediatamente.

INFORMACIÓN NUTRICIONAL POR RACIÓN: 575 calorías; 36 g proteína; 53 g hidratos de carbono; 25,5 g grasas (5 g saturadas); 83 mg colesterol; 5 g azúcares; 8 g fibra; 974 mg sodio

NUTRIENTES PRINCIPALES: selenio = 105 %; vitamina B6 = 77 %; omega-3 (DHA-EPA) = 66 %; vitamina B12 = 63 %; potasio = 46 %

Soba dashi con huevo escalfado

4 RACIONES

El dashi es un caldo curativo tradicional japonés que se elabora con algas kombu y láminas de bonito ahumado seco y fermentado, o *katsuobushi*. Este sencillo caldo se puede aderezar con una amplia variedad de plantas, alimentos fermentados y pescados, por lo que es un plato fantástico que incluir en su dieta. Lo remataremos con huevo, para añadir una dosis de colina y de proteínas perfectas, y puede acabarlo con verduras crudas y crujientes o con un puñado de espinacas, bok choy laminado o fideos de calabacín añadidos en el último minuto. Escalfar los huevos directamente en el caldo no tiene la menor complicación, pero si los prefiere duros o pasados por agua, también puede hacerlo.

2 litros de agua
2 láminas cuadradas (de 10 cm de lado) de alga kombu
3 cucharadas de *katsuobushi*
3 cucharadas de salsa de soja baja en sal
2 cucharadas de aceite de sésamo
2 cucharadas de vinagre de arroz
2 cucharaditas de sriracha u otra salsa picante
85 g de fideos soba secos
4 huevos grandes
50 g de zanahoria en juliana
50 g de cebolletas, en láminas finas
55 g de rábano, en láminas finas
2 cucharaditas de semillas de sésamo

Vierta el agua en una cazuela grande y añada las algas kombu y el *katsuobushi*. Lleve a ebullición a fuego alto. Retire del fuego y deje las algas y el bonito en remojo durante unos 20 o 30 minutos.

Pase el caldo por un colador de malla fina colocado sobre un cuenco grande. Enjuague la cazuela si es necesario y vierta en ella el caldo colado.

Lleve el caldo a ebullición a fuego alto, añada la soja, el aceite de sésamo, el vinagre y la sriracha y baje el fuego a medio-bajo.

Añada los fideos, remueva y mantenga al fuego durante 1 minuto. Empuje los fideos hacia un lado de la cazuela. Casque los huevos, de uno en uno, en un cuenco pequeño y, entonces, déjelos caer con suavidad en el caldo. Tape la cazuela y déjelos cocer durante 4 o 5 minutos, hasta que las claras hayan cuajado pero las yemas no.

Reparta los huevos, los fideos y el caldo en 4 cuencos. Remátelos con la zanahoria, la cebolleta, el rábano y las semillas de sésamo.

INFORMACIÓN NUTRICIONAL POR RACIÓN: 371 calorías; 15 g proteína; 52 g hidratos de carbono; 12 g grasas (2 g saturadas); 175 mg colesterol; 6 g azúcares; 2 g fibra; 423 mg sodio

NUTRIENTES PRINCIPALES: vitamina B12 = 63 %; tiamina = 45 %; vitamina A = 40 %; colina = 28 %; ácido fólico = 22 %

Almejas al vapor con hierbas aromáticas y limón

4 RACIONES

Las almejas son un superalimento y la fuente natural de vitamina B12 más concentrada que existe. Es uno de los primeros alimentos buenos para el cerebro que se identificaron y hace años que hay personas que informan de que se sienten más llenas de energía después de consumir bivalvos. Puede que sea por los minerales o quizá sea por las vitaminas del grupo B que contienen, pero lo cierto es que parece que el cerebro reconoce las almejas. Por orden del médico, sírvalas acompañadas de una buena barra de pan crujiente para rebañar la salsa. Si va a haber muchos comensales, puede mejorar el plato añadiendo a la cazuela al mismo tiempo que las almejas 2 mazorcas de maíz cortadas en 6 trozos y 500 g de *andouille* de 2,5 centímetros de diámetro cortada en rodajas.

2 cucharadas de aceite de oliva virgen extra
1 chalota grande picada
4 dientes de ajo laminados finos
2,25 kg de almejas, preferiblemente chirlas mercenarias
2 cucharadas de mantequilla sin sal
la ralladura y el jugo de 1 limón grande

(unas 3 cucharadas)
2 cucharadas de albahaca fresca picada
2 cucharadas de perejil fresco picado
2 cucharadas de cebollino fresco picado
¼ guindilla en escamas
sal kosher

Caliente el aceite de oliva a fuego medio en una olla de hierro fundido o en una cazuela ancha. Añada la chalota y el ajo y sofríalos durante 3 o 4 minutos o hasta que se pochen.

Añada las almejas y tape la cazuela. Cuézalas entre 6 a 10 minutos o hasta que la mayoría se hayan abierto. Con una rasera, transfiera las almejas abiertas a una fuente de servir. Deseche las cerradas.

Con la cazuela aún a fuego medio, añada al líquido de las almejas la mantequilla, el jugo y la ralladura de limón, la albahaca, el perejil, el cebollino y la guindilla en escamas. Remueva y deje que los sabores se mezclen durante 1 minuto. Pruébelo y rectifique de sal si fuese necesario.

Vierta la salsa sobre las almejas y sirva inmediatamente.

INFORMACIÓN NUTRICIONAL POR RACIÓN: 335 calorías; 37 g proteína; 11 g hidratos de carbono; 15 g grasas (4,5 g saturadas); 90 mg colesterol; 1 g azúcares; 568 mg sodio

NUTRIENTES PRINCIPALES: vitamina B12 = 1750 %; vitamina A = 72 %; hierro = 66 %; omega-3 (DHA+EPA) = 40 % (200 mg); selenio = 38 %

PESCADO Y MARISCO

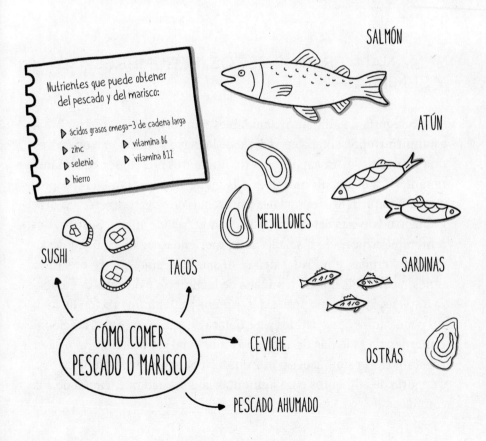

Nutrientes que puede obtener del pescado y del marisco:

▷ ácidos grasos omega-3 de cadena larga
▷ zinc   ▷ vitamina B6
▷ selenio   ▷ vitamina B12
▷ hierro

SALMÓN

ATÚN

MEJILLONES

SUSHI

TACOS

SARDINAS

CÓMO COMER PESCADO O MARISCO

CEVICHE

OSTRAS

PESCADO AHUMADO

SEMANA 4: FRUTOS SECOS, LEGUMBRES Y SEMILLAS

Esta categoría de alimentos saludables para el cerebro acostumbra a estar infrarrepresentada en la dieta de la mayoría de las personas. Y es una verdadera lástima, porque estos alimentos no solo son una manera fantástica de añadir más fibra a la dieta, sino que también proporcionan fitonutrientes esenciales y proteínas de origen vegetal. ¿La otra gran virtud de esta categoría? Que es muy fácil de añadir. Sustituya el tentempié azucarado o salado de la merienda por un puñado de almendras crudas y no solo saciará el hambre, sino que reforzará la función cerebral; añada un puñado de legumbres o de pipas de calabaza a su ensalada o sopa preferidas; pruebe a añadir una ración de nueces o anacardos a sus batidos y los dotará de una cremosidad adicional e inesperada (además de una dosis adicional de proteína de origen vegetal). Las posibilidades son infinitas cuando se trata de usar esta categoría de alimentos para aumentar la densidad nutricional de sus comidas.

Cuando empiece a pensar en todas las maneras en que puede usar los frutos secos, las semillas y las legumbres en sus platos, probablemente se dará cuenta de que ya cuenta con varios platos favoritos entre los que elegir. ¿A quién no le encanta un reconfortante plato de nutritiva crema de lentejas en un frío día de invierno? ¿O un buen hummus con el que untar verdura fresca o tostadas de pan integral? Al igual que sucede con la verdura, los frutos secos, las legumbres y las semillas pueden añadir un extra a sus platos preferidos. Intente encontrar maneras de añadir **al menos un puñadito** diario de estos alimentos a sus platos o como tentempié independiente.

Cómo empezar

Cuando revise la autoevaluación que ha llevado a cabo, es posible que se dé cuenta de que no come demasiados frutos secos, legumbres ni semillas. De ser así, sepa que no es el único. Pero, tal y como le he explicado, es muy fácil sustituir tentempiés habituales por estos alimentos, así como añadirlos a sus platos preferidos. Por si eso fuera poco, también lo ayudarán si es goloso. Las tortitas de trigo sarraceno y cacao (pág. 255) o las trufas de chocolate cerebrosaludables (pág. 260) son maneras fantásticas de consumir alimentos de estas categorías con el punto justo de dulce.

Consejos y trucos

Es muy probable que ya tenga una sopa o una receta de chile preferida a la que unas legumbres le vendrían que ni pintadas. En lugar de ceñirse a una sola, intente añadir variedades distintas. No hace falta esforzarse demasiado para crear un arcoíris de legumbres.

Los frutos secos son tentempiés fantásticos. Si tiene distintas clases crudas a mano, le ayudarán cuando le entre el gusanillo por la tarde o para aguantar entre comidas. También son fantásticos en ensaladas, sopas y otros platos. En un abrir y cerrar de ojos, las añadirá a sus platos preferidos sin ni siquiera darse cuenta.

Dificultades

Los frutos secos preocupan a muchas personas por su elevado contenido en grasas y calorías. Recuerde que con poca cantidad llegará muy lejos y que comprar anacardos, almendras o nueces crudas es una de las mejores maneras de mantener sus niveles de energía al máximo durante toda la jornada sin demasiada grasa ni sodio.

Tortitas de trigo sarraceno y cacao con compota de frambuesas

12 TORTITAS

Comer tortitas es muy reconfortante y esta versión mejora el estado de ánimo y proporciona una buena dosis de energía. Son ricas en fibra y magnesio, por lo que son fantásticas para el microbioma y para la salud mental. Los *nibs* de cacao aportan todos los beneficios del chocolate, pero sin el azúcar, y los plátanos se encargan de añadir dulzor y potasio. La harina de trigo sarraceno no tiene gluten y contiene diez veces más magnesio que la harina blanca. Si quiere preparar una versión vegana, use el sustituto de la leche que más le guste y elabore un huevo de linaza: bata 1 cucharada de semillas de lino molidas y 2 cucharadas y media de agua y deje reposar la mezcla durante cinco minutos.

Compota

- 225 g de frambuesas frescas o congeladas
- 1 cucharada de jugo de limón
- 1 cucharada de sirope de arce
- ¼ cucharadita de extracto de vainilla puro
- 2 cucharaditas de semillas de chía

Tortitas

- 1 plátano maduro
- 240 ml de leche entera
- 1 cucharada de jugo de limón recién exprimido
- 1 cucharada de sirope de arce, y un poco más para servir
- 1 cucharada de aceite de aguacate o de coco, y un poco más para cocinar
- 1 huevo grande batido
- 1 cucharadita de extracto de vainilla puro
- 136 g de harina de trigo sarraceno
- 1 cucharadita de levadura
- ½ cucharadita de sal kosher
- 60 g de *nibs* de cacao
- **Opcional:** mantequilla de pasto

Comience por la compota. Introduzca las frambuesas, el jugo de limón, el sirope de arce y el extracto de vainilla en un cazo pequeño y llévelo a ebullición a fuego medio-alto. Remueva con frecuencia. Reduzca el fuego a medio-bajo. Siga removiendo y chafe las frambuesas con un tenedor o unas varillas de batir. Cuando el líquido se haya reducido a la mitad y la compota esté bastante espesa, añada las semillas de chía y retire el cazo del fuego, para que se enfríe un poco.

En un cuenco mediano, aplaste completamente el plátano con un tenedor. Añada la leche y el jugo de limón y deje reposar durante al menos 10 minutos para crear su propio suero de mantequilla. (También puede usar 240 ml de suero de mantequilla y obviar el jugo de limón.)

Añada el sirope de arce, el aceite de aguacate, el huevo y la vainilla a la leche.

En otro cuenco más grande, mezcle bien la harina de trigo sarraceno, la levadura y la sal.

Vierta los ingredientes húmedos sobre los secos y remueva hasta que se integren. No se exceda o las tortitas quedarán duras. Deje reposar la masa durante un mínimo de 5 minutos.

Caliente una sartén grande a fuego medio. Añada una cucharada de aceite de aguacate y extiéndalo para cubrir toda la superficie de la sartén. Vierta por tandas la masa en la sartén usando un cazo o vaso de medir de 120 ml. Espolvoree *nibs* de cacao sobre las tortitas.

Gire las tortitas a los 3 o 4 minutos o cuando se empiecen a formar burbujas sobre la superficie y estallen. Manténgalas al fuego durante 1 o 2 minutos o hasta que la otra cara se dore. Repita el proceso hasta que la masa se acabe.

Remate las tortitas con la compota de frambuesa y, si lo desea, sírvalas acompañadas de sirope de arce y mantequilla.

INFORMACIÓN NUTRICIONAL POR RACIÓN: 350 calorías; 8 g proteína; 41 g hidratos de carbono; 16,5 g grasas (8 g saturadas); 51 mg colesterol; 10 g azúcares; 11 g fibra; 286 mg sodio

NUTRIENTES PRINCIPALES: magnesio = 34 %; vitamina B12 = 21 %; colina = 8%; vitamina A = 8 %; hierro = 6 %; vitamina C = 6 %

Sopa de lentejas con coco y jengibre
4 RACIONES

Las lentejas son una fuente excelente de ácido fólico, fibra y proteínas de origen vegetal, por lo que son básicas si queremos comer para prevenir la depresión y la ansiedad. Al combinarlas con alimentos de otras categorías fundamentales, como las espinacas, garantizamos que el plato tenga una densidad nutricional muy elevada. El jengibre y la cúrcuma son plantas muy próximas y con una amplia variedad de fitonutrientes antiinflamatorios únicos, como la curcumina de la cúrcuma. La sopa de lentejas aparece todas las semanas en nuestro menú, con frecuencia en su versión vegetariana, en la que usamos caldo de verduras o agua, sin más.

1 cucharada de aceite de coco
1 pimiento rojo grande picado
1 cebolla amarilla grande picada
200 g de lentejas rojas secas
4 dientes de ajo rallados
1 trozo (de 2,5 cm) de jengibre pelado
   y rallado
½ cucharadita de cúrcuma molida
½ cucharadita de pimentón
¼ cucharadita de guindilla en escamas
725 ml de caldo de pollo o de huesos

1 lata (de 400 g) de tomate en
   conserva troceado
1 lata (de 375 g) de leche de coco sin
   edulcorantes
sal kosher
120 g de espinacas frescas
8 g de hojas albahaca fresca picadas,
   y un poco más para decorar
el jugo de 1 limón grande (unas
   3 cucharadas)
Opcional: yogur natural, para rematar

Caliente el aceite de coco a fuego medio-alto en una cazuela grande de fondo grueso. Añada el pimiento y la cebolla y sofríalos durante 3 o 4 minutos, hasta que se pochen. Añada las lentejas, el ajo, el jengibre, la cúrcuma, el pimentón y la guindilla en escamas y sofríalo todo durante 1 minuto más.

Añada el caldo, el tomate en conserva, la leche de coco y 1 cucharadita de sal. Lleve a ebullición a fuego alto y reduzca a fuego medio-bajo durante entre 20 y 25 minutos o hasta que las lentejas estén tiernas.

Añada las espinacas y la albahaca y mantenga en el fuego hasta que se pochen. Pruebe la sopa y rectifique de sal si fuese necesario. Añada el jugo de limón justo antes de servir. Adorne los platos con hojas de albahaca y una cucharada de yogur, si ha decidido usarlo.

INFORMACIÓN NUTRICIONAL POR RACIÓN: 303 calorías; 15 g proteína; 47 g hidratos de carbono; 7 g grasas (4,5 g saturadas); 4 mg colesterol; 7 g azúcares; 10 g fibra; 931 mg sodio

NUTRIENTES PRINCIPALES: vitamina C = 111 %; ácido fólico = 46 %; vitamina B6 = 36 %; zinc = 31 %; tiamina = 31 %; hierro: = 28 %

Guiso de pollo y gírgolas

6 RACIONES

Los platos de puchero son ideales porque permiten preparar grandes cantidades de una vez y ofrecen una solución sencilla para consumir simultáneamente varios alimentos cerebrosaludables. La combinación de legumbres, pollo y setas es muy satisfactoria y saciante gracias a la fibra de las legumbres y de las setas. Las setas, como las legumbres, son un alimento saludable para el cerebro al que se deja de lado con demasiada frecuencia, pero son muy ricas en fibra, potasio y fitonutrientes únicos, muchos de los cuales se están investigando para determinar su impacto sobre la salud cerebral. Las migas de pipas de calabaza y pecorino aportan una maravillosa textura crujiente y sabor umami, además de zinc y magnesio. (Si le gusta, pruébelo también en la Kale César de la página 217.) Si prefiere un guiso vegetariano, elimine el pollo y duplique la cantidad de setas y legumbres. Y si, por el contrario, quiere una versión aún más contundente, añada 250 g de salchicha.

1 cucharada de aceite de oliva
500 g de cuartos de pollo sin piel, deshuesados y cortados en dados de 2,5 cm
sal kosher y pimienta negra recién molida
1 chalota picada
225 g de gírgolas troceadas
2 zanahorias grandes picadas
6 dientes de ajo picados
1 lata (de 800 g) de tomate en conserva troceado

1 bote (de 425 g) de alubias blancas escurridas y enjuagadas
4 ramitas de tomillo
1 hoja de laurel
½ cucharadita de orégano seco
¼ cucharadita de guindilla en escamas
30 g de perejil fresco picado fino
4 cucharadas de mantequilla sin sal
90 g de panko
60 g pipas de calabaza picadas
85 g de queso pecorino romano rallado

Caliente el aceite de oliva a fuego medio-alto en una sartén de 30 centímetros de diámetro apta para horno (preferiblemente de hierro fundido).

Salpimiente el pollo con 1 cucharadita de sal y un poco de pimienta negra recién molida. Soáselo durante 3 minutos por cada cara. Transfiéralo a una fuente. No se preocupe si la carne no se ha hecho del todo.

Añada la chalota, las gírgolas y la zanahoria y sofríalas entre 7 y 9 minutos o hasta que el líquido de las setas se haya evaporado. Añada el ajo y sofríalo durante 30 segundos sin dejar de remover.

Añada el tomate en conserva, las alubias, el pollo soasado, el tomillo, la hoja de laurel, el orégano, la guindilla en escamas y media cucharadita de sal. Reduzca el fuego a medio-bajo y, removiendo con frecuencia, deje hervir a fuego lento durante 10 minutos o hasta que el exceso de líquido se haya evaporado. Añada el perejil, retire la sartén del fuego y alise la superficie del guiso con una espátula.

Mientras, funda la mantequilla en una sartén pequeña a fuego medio. Añada el panko, las pipas de calabaza y un poco de sal y remueva hasta que todo se haya mezclado bien. Añada el queso y remueva hasta que se haya fundido y mezclado con el panko.

Esparza el panko sobre el guiso y ponga la sartén en el horno. Hornee durante 20 o 25 minutos o hasta que el panko se haya tostado.

Deje reposar el guiso durante varios minutos, retire y deseche las ramitas de tomillo y la hoja de laurel. Sirva.

INFORMACIÓN NUTRICIONAL POR RACIÓN: 619 calorías; 48 g proteína; 53 g hidratos de carbono; 25 g grasas (11,5 g saturadas); 110 mg colesterol; 7 g azúcares; 11g fibra; 746 mg sodio

NUTRIENTES PRINCIPALES: vitamina A = 65 %; vitamina C = 39 %; ácido fólico = 32 %: tiamina = 25 %; vitamina B6 = 25 5; potasio = 22 %

Hummus de alubias rojas

4 RACIONES

Las alubias son buenas para el presupuesto y fantásticas para la salud del cerebro, porque ofrecen una combinación única de vitaminas del grupo B, proteína, magnesio y fibra que alimenta al microbioma. Si quiere la versión más económica, aprenda a cocinar con legumbres secas, ya sea poniéndolas en remojo y cocinándolas en la olla convencional ya sea con una olla a presión. Si no, compre legumbres orgánicas en conserva. Aunque en esta receta uso alubias rojas, puede utilizar la legumbre que más le guste (frijoles negros, alubias cannellini o los tradicionales garbanzos). Si deja el ajo en remojo en jugo de limón durante la preparación del plato, no será tan fuerte. Si quiere un plato más potente, use pimienta de Cayena.

60 ml de jugo de limón recién exprimido
1 diente de ajo pelado
425 g de alubias cocidas
60 g tahini
1 cucharadita de ralladura de limón

½ cucharadita de sal kosher
¼ cucharadita de comino molido
1 cucharada de aceite de oliva virgen extra
1 cucharada de pipas de calabaza picadas

Ponga el jugo de limón y el ajo en el vaso de un robot de cocina y deje reposar durante 10 minutos.

Añada las alubias, el tahini, la ralladura de limón, la sal y el comino y triture durante unos 20 segundos o hasta que obtenga una pasta homogénea. Si es necesario, añada cucharadas de agua de una en una hasta que alcance la consistencia deseada.

Transfiera el hummus a un cuenco para servir y riéguelo con el aceite de oliva. Espolvoree la superficie con las pipas de calabaza picadas y sirva el hummus acompañado de verduras crujientes, como apio o zanahoria, o su tosta de pan integral con su semilla preferida.

INFORMACIÓN NUTRICIONAL POR RACIÓN: 227 calorías; 9 g proteína; 19 g hidratos de carbono; 14 g grasas (2 g saturadas); 0 mg colesterol; 2 g azúcares; 8 g fibra; 254 mg sodio

NUTRIENTES PRINCIPALES: ácido fólico = 34 %; magnesio = 26 %; zinc = 25 %; hierro = 21 %; potasio = 11 %

Trufas de chocolate cerebrosaludables

24 TRUFAS

Si quiere ir más allá de los pasteles y de los dulces clásicos, es importante que reflexione sobre su relación con el chocolate negro, porque, como ya ha leído en la página 141, es uno de los alimentos protagonistas para la salud del cerebro por su elevado contenido en flavanoles, fibra y minerales. Estas trufas ofrecen al cerebro el beneficio añadido de los frutos secos, las semillas y los cereales integrales, por lo que son una combinación ganadora. Puede usar la combinación de mantequilla de frutos secos y de semillas que prefiera; algunas de mis preferidas son la mantequilla de almendras con pistachos troceados o la manteca de cacahuete con nueces pacanas. Si su cerebro necesita más cacao, puede sumergir las trufas en chocolate fundido o espolvorearlas con cacao en polvo. Si tiene alguna alergia a los frutos secos, sustituya la mantequilla de frutos secos por mantequilla de girasol.

45 g de copos de avena
65 g de coco en escamas sin edulcorar
2 cucharadas de semillas de cáñamo
2 cucharadas de semillas de chía
1/8 cucharadita de sal kosher

340 g de dátiles Medjool (unos 20) deshuesados
85 g de mantequilla de anacardos
1 cucharadita de extracto de vainilla
35 g de chocolate negro troceado
60 g de nibs de cacao

Mezcle la avena, el coco, las semillas de chía, las semillas de cáñamo y la sal en un robot de cocina y triture hasta que obtenga una masa fina y homogénea. Añada los dátiles, la mantequilla de anacardos y la vainilla, y vuelva a triturar hasta que la masa empiece a formar una bola.

Añada los trozos de chocolate y los *nibs* de cacao, y pulse el botón del robot de cocina entre 15 y 20 veces, para triturar el chocolate y que se integre en la masa.

Forme bolas de masa del tamaño de una cuchara.

Distribuya las bolas de masa sobre una bandeja de horno forrada con papel de horno y métalas en el congelador durante 1 hora o hasta que se endurezcan. Póngalas en un recipiente y guárdelas en el frigorífico.

Antes de disfrutarlas, déjelas un par de minutos a temperatura ambiente.

INFORMACIÓN NUTRICIONAL POR RACIÓN (2 TRUFAS): 284 calorías; 4 g proteína; 34 g hidratos de carbono; 16 g grasas (6 g saturadas); 0 mg colesterol; 22 g azúcares; 6 g fibra; 70 mg sodio

NUTRIENTES PRINCIPALES: magnesio = 37 %; zinc = 19 %; hierro = 16 %; potasio = 9 %; selenio = 6 %

Evaluación

Responda a las siguientes preguntas antes de pasar a la quinta semana:

1. ¿Ha alcanzado el objetivo de añadir 1 ración diaria de frutos secos, legumbres y semillas a su dieta?

2. ¡Celebre lo que ha conseguido! ¿Qué le ha resultado más útil a la hora de alcanzar su objetivo? ¿Qué estrategias cree que podrían ayudarlo con vistas a la próxima semana?

3. ¿Ha probado alguna de las recetas que le hemos propuesto? ¿Qué habilidades podría desarrollar para que consumir frutos secos, legumbres y semillas con regularidad le resulte más fácil?

4. ¿Cómo puede seguir añadiendo frutos secos, legumbres y semillas a sus platos mientras sigue avanzando?

FRUTOS SECOS, LEGUMBRES Y SEMILLAS

FRUTOS SECOS

NUECES

ANACARDOS

ALMENDRAS

PIÑONES

NUECES DE BRASIL

PIPAS DE CALABAZA

SEMILLAS

PIPAS DE GIRASOL

FRIJOLES NEGROS

LENTEJAS

LEGUMBRES

GARBANZOS

Nutrientes que puede obtener de los frutos secos, las legumbres y las semillas:

☐ magnesio
☐ fibra
☐ ácido oleico
☐ fitonutrientes
☐ zinc
☐ hierro
☐ vitamina B6

Añada frutos secos y semillas a los batidos y a las ensaladas.

Los frutos secos son un magnífico tentempié rápido.

Añada legumbres a las sopas y a los guisos.

SEMANA 5: MICROBIOS BENEFICIOSOS DEL MICROBIOMA

Ha pasado las últimas cuatro semanas añadiendo alimentos que sustentan al microbioma y aportándole la fibra que necesita para prosperar. Sin embargo, también debería añadir alimentos fermentados a su dieta si quiere sembrar microbios beneficiosos en el organismo de forma continuada. Incluir alimentos con cultivos vivos, como el kéfir, el yogur, el miso, el kombucha o el chucrut es una manera fantástica de hacer precisamente eso.

Aunque muchos de estos alimentos son habituales en otras culturas, la dieta occidental tradicional no otorga demasiada importancia a los alimentos fermentados. Si le son desconocidos, no se preocupe. Ahora tiene la oportunidad de descubrir maneras deliciosas de añadir entre **tres y cinco raciones** de alimentos fermentados cada semana para alimentar al microbioma... y al cerebro.

Cómo empezar

¿Consume alimentos fermentados? ¿Cuáles? ¿Cómo podría sustituir productos lácteos tradicionales por kéfir o yogur natural entero? El batido de chocolate y manteca de cacahuete (pág. 266) es un punto de partida delicioso. ¿Y a quién no le gusta un bocadillo de queso y beicon a la plancha? Pues puede transformarlo en una comida perfecta para su cerebro con solo añadirle un poco de chucrut.

Consejos y trucos

No cabe duda de que añadir kéfir o yogur al batido del desayuno es muy fácil. Sin embargo, el miso, como el de la crema de calabaza violín y miso que encontrará en la página 268, o las chuletas de cerdo con ciruelas y cebolla roja (pág. 269) también son maneras muy satisfactorias de disfrutar de esta categoría de alimentos.

Dificultades

La falta de costumbre suele ser el mayor obstáculo en esta categoría. Asegúrese de que no compra sin querer alimentos fermentados, pero repletos de azúcares y otros aditivos y conservantes. Asegúrese de comprar alimentos fermentados con cultivos vivos, que estarán en la sección de refrigerados del supermercado, y no los encurtidos que encontrará en la sección de conservas y que solo están conservados en vinagre.

Hágase con kéfir y yogur natural enteros sin azúcares añadidos y endúlcelos a su gusto con miel, frutos del bosque o un poco de chocolate negro.

Batido cerebrosaludable

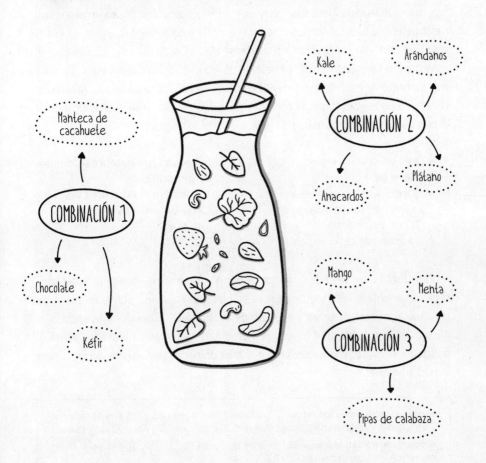

Manteca de cacahuete

COMBINACIÓN 1

Chocolate

Kéfir

Kale

Arándanos

COMBINACIÓN 2

Anacardos

Plátano

Mango

Menta

COMBINACIÓN 3

Pipas de calabaza

Batido de chocolate y manteca de cacahuete

1 BATIDO

Para prevenir la depresión y la ansiedad mediante la alimentación, hay que comer más que alubias y lentejas… hay que comer cosas como cacao y manteca de cacahuete. Los batidos son una manera magnífica de alimentar al cerebro cuando el apetito y la motivación no son muy elevados. Si necesita compensar el amargor del kéfir con más dulce del que ofrece el plátano puede añadir un dátil o un poquito de miel. La receta también funciona muy bien con yogur (añada un chorro de agua para lograr la consistencia que prefiera). Si se le olvida congelar el plátano, añada un puñado de hielo.

80 g de kéfir natural entero
60 mg de agua
40 gramos de espinacas frescas
1 plátano, cortado en rodajas de
    2,5 cm y congelado
2 cucharadas de cacao en polvo

2 cucharadas de manteca de cacahuete
2 nueces de Brasil
¼ cucharadita de extracto de almendra
1 cucharadita de *nibs* de cacao para
    adornar

Introduzca en el vaso de un robot de cocina potente los ingredientes del batido en este orden: kéfir, agua, espinacas, plátano, cacao en polvo, manteca de cacahuete, nueces de Brasil y extracto de almendras. Triture durante entre 30 y 45 segundos o hasta que todos los ingredientes se hayan integrado. Vierta el batido en un vaso, espolvoree algunos *nibs* de cacao por encima y consúmalo inmediatamente.

INFORMACIÓN NUTRICIONAL POR RACIÓN: 515 calorías; 19 g proteína; 56 g hidratos de carbono; 24,5 g grasas (5 g saturadas); 9 mg colesterol; 30 g azúcares; 9 g fibra; 229 mg sodio

NUTRIENTES PRINCIPALES: selenio = 283 %; magnesio = 64 %; B6 = 54 %; potasio = 27 %; vitamina A = 65 %; vitamina B12 = 23 %

Batido de kéfir y frutos del bosque

1 BATIDO

Los frutos del bosque gozan de muy buena reputación como alimento cerebro-saludable, y con razón. Tienen un índice glucémico bajo y son muy ricos en fito-nutrientes asociados a la salud del cerebro. Y aunque los frutos del bosque pro-tagonizan el título, las semillas son las estrellas invitadas de este batido ideal para el cerebro, porque le aportan fibra e hidratos de carbono de liberación lenta que equilibran el azúcar de la fruta. El kéfir contiene UFC (unidades formadoras de colonias) de las bacterias beneficiosas que, además de ser cruciales para la salud del microbioma, reducen la inflamación y mejoran la salud mental.

185 g de kéfir natural entero
70 g de alubias blancas
80 ml de agua
275 g de arándanos congelados
½ plátano grande

20 g de espinacas troceadas
2 cucharadas de almendras crudas sin sal
2 cucharadas de pipas de calabaza crudas sin sal

Introduzca en el vaso de un robot de cocina potente los ingredientes del batido en este orden: kéfir, alubias, agua, arándanos, plátano, espinacas, al-mendras y pipas de calabaza. Triture entre 30 y 45 segundos o hasta que todos los ingredientes se hayan integrado. Vierta el batido en un vaso y tómelo inme-diatamente.

INFORMACIÓN NUTRICIONAL POR RACIÓN: 461 calorías; 19 g proteína; 64 g hidratos de carbono; 18 g grasas (3 g saturadas); 9 mg colesterol; 36 g azúcares; 14 g fibra; 96 mg sodio

NUTRIENTES PRINCIPALES: magnesio = 89 %; vitamina A = 70 %; ácido fólico = 45 %; pota-sio = 32 %; vitamina C = 25 %

Crema de calabaza violín y miso

4 RACIONES

Las cremas son una herramienta esencial para comer para prevenir la depresión y la ansiedad. Son ricas en nutrientes, reconfortantes y relajantes, y esta de calabaza enriquecida con miso (pasta de soja fermentada) aporta aún más proteínas, fibra y bacterias beneficiosas. ¿No tiene batidora de mano? Espere a que la sopa se haya enfriado lo suficiente, pásela al robot de cocina por tandas y triture hasta que obtenga una crema homogénea.

2 cucharadas de aceite de coco o de oliva	1 l a 1,5 l de caldo de verduras bajo en sal
1 cebolla amarilla mediana picada gruesa	40 g de anacardos crudos
4 dientes de ajo picados	2 cucharadas de salsa de soja
1 kg de calabaza violín (1 calabaza mediana) troceada	70 g de pasta de miso
	el jugo de una lima grande (unas 2 cucharadas)

Caliente el aceite de coco o de oliva a fuego medio en una cazuela grande y de fondo grueso. Añada la cebolla y sofríala durante 3 o 4 minutos, hasta que se poche. Añada el ajo y sofríalo durante 1 minuto más.

Añada la calabaza, 1 litro de caldo, los anacardos, la salsa de soja y media cucharadita de sal. Lleve a ebullición a fuego alto y, una vez hierva, reduzca a fuego medio-bajo, tape la cazuela y deje hervir a fuego lento durante 20 o 30 minutos o hasta que la calabaza esté muy tierna.

Retire la cazuela del fuego, añada el miso y el jugo de lima, remueva y triture con una batidora de mano hasta que obtenga una crema completamente homogénea. Si es necesario, añada más caldo hasta que la crema alcance la consistencia deseada.

INFORMACIÓN NUTRICIONAL POR RACIÓN: 284 calorías; 6 g proteína; 46 g hidratos de carbono; 10,5 g grasas (6 g saturadas); 0 mg colesterol; 12 g azúcares; 7 g fibra; 1064 mg sodio

NUTRIENTES PRINCIPALES: vitamina A = 215 %; vitamina C = 87 %; potasio = 23 %; tiamina = 27 %; vitamina B6 = 39 %

Chuletas de cerdo con ciruelas y cebolla roja

4 RACIONES

El cerdo y el chucrut son una combinación clásica y está a punto de descubrir un plato sencillo que le ofrece toda una explosión de sabor, tiamina, zinc y vitamina B12. Las ciruelas y la cebolla roja se deshacen en una base deliciosa y, si tiene hambre, puede acompañar el plato con arroz integral o farro. Esta receta no es más que un ejemplo; use fruta o verdura de temporada o lo que tenga en la despensa en cada momento. La cebolla amarilla funcionará igual de bien que la roja y puede sustituir las ciruelas por cualquier otra fruta con hueso. Sin embargo, no se olvide del chucrut, que equilibra el dulzor de la salsa de ciruelas y suma multitud de bacterias beneficiosas. Compre carne de cerdo local y alimentado con pasto.

4 chuletas de cerdo sin hueso (de 3,5 cm de grosor)
sal kosher y pimienta negra recién molida
2 cucharadas de aceite de oliva
4 ciruelas grandes en rodajas de 0,5 cm
1 cebolla roja grande en rodajas de 0,5 cm de grosor

4 dientes de ajo grandes en láminas finas
1 cucharada de vinagre de manzana
1 cucharada de mantequilla sin sal
2 cucharaditas de mostaza de Dijon y un poco más para servir
70 g de chucrut

Salpimiente las chuletas de cerdo con generosidad (¡mucho más de lo que seguramente crea necesario!) y déjelas reposar a temperatura ambiente durante 30 minutos.

Caliente una sartén de 30 centímetros de diámetro, preferiblemente de hierro fundido, a fuego medio-alto durante varios minutos. Añada 1 cucharada de aceite de oliva y caliéntelo durante 30 segundos más. Encienda el extractor de humos, porque las chuletas humearán mucho. Añada las chuletas, deles la vuelta a los 3 minutos y hágalas por la otra cara durante 3 minutos más o hasta que el termómetro de carne instantáneo marque los 57 °C. Si los laterales siguen estando poco hechos, use las pinzas para sellarlos durante 30 segundos. Ponga las chuletas en una fuente y baje un poco el fuego.

Cuando hayan pasado unos minutos y la sartén se haya enfriado, añada la otra cucharada de aceite, la cebolla y el ajo. Salpimiente y sofría, removiendo con frecuencia, durante 5 minutos o hasta que las cebollas justo se empiecen a pochar. Añada las ciruelas y cuézalas durante 3 o 4 minutos, hasta que estén blandas y calientes, pero no reblandecidas. Retire la sartén del fuego y añada el vinagre, la mantequilla y la mostaza. Remueva hasta que todos los ingredientes se hayan mezclado bien.

Si se han enfriado, ponga las chuletas en la salsa de ciruelas caliente.

Sirva las chuletas sobre la salsa de ciruelas y cebolla, con un poco de mostaza y dos cucharadas de chucrut para acompañar.

INFORMACIÓN NUTRICIONAL POR RACIÓN: 551 calorías; 56 g proteína; 12 g hidratos de carbono; 31 g grasas (8 g saturadas); 178 mg colesterol; 8 g azúcares; 2 g fibra; 409 mg sodio

NUTRIENTES PRINCIPALES: selenio = 155 %; tiamina = 106 %; zinc = 94 %; vitamina B6 = 94 %; vitamina B12 = 60 %

Tortitas de kimchi
8 TORTITAS

Estas tortitas saladas son reconfortantes para el estado de ánimo y para el microbioma, y constituyen una manera fantástica de comer más plantas. El kimchi es un plato tradicional coreano a base de col fermentada que tiene muchas variantes y que podrá encontrar en la sección de productos internacionales del supermercado. Estas tortitas conseguirán que se acostumbre a comer alimentos fermentados en un santiamén.

Tortitas

1 huevo grande
150 g de harina
80 ml de agua
1 cucharada de salmuera de kimchi
2 cucharadas de vinagre de arroz
1 cucharada de salsa de soja baja en sal

150 g de kimchi
92 g pimiento rojo, en rodajas finas
de 3 cm de longitud
1 cucharadita de semillas de sésamo
½ cucharadita de sal kosher
2 o 3 cucharadas de aceite de aguacate

Salsa

2 cucharadas de salsa de soja o de salsa
de coco orgánica (coco aminos)
2 cucharadas de vinagre de arroz

1 cucharadita de miel
¼ cucharadita de semillas de sésamo

Bata el huevo en un cuenco grande. Añada la harina, el agua, la salmuera de kimchi, el vinagre de arroz, la salsa de soja, el kimchi troceado, el pimiento, el sésamo y la sal, y remueva hasta que se empiece a mezclar bien. Si es necesario, añada agua de cucharada en cucharada hasta que adquiera una consistencia espesa pero fluida.

Deje reposar la masa durante 5 minutos.

Caliente 1 cucharada de aceite a fuego medio-alto en la sartén más grande que tenga.

Vierta la masa en la sartén en raciones de 60 ml, 2 o 3 por tanda, hasta que tenga un total de ocho tortitas. Hágalas durante 2 o 3 minutos o hasta que se doren, deles la vuelta y manténgalas en el fuego durante 2 o 3 minutos más.

Repita con el resto del aceite y de la masa hasta que esta se termine.

Mientras, prepare la salsa batiendo la salsa de soja, el vinagre, la miel y el sésamo en un cuenco mediano.

Sirva las tortitas con la salsa.

INFORMACIÓN NUTRICIONAL POR RACIÓN: 258 calorías; 7 g proteína; 37 g hidratos de carbono; 9 g grasas (1,5 g saturadas); 44 mg colesterol; 6 g azúcares; 2 g fibra; 734 mg sodio

NUTRIENTES PRINCIPALES: vitamina C = 39 %, ácido fólico = 23 %; vitamina B1 = 19 %; hierro = 17 %; vitamina B12 = 13 %

Reuben cerebrosaludable

1 SÁNDWICH

Sí, puede preparar un «Reuben» con queso probiótico a la plancha; la col fermentada y el pan de masa madre añadirán una buena dosis de bacterias beneficiosas a este plato, que es mi favorito en los días de lluvia. Acompáñelo con una ensalada sencilla o con la crema de calabaza violín y miso de la página 268. Usar mayonesa es un truco buenísimo para tostar sándwiches, porque no necesitará añadir aceite ni mantequilla. Le bastará con poner el pan untado de mayonesa sobre la sartén seca.

2 lonchas gruesas de beicon
1 cucharada de mayonesa
2 rebanadas de pan de masa madre
30 g de mozzarella rallada

50 g de chucrut cortado en juliana
10 g de rúcula picada fina
60 g de queso cheddar blanco rallado

Precaliente el horno a 204 °C.

Disponga las lonchas de beicon sobre una bandeja de horno forrada con papel de horno y áselas durante entre 15 y 18 minutos o hasta que se tuesten a su gusto. Sáquelas del horno y deposítelas sobre papel de cocina para que este absorba el aceite.

Caliente una sartén mediana a fuego medio-bajo.

Unte de mayonesa las rebanadas de pan por las dos caras y póngalas sobre una tabla de cortar. Añada la mozzarella sobre una de las rebanadas. Exprima el chucrut para eliminar el líquido sobrante y póngalo sobre la mozzarella. Incorpore las lonchas de beicon (córtelas si es necesario para cubrir el pan), la rúcula y el cheddar y, para terminar, cierre el sándwich.

Ponga el sándwich en la sartén y aplástelo suavemente con una espátula. Déjelo al fuego durante 5 o 7 minutos o hasta que se tueste. Dele la vuelta con cuidado y caliéntelo durante 5 o 7 minutos más, hasta que la otra cara se dore también.

Deje enfriar el sándwich en una tabla de cortar durante un par de minutos y córtelo por la mitad de modo que le queden dos triángulos.

INFORMACIÓN NUTRICIONAL POR RACIÓN: 721 calorías; 49 g proteína; 55 g hidratos de carbono; 37,5 g grasas (17 g saturadas); 122 mg colesterol; 5 g azúcares; 4 g fibra; 1.643 mg sodio

NUTRIENTES PRINCIPALES: selenio = 126 %; tiamina = 64 %; vitamina B12 = 50 %; ácido fólico = 43 %; hierro = 28 %

Evaluación

Responda a las siguientes preguntas antes de pasar a la sexta semana:

1. ¿Ha alcanzado el objetivo de añadir a su dieta entre 3 y 5 raciones de alimentos fermentados a la semana?

2. ¡Celebre lo que ha conseguido! ¿Qué le ha resultado más útil a la hora de alcanzar su objetivo? ¿Qué estrategias cree que podrían ayudarlo con vistas a la próxima semana?

3. ¿Ha probado alguna de las recetas que le hemos propuesto? ¿Qué habilidades podría desarrollar para que añadir este tipo de alimentos a sus platos le resulte más fácil?

4. ¿Cómo puede seguir añadiendo alimentos fermentados a sus platos mientras sigue avanzando?

SUS RAÍCES ALIMENTARIAS

Los alimentos fermentados promueven la salud cerebral porque incrementan los microbios beneficiosos del intestino.

CHUCRUT

KÉFIR

MISO

YOGUR

KIMCHI

Añada kimchi a los huevos del desayuno.

✳

Prepare batidos con kéfir.

✳

Añada chucrut a las ensaladas.

SEMANA 6: DESARROLLAR RAÍCES ALIMENTARIAS

Aunque cada persona aborda la comida desde un punto de vista distinto, muchos de nosotros tenemos algo en común: cada vez estamos más desconectados del origen de lo que comemos y de las raíces de nuestra alimentación. Vamos al supermercado y compramos alimentos envasados sin plantearnos de dónde vienen ni cómo nos podríamos conectar mejor con el sistema de producción y distribución de alimentación local o con la comunidad en general. A medida que vaya aprendiendo a comer para prevenir la depresión y la ansiedad, es importante que encuentre maneras de establecer esas conexiones, tanto si es haciendo de anfitrión en comidas y cenas donde cada comensal traiga algo de su casa, como si se trata de trabajar como voluntario en el mercado de productores locales o de invertir en una cooperativa agrícola para poder acceder con facilidad a fruta o verdura fresca. Sus raíces alimentarias —y los vínculos que gracias a ellas establece con quienes lo rodean— son tan importantes para su salud mental como los nutrientes que consume.

Los seres humanos somos sociales por naturaleza. Por lo tanto, no es sorprendente que el aislamiento y la soledad aumenten significativamente el riesgo de desarrollar depresión y reduzcan tanto la duración como la calidad de nuestras vidas. Formar parte de una comunidad que ayude a llevar alegría y placer a la mesa es un elemento clave para seguir nutriendo al cerebro y a la salud mental mucho después de que haya finalizado este plan de seis semanas. Por eso le aconsejo que cada semana adopte **una acción intencional** con la que establecer conexiones con la comida y desarrollar así raíces alimentarias.

A lo largo de los años, he sentido cómo crecen mis raíces a medida que me implico cada vez más con comunidades de todo el país relacionadas con la alimentación, y de este modo conecto con la tierra, con las granjas y con las personas que crean nuestra red de nutrientes. En mi caso, todo comenzó cuando mis padres volvieron a la granja, pero cada paso de mi camino como persona interesada por lo que come, desde la cooperativa de alimentación en la facultad al mercado agrícola de Abingdon Square en Nueva York, donde volví a conectar con el kale y con los productos agrícolas frescos, ha contribuido a robustecer mi salud mental y a vincularla a una fuerte sensación de interconexión humana.

Cómo empezar

¿De qué maneras está conectado con su comunidad alimentaria? ¿Con qué personas trata y qué organizaciones locales intervienen en ella? ¿Hay un mercado o una cooperativa agrícola en su comunidad? ¿Puede acceder a una cooperativa agrícola o a un huerto urbano? ¿Qué actividades o eventos comunitarios le producen satisfacción personal y lo ayudan a sentirse conectado?

Consejos y trucos

Las raíces se fortalecen y se extienden con el tiempo. Sea paciente, sobre todo si aún está descubriendo los mercados y las cooperativas que pueda haber cerca de su casa y si, hasta ahora, su relación con la comida se ha basado más en la eficiencia que en consolidar su relación con la comunidad alimentaria local. Visitar el mercado agrícola más próximo es una manera fantástica de llenar la despensa y de relacionarse con productores y distribuidores locales. Comience comprando cajas pequeñas o participe en una cooperativa a medida que se vaya acostumbrando a comer más fruta y verdura. Hágase amigo del carnicero y del pescadero de su barrio. Pregúnteles qué le recomiendan de entre todo lo que ofrecen en su mostrador. Averigüe si alguna granja local celebra jornadas de puertas abiertas. Apúntese a clases de cocina en un restaurante del barrio o en el centro cívico que tenga más cerca. Participe como voluntario en el banco de alimentos de su parroquia. Hay muchas maneras creativas de reforzar la relación con su comunidad alimentaria más próxima y de convertirse en un consumidor más experto y seguro de sí mismo.

Dificultades

Explorar grupos nuevos y participar en experiencias nuevas puede generar ansiedad, sobre todo si uno no está en su mejor momento. Tejer esta comunidad alimentaria puede parecer una tarea idealista y abrumadora si no nos centramos en las acciones sencillas y pequeñas con las que podemos construirla día a día y semana a semana. Tal y como ya ha visto con la incorporación de alimentos con más densidad nutricional en su dieta, todo comienza comida a comida, bocado a bocado. No lo complique más de lo necesario. Recuerde, más cenas y comidas con amigos ya son una señal de progreso.

Evaluación y futuro

1. ¿Ha alcanzado el objetivo de adoptar esta semana una conducta intencional para desarrollar sus raíces alimentarias?
2. ¡Celebre lo que ha conseguido! ¿Qué le ha resultado más útil a la hora de alcanzar su objetivo? ¿Qué estrategias cree que podrían ayudarlo con vistas a la próxima semana?
3. ¿Ha compartido con alguien alguna receta o algún plato que le haya gustado?
4. ¿Cómo puede seguir desarrollando sus raíces alimentarias y reforzar los vínculos con su comunidad?

SUS RAÍCES ALIMENTARIAS

Organiza COMIDAS COMUNITARIAS.

¿De dónde procede su comida?

¿Qué vínculo mantiene con la comida?

Visite el MERCADO AGRÍCOLA local.

Invierta en una COOPERATIVA AGRÍCOLA.

Conozca a los PRODUCTORES LOCALES.

UNA BASE SÓLIDA DESDE LA QUE SEGUIR CRECIENDO

Como ya he mencionado antes, la manera en que trato la depresión y la ansiedad ha cambiado radicalmente durante los últimos diez años. Y los resultados han sido fenomenales. La comida es medicina, de verdad. Y espero que, a medida que haya ido avanzando en el plan de seis semanas, haya experimentado cambios positivos, tanto en la mejora del estado de ánimo o la reducción de los niveles de ansiedad, como en una sensación cada vez mayor de seguridad en sí mismo. Ahora cuenta con unas herramientas muy potentes con las que cuidar mejor de su cuerpo, de su cerebro y de su salud mental. Concebí este plan de seis semanas para ayudarlo a entender que la salud del cerebro comienza al final del tenedor. Y ahora que ha empezado a añadir los alimentos de alta densidad nutricional que la madre naturaleza ha diseñado para nutrir su cerebro, dispone de un plan de acción con el que continuar en este viaje durante el resto de su vida.

No olvide nunca que, cada vez que se sienta a comer, se encuentra ante una nueva oportunidad de activar el «modo de crecimiento» en su cerebro, de alimentar su microbioma y de promover una salud cerebral óptima. A medida que consuma cada vez más alimentos de alta densidad nutricional, se encontrará cada vez mejor, no solo porque el cerebro contará con los bloques de construcción que necesita para trabajar de manera óptima, sino porque será consciente de que está contribuyendo de forma intencional a su salud y a su bienestar. Ahora dispone del conocimiento y de la seguridad que necesita para alimentarse como un experto.

Espero que dentro de un año, y también dentro de diez, mire atrás y, al recordar el plan de las seis semanas, entienda por qué comer con el cerebro en mente es tan fundamental para la salud mental. Cuando alimenta a su cerebro protege su activo más importante. Ahora conoce los datos científicos que subyacen a la alimentación. Ha invertido tiempo en entender cuáles son sus puntos fuertes en lo que respecta a la alimentación, así como algunas de las dificultades a las que se podría estar enfrentando. Ha trabajado las seis categorías y ha adquirido el conocimiento y la experiencia que necesita para comer con alegría y propósito. Dispone de todas las herramientas necesarias para conseguir tener éxito en la empresa de comer con el objetivo de prevenir la depresión y la ansiedad y nutrir la mente, el cuerpo y el alma cada vez que se siente a la mesa.

Evaluación final

Responda a las siguientes preguntas:

1. ¿Cómo se siente ahora que ha terminado el plan de seis semanas?
2. ¿Ha cumplido sus objetivos?
3. ¡Celebre lo que ha conseguido! ¿Qué le ha resultado más útil a la hora de conectar con sus raíces alimentarias? ¿Qué no le ha funcionado tan bien?
4. ¿Ha probado alguna de las recetas que le hemos propuesto? ¿Qué habilidades podría desarrollar para que elaborar estos platos le resulte más fácil?
5. ¿Cómo puede conectar y forjar mejores vínculos con su comunidad alimentaria?
6. ¿Cómo podría seguir añadiendo alimentos de alta densidad nutricional a su dieta para nutrir su cuerpo, su mente y su alma?

Capítulo 9: Recapitulemos

- Cada uno de los apartados del plan de seis semanas aborda una categoría de alimentos específica que ha de añadir a su dieta: verduras de hoja verde; fruta y verdura multicolor; pescado y marisco; frutos secos, legumbres y semillas; microbios beneficiosos del microbioma y, finalmente, mejorar el cuidado y la conciencia de sus raíces alimentarias.
- Al principio de cada semana del plan, piense en cómo podría añadir la cantidad recomendada de raciones de cada categoría específica de alimentos. ¿Qué maneras sencillas de comenzar ha podido identificar? ¿Cuáles podrían ser las principales dificultades con las que

se enfrenta? ¿Qué objetivos SMART se puede plantear para que lo ayuden? ¿En qué aspectos puede mejorar?

- Al final de las seis semanas, repase todo lo que ha conseguido. ¿Qué estrategias le han funcionado mejor a la hora de añadir más nutrientes a sus platos? ¿Qué podría seguir haciendo para nutrir su cuerpo, su mente y su espíritu?

AGRADECIMIENTOS

Quiero manifestar mi agradecimiento a mis pacientes (presentes y pasados) por lo mucho que me han enseñado acerca de la salud mental. Es un gran honor para mí haber podido cuidarlos. Me gustaría también dar las gracias a los numerosos investigadores y académicos de todo el mundo que han proporcionado las bases científicas de este libro. Es muy difícil hacer estudios científicos de calidad sobre la salud mental y la alimentación. Les estoy eternamente agradecido. Aunque hay opiniones para todos los gustos acerca de lo que hay que comer, creo que, por primera vez, se ha llegado a un consenso cada vez más unánime acerca de que, efectivamente, las decisiones nutricionales que tomamos afectan a la salud mental y a la salud del cerebro. Estoy especialmente agradecido a Felice Jacka por su liderazgo; a John Cryan y a Robert McIntyre por sus entrevistas, y a los numerosos investigadores citados en las notas. Gracias, Laura LaChance, por todo tu trabajo en el desarrollo de la Escala de Alimentos Antidepresivos, y a ti, Emily Deans, por tu amistad, por tus reflexiones sobre la nutrición y por escribir para el público. Estoy agradecido a **todos** mis colegas interesados en la psiquiatría nutricional y sobre todo al capitán Joseph Hibbeln, a Phil Muskin, a Georgia Edes, a Lisa Masconi y a Uma Naidoo.

Mi trabajo sobre cómo usar la alimentación en beneficio de la salud mental ha crecido exponencialmente durante los últimos años. He viajado mucho para dar conferencias y organizar talleres en todo el país con el apoyo de un equipo pequeño, pero muy potente. Gracias, Samantha Elkrief, por tu amabilidad, tus habilidades clínicas y tu amistad. Gracias, Andrew Luer, Xiaojue Hu y Jennie West por nuestro trabajo juntos y por el apoyo que me habéis prestado.

Gracias, Karen Rinaldi, por publicar mis libros, por creer en el poder de la comida como medicina y por compartir tu buena onda. Gracias a ti, Haley Swanson, por tus acertadas correcciones y a Rebecca Raskin, Leda, Penny, Sophia y todo el equipo de HarperWave por todos vuestros esfuerzos para hacer de este libro una realidad y un éxito.

Gracias, Caroline Chambers, por haber desarrollado las recetas del libro y también gracias a vosotras, Christine Locascio y Lindy Speakman por vuestra ayuda con los datos nutricionales. Gracias, Kayt Sukel, por toda la ayuda para conseguir que el libro sea lo que es. Katrin Wietek y yo nos conocimos en Instagram cuando colgó un dibujo sobre un podcast en el que aparecía yo. Fue ingenioso, informativo y eficaz, una combinación que me encanta. Desde entonces, Katrin ha creado docenas de dibujos acerca de la salud del cerebro y la nutrición, muchos de los cuales han acabado en este libro. Enhorabuena por tu creatividad.

Mi agente, Joy Tutela, y la David Black Agency me han apoyado e impulsado durante todo el camino. Gracias por haber mantenido siempre la vista puesta en la meta final.

También quiero dar las gracias a los psicoterapeutas y amigos que han contribuido a mejorar mi salud mental a lo largo de los años y sobre todo a mi psicoanalista, Ron Puddu. Gracias por ser un profesional excelente.

Mis colegas de profesión en el ámbito de la salud mental me han mostrado un apoyo increíble. Todo mi agradecimiento a mis colegas del Departamento de Psiquiatría de la Universidad de Columbia, sobre todo a Lloyd Sederer, a Deborah Cabaniss y a nuestro presidente, Jeff Lieberman. Trabajar con el Consejo de Comunicaciones de la Asociación Americana de Psiquiatría ha sido un gran honor para mí. Gracias a mis colegas en el Consejo por todo lo que hacéis. Este libro se ha hecho realidad gracias a los grandes pasos que dieron varios de mis colegas y amigos y a la inspiración de muchos de los profesionales de la salud mental que han empezado a crear contenidos, como Greg Scott Brown, Pooja Lakshmin y Jessi Gold, que escriben sin parar. Me inspiráis y me siento muy orgulloso de lo que hacéis.

Nada crece en el vacío. Tengo una deuda enorme con muchos medios de comunicación que me animan en mi trabajo. Disfruto muchísimo del proceso creativo y, con cada proyecto, aprendo algo nuevo acerca de los medios de comunicación modernos. Gracias a Rich Dorment, Spencer Dukoff, Marty Muson, Nojan Aminosharei y el equipo de *Men's Health*, donde trabajo como asesor. Gracias a mi familia en Medscape y especialmente a mi editor Bret Stetka, John Rodriguez y Liz Neporent. He tenido la suerte de poder contar con el sabio consejo y el apoyo de muchos de los principales asesores en el espacio del bienestar: Melisse Gelula, Mark Hyman, Dhru Purohit, Jason y Colleen Wacob, el chef David Bouley, Jim Gordon, Kathie Swift, y el Center for Mind Body Medicine; The Omega Institute, Kripalu y TEDx, por nombrar solo unos cuantos. Gracias a vosotras, Maria Shriver, Annie Fenn y el Women's Alzheimer Movement. Me animáis y me inspiráis con vuestro impulso creciente para abordar la salud mental y combatir la estigmatización. Gracias a todos por seguir insuflando viento en las velas de la innovación para mejorar la salud mental, el bienestar y la forma física.

Gracias a Marcia Lux y a Jerret Emmet y Hanna Matter por todos los buenos momentos que hemos pasado, a Ian McSpadden por su compañerismo y a Dan Chrzanowski por su amistad y el ejercicio físico compartido. En el entorno rural del condado de Crawford (Indiana), tenemos la suerte de contar con una comunidad comprometida, una naturaleza generosa y un grupo de educadores en casa progresistas: gracias a las familias McSpadden, Howard y Timberlake por todo lo que hacéis para educar a nuestros hijos. Gracias a Nikola Alford y a la familia de Maelstrom Barn por haberme ayudado a encontrar el equilibrio.

Para terminar, me gustaría dar las gracias a toda mi familia por los sacrificios que hacen por mí y por mi trabajo. Escribir libros es complicado y hace que los escritores nos volvamos neuróticos, nos ensimismemos y nos despistemos. Escribí este libro en la granja familiar en la que vivimos en el sur de Indiana durante el confinamiento por la pandemia de COVID-19. Vivir con mis padres, mi esposa, nuestros dos hijos y nuestras gallinas me dio el espacio y la fuerza que necesitaba para continuar con mi trabajo como médico (que de repente ejercía la telemedicina) y como hombre en continuo desarrollo. Aunque tuvimos que superar baches por el camino, os estoy muy agradecido por vuestra comprensión y por vuestra fe en mí. Gracias, Lucy, por tu valor, tus risas, tu amor y por tu apoyo incondicional a mí y a mis fantasiosas ideas. Y gracias a vosotros dos, Greta y Forrest, por aseguraros de que dé prioridad a lo mejor que hay en la vida. Y lo mejor de la vida sois vosotros y la alegría de compartir mi vida con vosotros. Este es el primer libro que he escrito que podréis leer y espero que me ayude a explicar la abundancia de salmón salvaje, rúcula y legumbres que hay siempre en nuestra mesa y lo que ha ocupado mi mente todos estos meses. Os quiero.

NOTAS

Capítulo 1: La nueva ciencia de comer para mejorar la salud mental

1. Baldwin, D. S. y otros, «Efficacy of Drug Treatments for Generalized Anxiety Disorder: Systematic Review and Meta-Analysis», en *British Medical Journal*, 342, 2011, <https://doi.org/10.1136/bmj.d1199>.

2. Felger, J. C. y otros, «Inflammation Is Associated with Decreased Functional Connectivity within Corticostriatal Reward Circuitry in Depression», en *Molecular Psychiatry*, 21, 2016, págs. 1358-1365, <https://www.nature.com/articles/mp2015168>.

3. Leu, S. J. y otros, «Immune-Inflammatory Markers in Patients with Seasonal Affective Disorder: Effects of Light Therapy», en *Journal of Affective Disorders*, 63, n.ᵒˢ 1-3, 2001, págs. 27-34, <https://www.sciencedirect.com/science/article/abs/pii/S0165032700001658>.

Capítulo 2: Doce nutrientes que benefician al cerebro

1. Sánchez-Villegas, A. y otros, «Association of the Mediterranean Dietary Pattern with the Incidence of Depression: The Seguimiento Universidad de Navarra/University of Navarra Follow-up (SUN) cohort», en *Arch. Gen. Psychiatry*, 66, n.º 10, octubre de 2009, doi: 10.1001/archgenpsychiatry.2009.129.

2. McEvoy, C. T. y otros, «Neuroprotective Diets Are Associated with Better Cognitive Function: The Health and Retirement Study», en *Journal of the American Geriatric Society*, 65, n.º 8, 2017, págs. 1857-1862, <https://www.ncbi.nlm.nih.gov/pmc/articles/PMC5633651/>.

3. Khanna, P. y otros, «Nutritional Aspects of Depression in Adolescents – A Systematic Review», en *International Journal of Preventative Medicine*, 2 de abril de 2019, doi: 10.4103/ijpvm.IJPVM_400_18, <https://www.ncbi.nlm.nih.gov/pmc/articles/PMC6484557/>.

4. Francis, H. M. y otros, «A Brief Diet Intervention Can Reduce Symptoms of

Depression in Young Adults – A Randomized Controlled Trial», en *PLoS One*, 9 de octubre de 2019, <https://doi.org/10.1371/journal.pone.0222768>.

5. Francis, H. M. y otros, «A Brief Diet Intervention».

6. Torres, S. J. y otros, «Dietary Electrolytes Are Related to Mood», en *British Journal of Nutrition*, 100, n.º 5, 2008, págs. 1038-1045, <https://www.ncbi.nlm.nih.gov/pubmed/18466657>.

Capítulo 3: Cómo formar células nerviosas nuevas

1. Zhao, M. y otros, «BDNF Val66Met Polymorphism, Life Stress and Depression: A Meta-Analysis of Gene-Environment Interaction», en *Journal of Affective Disorders*, 227, 2018, págs. 226-235, <https://www.ncbi.nlm.nih.gov/pubmed/29102837>.

2. Felger, J. C. y otros, «Inflammation Is Associated with Decreased Functional Connectivity within Corticostriatal Reward Circuitry in Depression», en *Molecular Psychiatry*, 21, 2016, págs. 1358-1365, <https://www.nature.com/articles/mp2015168>.

3. Addolorato, G. y otros, «Anxiety but Not Depression Decreases in Coeliac Patients after One-Year Gluten-Free Diet: A Longitudinal Study», en *Scandinavian Journal of Gastroenterology*, 36, n.º 5, 2001, págs. 502-506, doi: 10.1080/00365520119754.

4. Liao, Y. y otros, «Efficacy of Omega-3 PUFAs in Depression: A Meta-Analysis», en *Translational Psychiatry*, 9, 2019, pág. 190, <https://www.ncbi.nlm.nih.gov/pmc/articles/PMC6683166/>.

Capítulo 4: Optimizar el intestino para mejorar la salud mental

1. Sudo, N. y otros, «Postnatal Microbial Colonization Programs the Hypothalamic-Pituitary-Adrenal System for Stress Response in Mice», en *Journal of Physiology*, 558, n.º 1, 2004, págs. 263-275, <https://www.ncbi.nlm.nih.gov/pubmed/15133062>.

2. Madan, A. y otros, «The Gut Microbiota Is Associated with Psychiatric Symptom Severity and Treatment Outcome among Individuals with Serious Mental Illness», en *Journal of Affective Disorders*, 264, 2020, págs. 98-106, <https://www.sciencedirect.com/science/article/abs/pii/S0165032719323523>.

3. Winter, G. y otros, «Gut Microbiome and Depression: What We Know and What We Need to Know», en *Reviews in the Neurosciences*, 29, n.º 60, 28 de agosto de 2018, págs. 629-643, <https://www.ncbi.nlm.nih.gov/pubmed/29397391>.

4. Allen, A. P. y otros, «Bifidobacterium longum 1714 as a Translational Psy-

chobiotic: Modulation of Stress, Electrophysiology, and Neurocognition in Healthy Volunteers», en *Translational Psychiatry*, 6, n.º 11, 1 de noviembre de 2016, pág. 939, <https://www.ncbi.nlm.nih.gov/pubmed/27801892>.

5. Wang, H. y otros, «Bifidobacterium longum 1714 Strain Modulates Brain Activity of Healthy Brains during Social Stress», en *American Journal of Gastroenterology*, 114, 2019, págs. 1152–1162 doi: 10.14309/ajg.0000000000000203.

6. Bellano, N. W. y otros, «Enterochromaffin Cells Are Gut Chemosensors That Couple to Sensory Neural Pathways», en *Cell*, 2017, doi: 10.1016/j.cell.2017.05.034.

7. González-Arancibia, C. y otros, «Do Your Gut Microbes Affect Your Brain Dopamine?», en *Psychopharmacology*, 236, n.º 5, 2019, págs. 1611-1622, <https://www.ncbi.nlm.nih.gov/pubmed/31098656>.

8. Fülling, C. y otros, «Gut Microbe to Brain Signaling: What Happens in Vagus…», en *Neuron* 101, 2019, págs. 998–1002, <https://doi.org/10.1016/j.neuron.2019.02.008>.

9. Pirbaglou, M. y otros, «Probiotic Supplementation Can Positive Affect Anxiety and Depressive Symptoms: A Systematic Review of Randomized Controlled Trials», en *Nutrition Research*, 36, n.º 9, 2016, págs. 889-898, <https://www.ncbi.nlm.nih.gov/pubmed/27632908>.

10. Pirbaglou, M. y otros, «Probiotic Supplementation».

Capítulo 5: Los mejores alimentos para prevenir la depresión y la ansiedad

1. Marques, C. y otros, «Gut Microbiota Modulation Accounts for the Neuroprotective Properties of Anthocyanins», en *Scientific Reports*, 8, 2018, pág. 11341, <https://doi.org/10.1038/s41598-018-29744-5>.

2. Jackson, S. E. y otros, «Is There a Relationship Between Chocolate Consumption and Symptoms of Depression? A Cross-Sectional Survey of 13,626 US Adults», en *Depress. and Anxiety*, 36, n.º 10, 2019, págs. 987-995, <https://doi.org/10.1002/da.22950>.

3. Brickman, A. M. y otros, «Enhancing Dentate Gyrus Function with Dietary Flavanols Improves Cognition in Older Adults», en *Nature Neuroscience*, 17, n.º 12, 2014, págs. 1798-1803.

4. Tsang, C. y otros, «Effect of Polyphenol-Rich Dark Chocolate on Salivary Cortisol and Mood in Adults», en *Antioxidants* 8, n.º 6, 2019, pág. 149, <https://doi.org/10.3390/antiox8060149>.

Capítulo 6: Los retos que plantea la alimentación actual

1. Bradbury, K. E., Murphy, N. y Key, T. J., «Diet and Colorectal Cancer in UK Biobank: A Prospective Study», en *International Journal of Epidemiology*, 49, n.º 1, febrero de 2019, págs. 246-258, <https://academic.oup.com/ije/advance-article/doi/10.1093/ije/dyz064/5470096>.

2. Takenaka, S. y otros, «Feeding Dried Purple Laver (Nori) to Vitamin B12–Deficient Rats Significantly Improves Vitamin B12 Status», en *British Journal of Nutrition*, 85, n.º 6, 2001, págs. 699-703, doi: 10.1079/bjn2001352.

3. Watanabe, F. y otros, «Vitamin B12–Containing Plant Food Sources for Vegetarians», en *Nutrients*, 6, n.º 5, 2014, págs. 1861-1873, <https://doi.org/10.3390/nu6051861>.

4. «Added Sugar in the Diet», en *The Nutrition Source*, Harvard T. H. Chan School of Public Health, <https://www.hsph.harvard.edu/nutritionsource/carbohydrates/added-sugar-in-the-diet/>.

5. Knüppel, A. y otros, «Sugar Intake from Sweet Food and Beverages, Common Mental Disorder and Depression: Prospective Findings from the Whitehall II Study», en *Scientific Reports* 7, n.º 6287, 2017, <https://www.nature.com/articles/s41598-017-05649–7>.

Capítulo 7: Comer para curarse

1. Doran, G. T., «There's a S.M.A.R.T. Way to Write Managements' Goals and Objectives», en *Management Review*, 70, 1981, págs, 35-36.

Capítulo 9: El plan de seis semanas y algunas recetas

1. Los valores nutricionales se han calculado usando datos del USDA y los porcentajes se basan en los objetivos nutricionales de referencia para mujeres de entre treinta y uno y cincuenta años. Estados Unidos no tiene una recomendación concreta para ácidos grasos omega-3. Se han usado 500 mg diarios de EPA+DHA combinados con el mismo método empleado en *Eat Complete* y sobre la base de recomendaciones internacionales. Si desea más información acerca de los objetivos nutricionales de referencia, consulte: <https://health.gov/our-work/food-nutrition/2015-2020-dietary-guidelines/guidelines/appendix-7/>.

ÍNDICE ANALÍTICO
Y DE NOMBRES

Los números de página en cursiva hacen referencia a las ilustraciones.

basura, comida, 155, 196
Batido de chocolate y manteca de cacahuete, 266
Batido de kéfir y frutos del bosque, 267
batidos
    fórmulas para, *265*
    frutos del bosque y fruta en los, 178, 213, *265*, 267
    frutos secos y semillas en los, 137, 213, 252, *262*
    kéfir en los, 121, 167, 178, 213, *265*, 267, *273*
    verduras de hoja verde en los, 27, 133, 178, 184, 213
    verduras en los, 157
    y comida congelada, 204
    yogures, 264
batidoras, *192*, 195
BDNF, *véase* factor neurotrófico derivado del cerebro (BDNF)
berenjenas, 135, 229, 231
beri-beri, 66, 67
Berk, Michael, 52
Berra, Yogi, 189, 190
berros, 128, 133, 157, 210, 212, 213, *215*
berzas, *122*, 126, 133, *215*, 216, 226
bifidobacterias, 112, 114, 115, 116, 119, 121
bipolar, trastorno, 119
bok choy, 227, 237, 249
boniatos, 37, *68*, 229, 230
Boniatos crujientes, 234-235
Brain Food Clinic, 173, 209
brócoli, 37, *72*, 129, 134, 204, 230, *231*
brotes, 129, 233

caballa, 37, 158
cabra, queso de, 164, *221*
cacahuete, salsa de, 237
cacahuetes y manteca de cacahuete, *225*, 237, 260, *265*, 266
cacao, *142*, 142, 143, 253, 255, 256, 260, 261, 266
    en polvo, 266

granos de, *142*, 143
    nibs de, *142*, 143, 255-256, 260, 266
    véase también chocolate negro
cadena corta, ácidos grasos de, 109
cadena larga, ácidos grasos omega-3 de (PUFA), 36, 40, 60-62, 240
café, 165
cafeína, *64*, 167
calabacín, 199, 238-239, 249
calabaza, *68*
    violín, Crema de, y miso, 268
calabaza, pipas de, 137, *262*
    fibra en las, 129
    minerales en las, 36, 38, *60*, *73*
    véase también en las recetas
calcio, 139, 153, 198, 212
Caldo verde, 226-227
calorías, 28, 133, 138, 165, 212
cáncer, 51, 69, *73*, 74, 159
cancerígenos, agentes, 46
cantidad diaria recomendada (CDR), 46-47
cáñamo, semillas de, *61*, *76*, 260
cardiovascular
    enfermedad y salud, 35, 46-48, 59, *76*, 159-160, 163, 202
    sistema, 202
cardiovasculares, enfermedades, 39, 91
carne, 138-139, *140*, 146
    de ganado de pasto, 138, *140*, 160
    la carne roja y la salud cardiovascular, 159-161
    procesada, 98, 99, *140*, 159
    vitaminas en la, 69-72
    y el ácido vaccénico, *76*
    y el hierro, 59-60
    y hierbas aromáticas y especias, 199-202
    véanse también carnes específicas
carotenoides, *68*, 68, 134, 138, 229, *231*
cebada, 168, 237
cebolla, 121, 157, *166*, 268, 269
    véase también en las recetas

Tostada crujiente de aguacate y semillas, 233
toxinas
    en el pescado y el marisco, 136, 158
    en los suplementos vitamínicos, 153-154
    fibra y eliminación de, *122*,
    y el BDNF, 88-89
    y el sistema inflamatorio, 94, *98*
toxinas ambientales, *véase* toxinas
trastorno afectivo estacional (TAE), 34
trastornos de ansiedad, 45, 85, 87-88, 95, 99
    véase también trastorno de ansiedad generalizada
triglicéridos de cadena media (TCM), 203
trigo, 168, 169
triptófano, *70*
trucha, *67*
Trufas de chocolate, 260
    cerebrosaludables, 260-261
Trust Me, I'm a Doctor (programa de TV), 120

vaccénico, ácido, *76*
veganas, dietas, *71*, 132, 150, 160
vegetales, aceites, 46, 49
vegetarianas, dietas, 59, *71*, *73*, 160, 161
verduras, *véase también* multicolores; verduras de hoja verde; *verduras específicas*
    añadidas al arroz integral, *166*
    congeladas, 230
    en las recetas, 157, 231-232
    hierbas aromáticas añadidas a las, 199
    inflamación y déficit de, *98*, 99
    nutrientes en las, 64, 122, 123
    peladores de, *192*, 194
    y la comida para llevar, 206-207
    y la dieta mediterránea, 47, 55, 103

    y la mantequilla clarificada, 203
verduras de hoja verde, 126, 127-128, 133
    añadir cereales a las, 197-198
    añadirlas a la dieta, 29, 184-185
    asequibilidad, 169
    cuando no gustan, 156-157
    como categoría de alimentos, 133-134
    congeladas, 204
    en batidos, 132, 178, 184-185
    lavarlas, 214
    plan de seis semanas y recetas, 212-228
    y el ácido fólico, 36, 57, 128
    y el magnesio, *63*
    y la fibra, *122*, 133, 212-213
    y la inflamación, 99
    y la producción de BDNF, 89-90
    y los ácidos grasos omega-3, *61*
    y los fitonutrientes, 133-134
    véase también hojas verdes; *verduras de hoja verde específicas*
vieiras, *75*
vinagre, 59, *224*, 236, 237
vinagreta de cítricos, 222
violín, calabaza, 200
visión, *68*
vitamina A, 37, 40, 68-69, 128, 133, 154, 212, 229
vitamina B1 (tiamina), 37, 66-67, 197
vitamina B6, 37, 40, 69, *70*, 201, *251*, *262*
vitamina B9, *véase* ácido fólico
vitamina B12 (cobalamina), 37, 40, 45, 69-71, 129, 136, 138, 160, 166, 240, 243, *251*, 269
vitamina C, 37, 38, 40, 72, 73, 128, 133, 201, 212, *215*
vitamina D, 153, 162
vitamina E, 135, 138
vitamina K, 129, 212
vitaminas del grupo B, *véase también* co-

ACERCA DEL AUTOR

Drew Ramsey es psiquiatra, escritor y agricultor, y en su trabajo da prioridad a la excelencia clínica, las intervenciones nutricionales y los medios creativos. Es profesor clínico auxiliar de psiquiatría en la Facultad de Medicina y Cirugía de la Universidad de Columbia y tiene una consulta privada en Nueva York.

En 2011, fundó en Nueva York la Brain Food Clinic, donde ofrece tratamiento y psicoterapia para la depresión, la ansiedad y otros problemas emocionales. La clínica aplica nutrición basada en la ciencia y tratamientos de psiquiatría integradora junto a psicoterapia, *coaching* y una gestión responsable de la medicación.

El doctor Ramsey es un orador muy solicitado y organiza talleres en todo Estados Unidos. Su trabajo ha aparecido en el *New York Times* y en el *Wall Street Journal* además de en el programa *Today*, en la BBC y en la NPR, y ha dado tres charlas TEDx sobre nutrición y salud mental. Ha publicado trabajos académicos en *Lancet Psychiatry*, *Comprehensive Psychiatry* y el *Journal of World Psychiatry*. Está en el consejo asesor de *Men's Health* y en el comité editorial de *Medscape Psychiatry*.

Antes de este, ha escrito otros tres libros, el más reciente de los cuales es el libro de cocina *Eat Complete: The 21 Nutrients that Fuel Brain Power, Boost Weight Loss, and Transform Your Health*, galardonado con el premio de la Asociación Internacional de Profesionales Culinarios (IACP). El exitoso *Fifty Shades of Kale* llevó este superalimento a la mesa de miles de personas. Y *The Happiness Diet: A Nutritional Prescription for a Sharp Brain, Balanced Mood, and Lean, Energized Body* explora el impacto de las dietas modernas sobre la salud del cerebro.

El doctor Ramsey está diplomado por el Consejo Americano de

Psiquiatría y Neurología. Finalizó su especialización en psiquiatría adulta en la Universidad de Columbia y en el Instituto Psiquiátrico del Estado de Nueva York, se licenció en medicina en la Facultad de Medicina de la Universidad de Indiana y es un graduado Phi Beta Kappa de Earlham College.

Reparte su tiempo entre la ciudad de Nueva York y el condado de Crawford (Indiana), donde vive junto a su esposa y sus hijos en una granja orgánica en medio del campo.

Si desea más información, visite <DrewRamseyMD.com>.